손봉호 교수의 ∴

쉽게 풀어쓴
세계관 특강

손봉호 교수의

쉽게 풀어쓴
세계관 특강

초판   1쇄 발행 2023년 7월 28일
초판   2쇄 발행 2023년 9월 18일

지은이   손봉호
발행인   김혜정
디자인   홍시 송민기
기획위원   김건주
마케팅   윤여근, 정은희

발행처   도서출판 CUP
출판신고   제 2017-000056호 (2001.06.21.)
주소   (04549) 서울특별시 중구 을지로 148, 8층 803호(을지로3가, 드림오피스타운)
전화   02) 745-7231
팩스   02) 6455-3114
이메일   cupmanse@gmail.com
홈페이지   www.cupbooks.com
페이스북   facebook.com/cupbooks
인스타그램 instagram.com/cupmanse/

ISBN   979-11-90564-56-4 03230 Printed in Korea
* 파손된 책은 구입하신 서점에서 교환해 드리며 책값은 뒤표지에 있습니다.

손봉호 교수의

생각을 담아 세상 바라보기

쉽게 풀어쓴
세계관 특강

손봉호 교수의 냉철한 세계관 분석

우리는 어떤 세계관으로 생각하고,
보고 듣고 살아가는가?

차
례

머
리
말

 요즘 한국 기독교계에서 세계관에 관한 관심이 다시 조금
씩 일어나고 있다. 알버트 월터스(A. Walters)의《창조 타락 구
속》(*Creation Regained*)이 번역되어 기독교 세계관에 대한 토론
과 강의가 대두된 이후로 기독교 세계관에 대한 논의가 지속
되어 왔다. 특히 지난 2009년에는 이미 상당 기간 활동하고 있
었던 두 세계관 단체 '사단법인 기독학술교육동역회'와 '기독
교학문연구소'가 '사단법인 기독교세계관학술동역회'로 통합
해 700명에 가까운 교수를 포함해 천 명에 가까운 회원을 가
진 큰 학술단체로 성장했고, 한국연구재단 등재 학술지인《신
앙과 학문》과 격월간지〈신앙과 삶〉을 발간하고 있으며, CUP
란 출판사도 운영하고 있다. 나는 10여 년간 이 기독교세계관
학술동역회를 이사장으로 섬겼고, 지금은 명예 이사장으로 관
계하고 있다.
 동역회와 긴밀한 관계가 있는 캐나다 밴쿠버기독교세계관
대학원(VIEW)은 한국 그리스도인 지도자를 대상으로 기독교
세계관 교육에 많은 열매를 맺고 있다.

신국원 교수, 양승훈 교수, 최용준 교수, 이승구 교수, 김기현 박사 등 유능한 학자들이 기독교 세계관에 관해 좋은 책을 출판했다. 한국의 세계관 운동은 직접 혹은 간접으로 네덜란드의 신학자 카이퍼(Abrahm Kuyper)와 기독교 철학자 도여베르트(Herman Dooyeweerd), 그리고 미국 웨스트민스터(Westminster) 신학교 변증학 교수였던 반틸(Cornelius Van Til)의 영향을 받았다. 그들 선각자들은 모두 칼뱅의 영향 아래 기독교 학문 활동을 한 인물들이다. 그리고 같은 신앙적, 학문적 전통에 서 있는 하우쯔바르트(Bob Goudwwaard), 흐리피운(Sander Griffioen), 헬즈마(Henk Geertsema), 스클만(Egbert Schuurman) 등의 네덜란드 학자들이 한국에 와서 특강을 하기도 했다. 기독교 세계관에 관한 관심과 연구는 칼뱅으로부터 시작해서 네덜란드에 꽃을 피운 개혁주의 전통에서 활발하게 일어났고, 개혁주의를 표방하는 장로교가 지배적인 한국에서 세계관에 관한 관심이 일어났다. 나는 카이퍼를 제외한 이 모든 분으로부터 교육받았거나 그분들과 교분을 가졌고, 그들로부터 많은 영향을 받았다.

오늘의 나의 사상과 활동은 그 무엇보다도 그런 영향으로 형성되었다. 최용준 교수, 이승구 교수는 나의 제자들이다. 부지불식간에 나는 한국 기독교계에 기독교 세계관에 관한 관심을 불러일으킨 장본인의 한 사람이 되었다.

그러나 나는 스스로 기독교 세계관에 관해 책을 쓸 계획은 없었고, 그럴 만한 시간도 갖지 못했다. 젊은 후배들보다 더 좋은 책을 쓸 자신도 없다. 그들이 나보다는 훨씬 더 조직적이고 이론적인 책을 내었고, 그것에 대해 나는 매우 뿌듯하게 생각한다.

그런데도 이 책이 나온 것은, 내가 설교를 많이 했던 한영교회(지금은 빛소금교회로 개명)에서 어느 해 한 특강 내용을 미국에서 활동하던 김성웅 목사가 듣고 출판해 보자고 제안해서 정리한 것이다. 주감식 씨가 녹취했고, 그것을 여기저기 고쳐서 2008년에 《생각을 담아 세상을 보라》(노잉힘)란 제목으로 발간했다. 이 책의 초판이 가능하게 된 것은 전적으로 김성웅 목사의 열정 때문이었다. 그러나 초판을 내고는 그 출판사가 폐업해서 그 이상 인쇄되지 못했는데, 여기저기서 책을 구하는 분들이 있어서 이번에 전면 수정보강하여 새로 출간하게 되었다.

일반 성도들에게 한 특강이었고, 가능한 한 쉽게 설명하려고 노력했기 때문에 충분히 이론적으로 견고하지는 않을 것이다. 녹취는 구어체로 되어 있었는데 수정하면서 문어체로 바꾸었고, 새로운 자료를 참고해서 부족한 부분을 보충하고 보완했다. 비록 부족하지만, 성경의 눈으로 오늘의 세상을 보는 데 도움이 되었으면 한다.

지금은 관계가 끊어졌지만 김성웅 목사께 감사드리고, 새로운 전면 수정판을 출판해 준 CUP의 김혜정 대표께도 감사드린다.

세상을 보는 눈,
세계관

자신이 어떠한 세계관을 가졌는지 생각하지 않거
나 매우 성경적인 세계관을 갖고 있다고 자부한
다면, 올바른 세계관을 가질 수도, 잘못된 세계관
을 바로잡기도 어렵다. 한국 그리스도인은 한국
의 문화와 한국 사람의 세계관이 무엇인지, 또한
성경적 세계관은 어떤 것인지 생각해 보는 것이
필요하다.

세상을 보는 여러 가지 관점

  세계관이란 용어는 독일에서 18세기 철학자 칸트(Immanuel Kant), 19세기 짐멜(Georg Simmel), 리케르트(Heinrich Rickert), 딜타이(Wilhelm Dilthey) 등 철학자들에 의해 처음으로 이론적 논의에 등장한다. 기독교계에서는 네덜란드 기독교 철학자 도여베르트(Herman Dooyeweerd, 1894~1977)가 세계관을 언급했지만, 신학에서는 별로 잘 알려진 개념이 아니다. 세계관이란 문자 그대로 세상을 보는 눈이다. 쉬운 예를 들면, 노란색 안경을 끼고 세상을 보면 세상이 노랗게 보인다. 사람의 눈은 카메라 렌즈처럼 바깥에 있는 것이 수동적으로 각막에 반영되는 것이 아니라, 노란 안경을 끼는 것처럼 어떤 관점, 태도, 가치관으로 보는 것에 따라 다르게 본다. 우리 속담에 '개 눈에는 ○밖에 보이지 않는다'란 말이 있다. 돈에 관심이 많은 사람이 길을 걸으면 돈 되는 것이 보이고, 화가가 숲에 가면 그림의 소재가 될 풍경만 눈에 들어온다.
  다양성이나 상대성은 시각적인 것에 국한되어 있지 않다. 세상을 보는 눈이라 할 때는 세상에 대한 시각적인 모습뿐만 아니라 세상만사가 나에게 가지는 의미, 가치, 느낌 등 모든 것을 포함한다. 어떤 사람은 죽음을 별로 두려워하지 않는데 어떤 사람은 매우 두려워하고, 어떤 사람은 돈을 초개같이 여기는데 어떤 다른 사람은 돈을 매우 신뢰한다.

세계관이란 개념이 등장하기 전까지만 해도, 사람들은 세상을 똑같이 볼 것으로 생각했다. 다르게 보더라도 정확하게 혹은 제대로 보는 사람이 있고 그렇지 못한 사람이 있을 뿐, 모든 사람은 원칙적으로 똑같이 볼 것으로 믿었다. 모든 사람은 먹어야 하고, 숨 쉬어야 하고, 가정을 이루어 사는 등 모두 비슷하니까 그와 같이 세상도 비슷하게 볼 것으로 생각했다.

서양 사람들은 19세기 말까지도 모든 사람에게 이성이란 능력이 있다고 믿었다. 삼단논법이나 수학이 모든 사람에게 동일한 것처럼 모든 사람은 같은 이성이 있기에 궁극적으로 모두가 세상을 같이 보게 되어 있다고 믿었다. 다만 자신들은 좀 더 일찍이 이성이 깨어서 세상을 정확하게 보고, 아시아나 아프리카 사람들은 좀 뒤떨어져 있어서 자기들만큼 그렇게 정확하게 세상을 보지 못하지만, 시간이 지나면 그들도 자기들과 비슷하게 보고, 생각하고 평가할 것으로 생각했다. 그런 것은 서양에 국한된 것은 아니다. 모든 민족은 어느 정도 편견이 있다. 이런 것을 사회과학에서는 '민족중심주의'(ethnocentrism)라 부른다.

그런데 그 후에 교통, 통신 수단이 발달되어서 사람들이 다른 지역 사람들을 접할 기회가 많아지면서, 그런 생각이 잘못이란 것을 조금씩 깨닫게 되었다. 19세기 말 독일 태생 미국 문화인류학자 보아스(Franz Boas, 1858~1942)는 캐나다 원주민 이누이(Inui)족의 문화를 연구하고, 아누이 문화는 서양 문화에 '뒤떨어진' 문화가 아니라 '다른' 문화란 주장을 펴서, 오늘의 문화 상대주의의 효시가 되었다. 그때부터 다른 사람들은 자신들과 '다르게' 세상을 보는 것이지 '틀리게' 보는 것이 아니라는 사실을 사람들은 조금씩 알게 되었다. 최근에 와서 이런 생각은 상당히 보편화되어서 대부분의 사람은 문화 다원주의나 문화 상대주의를 당연한 것으로 수용하게 되었다. 이슬람교도들은 왜 그렇게 행동하고 힌두교도들은 왜 저렇게 사는가를 생각해보면, 세상을 보는 사람들의 눈이 다 다르다는 것을 쉽게 알 수 있다.

그런 차이는, 세상을 보는 눈에 국한되어 있지 않고, 세상만사에 대한 태도, 대처 방법, 행동과 생활방식 등 인간 삶의 거의 모든 것에 존재한다. 어떤 사람은 거짓말을 예사로 여기지만, 어떤 사람은 거짓말하면 큰일 나는 줄 안다. 성적인 죄도 어떤 나라는 대수롭지 않게 여기는데, 어떤 나라는 아주 심각하게 취급하는 등 서로 다르다는 것이 드러났다. 여기에서 '어느 것이 옳으냐? 어느 것이 세상을 정확하게 보는 것이냐'라는 문제가 생길 수밖에 없다. 그렇지 않으면, '다 그 나름대로 옳다'라는 태도를 취할 수 있다.

일반적으로 세상을 보는 태도를 크게 두 가지로 구분할 수 있다. 첫 번째는 '모든 것이 다 옳다'는 관점이다. '제 나름대로 다 옳은 이유가 있다'는 입장이다. 심지어 살인조차도 주어진 상황과 문화에서 옳다고 여겨지면 가능하다는 생각이다. 옛날에는 식인종도 있었고, 지금도 살인하는 사람들이 없지 않다. 두 번째는 그와 반대로 '아니다. 한 가지만 옳고 다른 것은 다 틀렸다'는 입장이다. 어떤 일이 있어도 사람을 죽이는 것은 용인할 수 없다고 생각한다. 또는 차등을 두어서 '아주 옳은 것과 조금 옳은 것이 있고, 또 조금 틀린 것과 아주 틀린 것이 있다'고 생각하는 태도도 있다.

이 두 가지 태도 중 첫 번째 경우, 즉 모든 것이 다 자기 나름 대로 옳은 것이라는 입장을 '상대주의'라고 부른다. 상대주의는 이 세상에 절대적으로 옳은 것은 아무것도 없고 모든 것이 다 상대적이라는 생각이다. 요즘 전 세계에 지배적인 경향은 대체로 상대주의적이고, '문화 상대주의'는 정설로 수용되고 있다. 상대주의를 인정하지 않는 사람은 무식한 사람, 시대에 뒤떨어진 사람으로 취급당할 정도다. 그래서 요즘은 모든 사람이 세상을 똑같이 본다고 주장하는 사람은 거의 없어졌다. 윤리 문제에도 상대주의를 주장하는 사람들이 있는데, 이것은 경계해야 한다. 윤리는 다른 사람과 관계의 문제이기 때문이다. 나는 상대주의자니까 다른 사람에게 거짓말할 권리가 있다고 할 수는 없다.

이와 관련해 중요해진 것이 '관용'이다. 대학에서는 물론이고, 중고등학교 교과서에도 '관용'이란 말이 많이 사용되고 있다. 관용은 영국에서 존 로크(John Locke, 1632~1704)라는 사상가에 의해 처음으로 중요하게 강조되었다. 로크는 종교적 관용을 특히 강조했다. 당시 기독교가 다른 종교나 다른 세계관을 전혀 인정하지 않았는데, 계몽사상의 대두와 더불어 신앙보다 인간의 이성이 더 중요하다는 전제에서 관용이란 말을 유행시켰다. 로크 외에도 그 시대에 관용에 관한 책을 쓴 사람이 많았다. 관용과 상대주의는 서로 연결되어 있다.

세계관을 의식하는 삶

그런데 대부분 사람은 일상생활에서 자신이 세상을 어떻게 보고 있는지 별로 의식하지 않는다. 평소에는 그저 당연하다고 여기던 것들인데, 어떤 사람으로부터 '당신은 이 문제를 어떤 시각으로 보느냐'고 질문을 받으면, 그제야 비로소 '아, 내가 이런 관점을 갖고 있구나'라고 깨닫곤 한다. 그런데도 그것을 체계적으로 표현하기는 그리 쉽지 않다.

자기 생각을 명료하게 표현하는 사람도 있지만, 어떤 사람은 막연하게 느끼기는 하지만 어떻게 표현해야 할지 모른다. 철학자들은 자기 생각을 비교적 잘 표현하지만, 다른 분야의 전문가 중에는 자신의 전문 분야에 대해서는 정확하게 잘 알아도, 자신이 세상을 어떻게 보고 무슨 생각을 하고 있는지는 잘 표현하지 못하는 사람들도 있다. 누가 열등하고 누가 우등

해서가 아니다. 그렇게 할 훈련을 받은 사람과 그렇지 못한 사람이 있을 뿐이다. 그러나 세계관을 이야기하려면, 적어도 원칙적으로는 자신이 세상을 어떻게 보는가를 말할 수 있어야 한다. 그래야 다른 세계관과 비교하고, 잘못된 것을 가려낼 수 있고 고칠 수 있다.

어떤 사람이 야구를 좋아하느냐 축구를 좋아하느냐, 설렁탕을 좋아하느냐 추어탕을 좋아하느냐 하는 문제는 세계관과 연관시킬 필요가 없다. 세계관은 돈이나 쾌락, 국가, 결혼, 교육, 도덕, 고통이나 전쟁, 사회계급, 자연, 역사, 예술, 학문, 종교, 교회, 특히 하나님에 대해서 어떻게 생각하느냐 하는 문제들에서 차이가 분명히 드러난다. 이런 것에 대한 사람들의 태도를 포괄해서 세계관이라고 한다.

예를 하나 들어 보자. 요즘 한국에서는 보수와 진보로 이념이 갈라져 있다. 다른 나라들에서는 보수는 대부분 민족주의적이고 진보는 보편주의 쪽으로 기우는데, 우리나라는 정반대인 경우가 많다. 북한에 우호적이고 미국에 적대적이면 진보이고, 반대 입장을 취하면 보수로 취급된다. 이것은 우리의 특수한 역사적 상황 때문이다. 일반적으로 진보는 현재에 대해서는 비판적이고 미래에 대해서 낙관적이다. 그래서 지금의 상황을 가능한 한 빨리 바꾸어야 우리가 행복하게 된다고 믿는다. 인간에 대해서도 마찬가지다. 인간은 근본적으로 착한데 다만 세상이 잘못되어 지금은 부족하지만 앞으로 아주 훌

룡하게 될 수 있다고 믿는다. 반면 보수주의자들은 현재에 대해서 상대적으로 긍정적이고 미래에 대해서는 다소 경계의 태도를 취한다. 인간이란 그렇게 고상하지 않아서 아주 나빠질 수 있으므로 많은 시행착오를 거쳐서 형성된 지금의 상태를 유지하는 것이 안전하다고 생각한다. 이처럼 보수주의와 진보주의는 세계관이 어떤 것이며, 세계관에도 차이가 있음을 잘 대변해 준다.

그런 세계관은 교회와 세상과의 관계, 국가와 법, 도덕성 등을 어떻게 보느냐 하는 것에도 반영된다. 단편적 사건 하나하나에 대해 우리가 이렇게 저렇게 판단하지만, 좀 더 알아보면, 어떤 사람은 대부분 사건을 이런 눈으로 보고 다른 사람은 저런 눈으로 보는 경향이 있음을 발견한다. 즉 구체적 사건에 관한 판단이 그 사람이 세상을 어떻게 보는가와 연결되어 있다. 그래서 어떤 사람은 세계관 대신 '가치관'이라고 표현하고, '확신'이니 '신조'니 하는 말을 쓰는 사람도 있다. 그래서 '사람마다 신조가 다르다' 혹은 '사람마다 가치관이 다르다'라고 말한다.

그런데 현대 사회에서 정치, 경제, 과학 기술 등이 독차지하는 공적 영역에서 종교는 삶의 변두리로 밀려나서 사적 영역에 국한하는 경향이 있다. 마치 옛날에는 한복이 우리가 일상적으로 입는 옷이었는데 지금은 명절 때나 특별한 경우에만 입는 옷으로 밀려 나간 것과 비슷하다. 우리의 고유한 의상이지만 삶의 핵심에서 쫓겨난 것처럼, 종교도 현대인의 삶 핵심부에 자리 잡은 정치, 경제, 학문 같은 영역에는 간섭할 수 없는 것으로 취급되고 있으며, 공적인 것과 단절되어도 별문제가 되지 않는 것으로 취급되고 있다. 이런 문화에서 활동하는 그리스도인은 대부분 자신의 신앙을 그런 식으로 이해하게 되었다. 정치, 경제, 학문, 기술 등과 종교적 신앙은 전혀 상관관계가 없는 것으로 여긴다.

그러나 엄격하게 따져보면, 모든 사람은 종교가 있고, 소위 중립적이고 자율적이라고 취급되는 정치, 경제, 학문 등도 사실은 어떤 특정한 세계관에 의해 지배되고 있음을 알 수 있다. 그리고 그 세계관은 부지불식간에 종교적 신앙에 따라 결정된다. 이 책은 이 사실을 분명히 하고자 쓰였다.

문화의 다양성과 세계관

앞서 지적한 것처럼 우리 주위에 있는 사물 하나, 일어나고 있는 사건 하나에 관한 우리의 입장이나 태도는 각각 따로 형성되지 않는다. 우리가 분명하게 의식하지는 않지만, 우리의 생각과 세상을 보는 눈은, 어느 정도의 일관성을 유지하고 있다. 일관성이란 앞의 말과 뒤의 말이 논리적으로 모순되지 않거나, 이 행동을 보면 그의 다른 행동을 유추할 수 있을 정도로 관련되어 있다는 의미다.

예를 들어, 어떤 사람이 가정을 아주 중요하게 생각한다면, 그 사람은 당연히 이혼은 나쁘다고 생각할 것이다. 만일 '가정은 중요하다'고 해놓고 '이혼은 쉽게 해도 된다'고 말한다면, 일관성이 없다고 해야 한다. 또 어떤 사람이 '인간의 생명은 고귀하다'고 하고서는 살인자에 대해서는 '사람을 죽일 수도 있지'라는 태도를 보인다면, 그 사람이 일관성이 없다고 해야 한다.

생각들이 이렇게 일관성 있게 연결되어 있는 것을 '틀'이라고 부를 수 있다. '틀'(system, pattern)이란 구체적인 하나하나에 관한 관점이나 생각들 사이에 그 나름의 어떤 논리, 인과관계, 혹은 다른 연관성이 있음을 뜻한다. 가령 우리나라에서 보수주의자, 사회주의자를 예로 들어보자. 어떤 사람이 보수적이라면 우리나라에서는 시장경제를 옳다고 보는 자본주의자이다. '모든 사람에게 자유가 중요하고 그 자유는 거의 신성한 것이며 자신이 열심히 노력해서 얻은 수확은 자신이 누릴 권리가 있다'고 생각하는 사람이다. 그래서 이런 시각을 가진 사람은 가난한 사람에 대해서도 '그들이 게을러서 그렇게 된 것이니까 굶을 수밖에 없다. 굶어 죽기 싫으면 일하는 흉내라도 내라'고 주장한다. 반면 사회주의적인 입장을 취하는 사람은 평등을 자유보다 더 중요시해서 국가는 모든 국민의 기본적 수

요를 충족시킬 의무가 있다고 주장한다. 이처럼 각자의 시각에 따라 어느 정도의 일관성 있는 체계가 있다.

어느 정도의 체계를 갖춘 세계관은, 개인적이기보다는 공동체적이고, 사회적 혹은 문화적이다. 즉 같은 지역에서 오랜 세월 같이 산 사람들은 비슷한 세계관을 갖는 것이 보통이다. 가족은 자주 만나고 대화하니까 생각이 비슷해지는 것이 정상이다. 그래서 집안마다 세상을 보는 눈이 조금씩 다르다. 가족은 다른 가족과 끊임없이 만나고 의사소통하기 때문에 큰 차이가 나지 않을 수 있지만, 그렇게 자주 교류하지 못하는 큰 단위의 사회들 간에는 큰 차이가 생겨난다. 그래서 사회가 다르면 세계관이 다른 것이 보통이다. 지역마다 사투리가 있는 것과 비슷하다. 왜 전라도 사람은 전라도 사투리를 하고, 경상도 사람은 경상도 사투리를 할까? 두 지역을 나누고 있는 소백산맥 때문에 서로 교류하기가 어려웠기 때문이다. 한정된 지역 사람들끼리만 서로 자주 만나다 보니 서로의 말투를 따라 하고, 다른 사람이 하는 말이 자연스럽고 정감 있게 들린다. 어떤 사람과 자주 교류하느냐에 따라 언어나 생각이 달라질 수밖에 없다.

이런 현상은 어린이 교육에 참고할 만하다. 어린이가 어떤 사람과 자주 만나서 이야기를 듣고, 어떤 분위기 속에서 자라는가에 따라 그 아이 생각과 가치관의 바탕이 결정될 수 있다. 바탕이 잘 되어 있으면 점점 더 좋은 것이 쌓이고, 바탕이 잘못되어 있으면 점점 더 나쁜 것을 택할 가능성이 있다. 물론 항상, 그리고 반드시 그렇다고는 할 수 없다. 우연히 읽은 책 한 권으로 세계관이 바뀔 수도 있고, 좋은 혹은 나쁜 친구를 만나서 생각이 바뀔 수도 있다. 그렇지만 어릴 때 받은 영향은 중요하다.

그래서 자녀 교육을 중시하는 유대인들은 집에 손님을 초청할 때도 교육적 효과를 고려한다. 유대인 부모들은 유대인 중에서 사회적으로 모범이 되고 성공한 사람을 초청하는 것을 중요하게 여긴다. 그런 사람을 초대해서 아이들을 그 앞에 앉혀놓고는 그의 이야기를 귀담아듣도록 한다. 사전에 아이들에게 그 사람이 얼마나 훌륭한 사람인지 이야기해 주어서 아이들이 존경하고 자극받도록 한다. 아주 지혜로운 교육 방법이다. 그렇게 하는 것이 유대인의 문화적, 종교적 정체성과 세계관을 유지하고 전수하는 데 큰 도움이 된 것은 말할 것도 없다. 우리 자녀들도 신앙이 좋고 경건한 사람들을 많이 만나게 해주어서 어릴 때부터 그런 사람들의 좋은 영향을 받도록 하는 것은 추천할 만하다. 세계관 교육은 어릴 때 이뤄지면 가장 효과적이다.

문화의 결정적 요소, 종교

그런데 한 문화의 특성을 결정하는 가장 중요한 요소는 종교다. 지금도 세계 문화를 유교권, 불교권, 이슬람권 등으로 나누는 것을 보면, 문화에 끼치는 종교의 영향력이 그만큼 컸고, 그 자취가 지금도 상당히 크게 남아 있음을 알 수 있다. 그런데 문화에 결정적 영향을 끼치는 종교에는 이슬람, 힌두교, 불교, 기독교 등 일반적으로 알려진 것들 외에도 소위 세속적 종교도 포함한다.

종교란 '절대적인 것으로 받아들이는 교리 혹은 관점'이라 할 수 있다. 자연, 인간, 삶에 대한 고유한 관점이 있고, 그것들을 '절대적인' 것으로 수용하는 것이 종교의 특성이라면, 그 영향은 당연히 클 수밖에 없다. 어떤 관점이 잘못될 수도 있고, 반드시 따라야 하는 것도 아니라고 생각한다면, 그런 관점은 큰 영향력을 행사하지 못한다. 그러나 그것이 절대적으로 옳다고 믿는다면, 그것은 사람들의 사고와 평가에 큰 영향력을 행사한다.

그런 점에서는 공산주의와 같은 이념도 종교적 성격을 띠고 있다고 해야 한다. 자연과학을 절대적인 것으로 취급한다면, 그것도 종교의 역할을 충분히 할 수 있다. 유교가 좋은 예가 될 수 있다. 유교에는 제사장도 없고 제사 의식도 없고 믿음의 대상도 없다. 사서삼경을 유교의 경전이라 할 수 있지만, 성경이나 불경과 성격이 다르다. 그런데도 유교는 기독교나 불교 못지않게 인간과 자연에 대한 고유하고 독단적인 관점이 있다. 그러므로 유교적 세계관이 가능하다.

앞에서 세계관은 개인적이기보다는 공동체적, 사회적 혹은 문화적이라 했다. 가장 결정적 영향력이 종교 혹은 종교적 성격이 있는 지식이나 이념 등이라면, 인도에 사는 기독교인은 어떤 세계관을 가지고 있겠는가? 인도의 문화에 따른 힌두교적 세계관을 가지고 있겠는가? 자신의 개인적 신앙에 따른 기독교적 세계관을 가지고 있겠는가? 아마도 대부분 인도 기독교인은 상당할 정도로 힌두교적 세계관을 가지고 있을 것이다. 명시적으로는 예수님이 그들의 구주요 하나님은 인격적 신이고 그가 이 세상을 창조하셨다고 고백하더라도 실제의 일상생활에서 세상과 가치를 판단할 때는 무의식적으로 힌두교적으로 생각하고 행동할 가능성이 크다.

그것은 한국 기독교인도 마찬가지다. 일상생활에서 이뤄지는 가치 판단에서 기독교적으로 생각하고 평가하기보다는 한국적으로 판단할 가능성이 크다. 한국의 세계관이 무속종교와 유교의 영향으로 형성되었다면, 한국 기독교인은 기독교 교리를 수용한다고 고백하고 스스로 기독교인이라고 자처한다고 하더라도, 일상생활에서 행동하고 평가할 때는 무속적 혹은 유교적 세계관에 따라 할 때가 많을 것이다.

정치적 판단이 전형적인 예일 것 같다. 한국 국회의원 중 약삼분의 일이 기독교인이고, 천주교인까지 합치면 거의 절반에 가깝다. 그런데도 한국 정치에 기독교적 특징이 있다고 할 수 없다. 기독교인 국회의원이 그렇게 많은데, 왜 정치는 기독교적이지 못한가? 그 의원들은 개인적으로는 기독교인이지만, 기독교적 세계관에 따라 정치하지 않기 때문이다. 주일이면 교회에 열심히 나가고 새벽기도회에도 출석하고 전도도 열심히 하지만, 정치는 완전히 비기독교적으로 할 뿐만 아니라, 민주주의에서 상식이 된 것 정도의 수준에도 미치지 못할 수 있다. 일관성 있게 기독교적으로 살고 행동하지 못한다 해야 할 것이다. 바로 이러한 이유로 세계관에 대해서 따져보아야 하는 것이다.

종교 갈등이 없는 나라

"신앙생활은 기독교적으로 하고, 일상생활은 한국식으로 한다고 해서 뭐가 나쁜가?"라고 항의할 수 있다. 한국은 종교 갈등이 많을 수 있는데도 비교적 평화롭다. 다종교 상황, 즉 고등 종교들이 정립(鼎立)해 있는 나라는 대부분 종파 간의 갈등이 많은데, 한국에는 이러한 갈등이 심하지 않아 다른 나라들의 부러움을 받고 있다. 불교, 기독교, 천주교 등 세 개의 세계적 대(大) 종교가 공존하는데도 종교적으로 이렇게 평화로운 나라는 전 세계에서 매우 드물다. 굶주리는 북한 주민을 돕자는 모임에 불교, 개신교, 천주교, 천도교, 원불교 대표가 같이 모여서 회의하고 공동 모금을 결정하는 일이 빈번했다. 이렇게 놀라운 일에 한국 언론은 별로 관심을 기울이지 않는다. 그런 행사가 다른 나라에서 일어났다면 대서특필했을 것이다. 각 종교의 지도자들이 한자리에 모여서 의견을 모으고 같이 행사하는 것은 다른 나라에서는 생각하기가 어렵기 때문이다.

어떻게 해서 이런 평화가 가능할까? 그것은 한국에서는 불교 신자도 한국적으로 생각하고, 기독교 신자, 가톨릭 신자도 모두 한국적으로 생각하기 때문이다. 한국적이란 공통분모가 불교적, 기독교적, 유교적 세계관보다 더 강하다.

한국인은 좀 특이한 민족이다. 우리나라에는 '대한 사람 대한으로 길이 보전하세'라는 식의 민족주의 의식이 매우 강하다. 물론 이렇게 종교 갈등이 심각하지 않으니 좋은 면이 분명히 있다. 그러나 기독교적 관점에서는 생각해 보아야 할 이유가 있다. 다른 종교와 싸워야 한다고 주장하는 것이 아니다. 지금까지처럼 앞으로도 계속 평화롭게 지내야 한다. 그런데 그렇게 평화롭게 지내야 하는 이유는 달라야 한다. 지금처럼 '우리가 기독교인이기보다는 한국 사람이고, 불교인이기보다는 한국 사람이기 때문에 평화롭게 지낸다'라고 하는 것은, 기독교적 관점에서는 바람직하지 않다. 한국적 세계관도 결국 어떤 특정한 종교관에 의해서 만들어진 것이다. 기독교인이 한국적으로 생각한다는 말은 결국 기독교적으로 생각하는 것이 아니라는 것을 의미한다.

그래서 우리는 이 문제를 좀 더 근본적으로 따져 볼 필요가 있다. 첫째로 우리가 지금 실제로 어떤 세계관으로 생각하고, 보고 듣고 있는가, 둘째로 기독교적인 세계관을 가지려면 어떻게 해야 하는가, 셋째로 무엇이 세계관을 기독교적으로 만드는가에 대해 생각해 보아야 한다. 하나님은 우리가 말로만 믿음을 고백하면 충분하다고 하지 않으신다. 기독교 신앙의 표준인 성경은 우리 삶 전체를 일관성 있게 그 가르침대로 살기를 요구하신다. 이것이 바로 우리가 중요하게 여기는 개혁주의의 특징이다.

개혁주의의 가장 중요한 특징은 하나님의 절대주권을 강조하는 것이다. 아브라함 카이퍼(Abraham Kuyper, 1837~1920)가 말한 것처럼 "온 우주 안에서 그리스도가 '내 것이다'라고 하지 않을 영역은 한 치도 없다." 예술이든 종교든 정치든 경제든 모든 것은 다 하나님의 통치 아래에 있다. 이것이 칼뱅이나 카이퍼 같은 개혁주의 신학자들이 가장 강조한 것이다. 주일은 교회에 가서 예배드리고 평일에는 유교적으로 생각하며 행동한다면, 완전히 하나님의 통치하에 순종하는 것이라 할 수 없다. 예배를 드릴 때 의식적으로 하나님을 찬양해야 하지만, 일상생활도 하나님 중심으로 하나님 앞에서 하나님의 영광을 위하여 이루어져야 한다. 그래서 기독교적 세계관이란 말이 나오는 것이다.

세계관 바로잡기

우리가 세계관에 관해 논하는 이유는, 우리가 어떤 세계관을 가졌는지 아는 것과 모르는 것에서 많은 차이가 나기 때문이다. 자신이 어떤 세계관을 가졌는지 자문해 본 결과 그것이 기독교적이 아니라는 것을 깨달으면, 자신의 세계관을 바꿀수 있다. 그러나 세계관 같은 것에 관심도 없고, 자신이 어떤 세계관을 가졌는지 모르면, 세계관을 바꾸기가 매우 어렵다. 정신병을 치료하는 사람들에 의하면, 환자가 스스로 자기 정신이 정상적이 아니란 사실을 인정하면 쉽게 고칠 수 있다고 한다. 정신병자의 가장 큰 문제는 환자가 스스로가 비정상적이라는 사실을 인식하지 못하는 데 있다. 비정상이 아닌데 고치려 하겠는가?

교만도 그와 비슷하다. 교만한 사람이 스스로 겸손하다고 생각하면, 그는 교만을 고치지 못한다. 그러나 자기가 교만하다고 인정하는 사람은 겸손해질 수 있다. 소크라테스는 지식의 중요한 요소를 '무지(無知)의 지(知)'라고 했는데, 자신이 무식하다는 것을 아는 것이 가장 중요한 지식이고 다른 지식을 얻는 기본이다. 가장 무식한 사람은 자신이 무식하다는 것을 모를 뿐 아니라, 오히려 자신이 똑똑하다고 생각한다. 그러면 더 배울 수도 없고 유식해질 수도 없다.

세계관도 비슷하다. 자신이 어떠한 세계관을 가졌는지 생각하지 않거나 매우 성경적인 세계관을 갖고 있다고 자부한다면, 올바른 세계관을 가질 수도, 잘못된 세계관을 바로잡기도 어렵다. 한국 그리스도인은 한국의 문화와 한국 사람의 세계관이 무엇인지, 또한 성경적 세계관은 어떤 것인지 생각해 보는 것이 필요하다. 자신도 모르게 우리는 성경적 세계관이 아니라 한국적 세계관으로 생각하고 평가하며 행동할 수 있다.

기독교인은 다른 종교 신자와는 달리 세계관에 관해 반드시 생각해야 할 특별한 이유가 있다. 기독교가 계시의 종교이기 때문이다. 자연 종교는 세계관에 관해 크게 신경 쓸 필요가 없다. 그저 각자 생각하는 대로 그냥 내버려 둬도 크게 문제가 되지 않는다. 그러나 계시의 종교인 기독교는 상황이 다르다. 계시의 종교는 '하나님이 자기의 뜻을 나타내시고, 하나님의 생각은 사람의 생각과 다르다'는 것을 인정하는 종교다. "나의 생각은 너희의 생각과 다르며, 너희의 길은 나의 길과 다르다. 주님이 하신 말씀이다. 하늘이 땅보다 높듯이, 나의 길은 너희의 길보다 높으며, 나의 생각은 너희의 생각보다 높다"라고 했다(이사야 55:8~9). 계시를 따르는 사람은 이 세상 사람들, 소위 자연 종교를 따르는 사람들이 상식적으로 생각하고 느낀 것이 일반화되어 만들어진 문화에 그냥 젖어 있을 수 없다.

하나님은 "너희는 이렇게 해야 한다, 이렇게 세상을 보아야 한다"라고 계시하셨다. 계시란 사람의 생각에서 나온 것이 아니다. 따라서 기독교인은 자연적으로 형성된 교훈이나 관점을 그대로 수용하고 그에 따라 생각하고 행동해서는 안 된다. 하나님이 계시하시지 않아도 우리가 알아서 올바로 생각하고 행동할 수 있다면, 하나님이 계시하실 이유가 없었다. 또 기독교의 계시는 언어로 표현되어 있기에 우리는 그것을 의식할 수 있고 그것을 기준으로 우리 자신을 비판할 수가 있다. 그런 면에서 우리는 상당히 유리한 조건에 있다. 즉 세상을 어떻게 보아야 한다는 것이 명시적으로 성경에 기록되어 있고, 성경적 바탕 위에서 그것을 말할 수 있기에, 자신과 세상에 대해서 훨씬 더 비판적으로 될 수 있다.

그런데 자기비판은 아무나 할 수 있는 것이 아니다. 자기 생각이 어떤 것이고 이 세상이 어떤 것인가를 객관적으로 보는 훈련이 된 사람에게나 가능하다. 그런데 그리스도인은 그렇게 할 수 있는 조건을 갖추고 있다. 성경이란 기록된 하나님 말씀이 있고, 기도를 통해 자신을 살피는 기회가 많다.

한국에는 사회에서 중요한 역할을 감당하는 사람 상당수가 기독교인이거나 어릴 때 성경 교육을 받는 등 기독교의 영향을 받은 사람이다. 기독교인은 비판적 사고를 하는 데 상대적으로 유리한 조건을 가지고 있기에 지적으로 높은 수준에 올라갈 가능성이 있다. 다른 사람보다 더 반성적일 수 있고, 잘잘못을 잘 구별할 수 있는 위치에 있다.

한국 세계관의 뿌리

그러면 한국인의 세계관은 무엇에 의해 결정되었겠는가? 한국인 의식의 바탕에는 아주 중요한 두 종교가 있다. 하나는 샤머니즘, 즉 무속(巫俗)신앙이고, 하나는 유교다. 공자, 맹자의 유교는 종교적 요소가 약하지만, 불교, 기독교 등 한국에 전래한 모든 다른 고등 종교와 마찬가지로 어느 정도 무속화 했다. 중국 유교가 강조하지 않은 조상숭배가 한국에서는 유교의 기본처럼 인식되고, 심지어 후손에게 은덕을 내리도록 기도하는 경우까지 있다. 그런 점에서 한국인의 세계관은 주로 무속종교에서 형성되었다고 할 수 있다.

무속종교도 여러 특징이 있지만, 가장 대표적인 것이 기복(祈福)이다. 선을 행하면 복을 받고 악을 행하면 벌을 받는 것 같은 인과보응(因果報應)이 아니라, 귀신에게 빌거나 운이 좋아서 복을 받는다고 믿는다. 윤리적 선악이 아니라, 행운이 성공과 행복을 가져다준다는 가치관을 형성했다. 물론 신바람이 나면 물불을 가리지 않고 초인적 능력을 발휘하는 것도 무속적 특징이고, 그것이 한국 사회의 발전에 공헌한 면도 없지 않다. 그러나 동시에 수많은 부작용을 일으키고 있다. 불로소득을 부끄럽게 생각하지 않는 것, OECD에서 5위로 많은 산업재해 사망자를 내는 안전불감증은 모두 무속종교와 무관하지 않다.

류동식(柳東植) 교수는 그의 《한국무교의 역사와 구조》(韓國巫敎의 歷史와 構造, 1975)에서 "무교에는 인간 관계에 대한 관심이 결여되어 있다. 다만 신령과 자기와의 수직적인 관계가 있을 뿐이고 횡적인 사회적 관계에 대한 관심은 없다. … 자기 자신까지도 객관화할 공동사회 관념이 결여되어 있다. 따라서 공동사회를 전제한 윤리 관념이 결여되어 있다. 그러므로 무교의 가치 기준은 윤리적 선악이 아니라 소유의 많고 적음에 있다. 많은 것이 선이고 없는 것이 악이다"라고 썼다. 현대 사회에서는 장점보다 단점이 더 많은 세계관의 뿌리로 작용하고 있다.

문화란 먹고 입는 등의 문제 이상의 포괄적인 것이다. 돈을 어떻게 버느냐, 가정을 어떻게 보느냐, 도덕을 어떻게 보느냐 하는 것도 문화의 일부다. 먹고 입는 것도 문화의 중요한 요소이지만, 적어도 세계관이란 이름을 붙이려면 그런 수준을 넘어서는 것이어야 한다. 윤리, 죽음, 성공, 사람, 노동 등을 어떻게 보느냐 하는 문제는 세계관과 중요하게 연결되어 있다.

앞에서 인도에 사는 기독교인은 대부분 힌두교적 세계관을 가지고 있을 거라고 했다. 하지만 인도의 전도자 썬다 씽(Sadhu Sundar Singh, 1889~1929) 같은 사람은 인도인인데도 기독교적 세계관을 가지고 있었다. 우리나라에서도 《사랑의 원자탄》이란 책으로 잘 알려진 손양원(1902~1950) 목사 같은 분은, 자기 아들을 죽인 사람을 용서했을 뿐만 아니라 양자로 삼았다. 이것은 우리의 전통적 생각과는 전혀 다르다. 그런 이야기를 들으면 "자기 자식을 죽인 사람을 용서하다니 어떻게 그럴 수 있나? 죽여도 시원치 않을 텐데"라고 하는 것이 우리의 전통적 생각이다. 그런데 손양원 목사는 그렇게 하지 않았다. 성경의 "원수를 사랑하라"라는 말씀을 구체적으로 실천에 옮겼다. 그는 적어도 그 부분에 있어서는 유교적 세계관과는 전혀 다른 기독교적 세계관에 따라 행동했다. 만약 인도 사람이면 기독교인이든 누구든 무조건 다 힌두교적으로 생각할 수밖에 없고, 한국 사람이면 반드시 한국적 세계관에 따라 행동한다면, 우리가 세계관 문제를 두고 고민할 필요가 없다. 하지만 우리는 문화적 영향을 초월할 가능성이 있고, 바로 그 때문에 세계관에 관해 관심을 가지고 따져 보는 것이다.

그러면 어떻게 해야 기독교적 세계관에 따라 살 수 있을까? 이것이 바로 우리가 시도해 보려는 것이다. 거듭난 사람은 성령의 능력으로 그렇게 될 수 있지만, 우리는 동시에 그렇게 되려고 의식적으로 노력해야 할 의무가 있다. 성령의 능력은 사람을 수동적으로 만들지 않는다. 거룩하게 되려면(성화, 聖化) 사람도 노력해야 한다. 성경은 우리에게 거룩하라고 명령한다 (벧전 1:16 등).

물론 기독교도 한국 문화와 세계관에서 좋은 요소는 얼마든지 수용할 수 있다. 부모를 공경하는 것은 아주 좋은 전통이다. 앞에서 우리 문화에 대해서 비판적으로 되어야 한다고 했는데, 비판적이란 말은 무조건 적대시한다는 것이 아니라, 무엇이 좋고 무엇이 나쁘며 어떤 것이 옳고 어떤 것이 그르냐를 따져보는 것이다.

2
CHAPTER

세계관의
핵심적 요소

: 하나님의 존재

세계관에서 하나님의 존재만큼 결정적인 것은 없다. 하나님이 계시지 않는다고 믿는다면 바울이 표현한 대로 "내일이면 죽을 터이니, 먹고 마시자"라는 것이 일관성 있는 결론이다(고전 15:32). 하나님의 존재는 사람의 가치관, 삶과 죽음에 관한 태도, 삶의 목적 등 사람의 모든 중요한 것에 영향을 끼친다.

무신론과 유신론

세계관에서 하나님의 존재만큼 결정적인 것은 없다. 하나님이 계시지 않는다고 믿는다면 바울이 표현한 대로 "내일이면 죽을 터이니, 먹고 마시자"라는 것이 일관성 있는 결론이다 (고전 15:32). 하나님의 존재는 사람의 가치관, 삶과 죽음에 관한 태도, 삶의 목적 등 사람의 모든 중요한 것에 영향을 끼친다. 신의 존재를 가장 분명하게 부인하는 이념에 따라 삶의 모든 영역이 결정되는 공산주의 사회들이, 그렇지 않은 사회들과 얼마나 달라지는가를 보면, 그 영향을 실감할 수 있다. 같은 역사와 문화를 이어받은 남한과 북한의 차이는 말할 것도 없고, 통일된 지 상당한 시간이 지난 독일에서도 동독 출신 주민의 가치관이 서독 주민과 아직도 상당할 정도로 다르게 남아 있다. 한 조사에 의하면 정직성에도 동독 출신과 서독 출신 사이에 상당한 차이가 드러난다.

신의 존재와 관계해서 유신론과 무신론으로 구분하는 것은 너무 단순하다. 신이 존재한다는 것을 인정하는 유신론에서도 그 신이 어떤 신이냐는 것에 차이가 있고, 무신론도 '신 혹은 초월자는 없다'는 것으로부터 시작해서 요즘 기독교계에 문제로 제기되는 실천적 무신론(practical atheism)이란 것까지 다양하다. 교회에서 찬송도 부르고 예배도 드리지만, 실제 삶에서는 무신론자와 같이 산다면, 그는 실천적 무신론자다. 그래서 교회 안에도 상당수 무신론자가 있다는 주장까지 존재한다. 영원불변하다고 믿는 법칙, 삶의 모든 것을 결정하는 운명 등도 신적인 것으로 분류될 수 있다. 실제로 신이란 말은 하나님이나 운명 등 포괄적인 의미로 쓰이고 있다. 그러므로 단순히 무신론과 유신론으로 구별하는 것은 큰 의미가 없다.

하나님의 존재와 관계해서 무신론과 구별되는 불가지론도 있다. 하나님이 존재하는지 하지 않는지 모른다는 입장이다. 이론적 지식에 대해 어느 정도 자신을 잃은 현대 지성인들에게 흔히 찾아볼 수 있는 입장이다. 지식인들 가운데는 무신론자보다 불가지론자들이 더 많다.

종교의 씨앗

인간의 가장 기본적이고 심각한 현상 가운데 하나는 '죽음'이다. 우리 인간은 다 죽고, 인간에게는 자신의 죽음과 사랑하는 사람들의 죽음에 대한 두려움이 있다. 모든 인간관계는 죽음의 순간에 끊어진다. 죽음에 대한 두려움은 주로 죽음 이후의 상황에 대한 불안이라고 한다. 미국의 한 여론 조사에서 "죽음에서 가장 두려운 부분이 무엇인가"라는 질문에, 가장 많은 사람이 죽는 순간의 고통보다는 죽음 후에 자신이 처할 상황에 대한 불안이 더 크다고 대답했다.

모든 인간에게는 불가사의하고 불가항력적인 것에 대한 두려움이 있다. 태풍이나 지진과 같은 자연재해처럼 사람의 힘으로는 도저히 어쩔 수 없는 일에 대한 두려움이 현저한 사례다. 일본은 세계에서 과학 기술이 발달한 나라 가운데 하나이고 국민의 지식수준도 상당히 높은 나라다. 그런데도 세계에서 미신이 가장 많은 나라다.

일본은 여름마다 여러 차례 태풍이 지나가고, 걸핏하면 지진이 일어나는 등 자연재해가 끊이지 않는다. 이런 엄청나게 불가항력적 사건이 자주 일어나게 되면, 사람들은 큰 두려움 속에 살 수밖에 없다. 그리고 인간의 힘으로는 도저히 어떻게 할 수 없는 상황에서 사람은 초월적 힘을 의지하려 한다. 인격적 신이든, 잡신이든, 운명이든 신적인 것 혹은 초자연적 힘을 찾고 의지하게 된다.

독일의 종교학자 오토(Rudolf Otto, 1869~1937)는 이러한 모든 것을 통칭하는 것으로 '누멘'(numen)이란 단어를 사용했다. 신(神)의 행위, 영향력, 신비스러운 힘을 뜻하는 말로 고대 라틴어에서 나온 말이다. 이는 신적인 것, 거룩한 것, 인간과는 다른 큰 힘과 영향력과 지혜가 있다는 의미다. 어떤 사건이 우리의 의식을 초월할 때, 우리가 이해하고 수용할 수 있는 것보다 훨씬 큰 것일 때, 우리는 겁에 질리고 공포감을 느끼며 그 대단한 힘 앞에서 무력감을 느끼게 된다. 오토는 이런 '성스럽고도 위압적인 두려움의 정서'(sensus numinous, mysterium tremendum)가 종교의 기원이라 했다.

칼뱅(Jean Calvin, 1509~1564)은 인간에게는 '신에 대한 느낌' (sensus divinitatis)이 있고, 그것을 '종교의 씨앗'(semen religionis)이라고 했다. 하나님에 대한 인식이 사람의 본성 속에 심겨 있다는 것이다. 자연적으로 주어진 이 하나님에 대한 느낌이 곧 종교의 씨앗이다. 우상 숭배도 이와 같은 종교성의 일그러진 모습이다.

한 예를 들어보자. 모든 인간은 죽음의 두려움을 경험한다. 그래서 사람들은 자신이 죽는다는 사실을 가능하면 생각하지 않으려 한다. 내일도 오늘같이 이렇게 지나갈 것이고, 늙지도 죽지도 않을 것처럼 자신을 속이면서 산다. 그러나 위급한 상황, 예를 들어 갑자기 태풍이 불거나 지진이 일어나거나 누가 죽거나 혹은 엄청난 재앙이 일어나면, 우리가 얼마나 약하고 무력한 존재인지 느끼고, 인간의 지식과 능력을 초월하는 존재에 대해 조금이라도 생각하게 된다. 그런 것이 신에 대한 느낌이고 종교의 씨앗이다.

원시 종교의 신

사회학을 창시한 프랑스 철학자 콩트(Auguste Comte, 1798~1857)는 인간의 정신 발달이 세 단계를 거쳐 일어났다고 주장했다. 첫 번째 단계는 모든 것을 신을 통해 설명하는 단계다. 꽃이 펴도 신이 그렇게 했고, 물이 흘러도, 짐승이 새끼를 낳아도 모두 신 혹은 신들의 작용으로 설명한다. 그래서 그는 이것을 신학적 단계라고 불렀다. 둘째는 형이상학적 단계로서, 자연현상이나 사물을 추상화해서 개념으로 만들고, 그런 개념을 통해 자연과 사물을 인식하고 설명한다. 실체니 속성이니 본질이니 하는 것이 모두 세계를 인식하고 설명하는데 사용된 개념이다. 그리고 마지막으로 오늘날은 구체적 경험에 근거한 법칙으로 사물을 설명하는 실증적 단계, 즉 과학적 단계다. 과학적 추론과 관찰에 따라 모든 현상, 사실 사이의 관계를 밝히는 것이 가장 발달되고 성숙한 단계란 것이다.

그는 신으로 모든 것을 설명하는 신학적 단계에서도 가장 원시적 형태는 다신론이라고 했다. 그리스 신화에 보면 태양의 신, 바다의 신, 사랑의 신, 지혜의 신 등 수많은 신이 등장한다. 태양의 신인 제우스는 바다에 대해서는 무력한데, 바다는 포세이돈이라는 신이 지배하고 있기 때문이다. 이처럼 원시적 신관에 등장하는 신들은, 최고의 신도 없고 절대적 통제도 불가능한 그런 존재로 인식되었다. 그러다가 나중에 하늘의 신인 제우스가 점점 더 중요해져서 모든 신 위에 가장 높은 신으로 인식되었다. 원시시대에 지배했던 다신론이 발전해서 유일신 사상으로 변했다. 여러 신이 제멋대로 활동해서 너무 무질서해지니까 다른 신들보다 좀 더 강한 신이 필요했고, 그래서 사람들이 가장 높게 생각하는 하늘의 신이 최고의 신이 되었다.

아프리카에서는 한국과 비슷하게 조상신을 많이 믿는다. 그들은 가족 중 누가 죽으면 집을 완전히 떠난다고 생각하지 않는다. 식사도 같이하는 등 죽어서도 가족과 같이 있다고 생각한다. 그래서 아프리카인들은 대체로 죽음에 대한 공포가 별로 없다. 한국의 무속신앙이 인식하는 귀신도 이와 비슷하다. 죽어서 황천(黃泉)에 못 간 영이 바로 잡귀다. 사람이 평안하게 잘 죽으면 황천에 가지만, 비정상적으로 죽으면 황천에 가지 못하고 돌아다니면서 아무한테나 달려들어 병도 일으키고 해를 입힌다고 생각한다. 이런 잡신은 무당이 뇌물을 주면 떠나고 협박하면 도망간다.

옛날에는 태어난 아이가 어려서 죽는 경우가 많았다. 요즘 같으면 병원에 가거나 약을 먹으면 쉽게 나을 수 있는 병인데도, 그때는 귀신이 병을 일으키고 잡아간다고 생각했다. 그래서 이것을 막기 위한 몇 가지 방법이 있었는데, 그 한 가지는 아이 이름을 아주 추하게 짓는 것이다. 옛날 이름에 '개똥이'라는 이름이 많은 이유가 그 때문이다. 그래야 귀신이 더러워서 잡아가지 않는다고 생각했다. 또, 오래 살고 변하지 말라고 '석돌'이라는 이름도 많았다. 마을마다 '석돌이' 또는 바위 암(巖)자를 써서 '석암'이라는 이름을 가진 사람이 몇 명씩 있었다. 이렇게 단단하거나 더럽거나 한 이름을 지어야 귀신이 잡아가지 않는다고 믿었다. 느티나무 등 큰 나무에 아이를 팔아 버리는 풍속도 있었다. 큰 느티나무는 장수하고 거대해 보이기 때문에 아이에게 "저 느티나무가 네 어미다" 하면서 아이를 팔았다. 이처럼 원시시대 사람들은 죽음과 고통과 재난에 대한 위협으로부터 자기 자신을 보호하기 위해 여러 신을 믿었다.

우리나라의 무속 종교가 믿는 귀신은 잡귀에 해당한다. 절대적 의지도 없고 능력도 없을 뿐만 아니라 무당에게 쫓겨 다니는 정도의 신이다. 무당이 뇌물을 주면 좋아하고 쫓아내면 쫓겨난다. 그런 신을 믿는 사람을 유신론자라 할 수 있는지 의문이다. 적어도 기독교적 입장에서는 전지전능하고 천지를 창조하고 우리를 구원할 수 있는 인격적 하나님을 믿어야 참된 유신론자라 할 수 있다.

고대 그리스인은 태양이나 바다 같은 물리적인 것을 다스리는 신 외에 관념적인 것을 지배하는 신도 믿었다. 아프로디테라는 사랑의 신, 아폴론이란 절제와 이성의 신까지 있었다. 또 토테미즘도 있다. 토템이란 말은 형제-자매 혈연관계를 의미하는 인디언의 단어에서 유래했는데, 토테미즘은 한 사회나 개인이 동물이나 자연물과 맺는 숭배관계 또는 친족관계 등 다양한 관계를 의미한다. 말, 소, 뱀, 곰, 나무 등을 모두 가족이라고 생각한다. 그래서 그들을 잘 대접하든지 아니면 피하든지 해야 안전하다고 생각했다. 이처럼 자연의 일부를 마치 신인 것처럼 생각하는 것이 토테미즘이다.

성경에 보면 분명히 귀신 이야기가 나오기 때문에 지금도 귀신이 없다고 말할 수는 없다. 또 실제로 아직도 과학 문명이 많이 확산되지 않은 나라에는 귀신이 많다고 한다. 그런 곳에 파송된 기독교 선교사들은 처음에는 귀신 따위는 믿지 않다가, 몇 년 동안 원주민과 같이 생활하다 보면, 귀신이 들끓는다는 것을 경험한다. 에스키모족에게 전도한 어떤 선교사는 귀신들이 떠드는 소리까지 들었다고 한다.

서양인이 인도네시아에서 택시를 타고 시골길로 가는데, 언덕을 오르다가 엔진이 꺼졌다. 택시 기사가 거기에는 귀신이 있어서 거기에 이르면 반드시 엔진이 꺼진다고 했다. 그런데 자세히 보니까 기아를 3단으로 놓고 있었다. 경사가 가파른데도 3단으로 가니까 엔진이 꺼질 수밖에 없었다. 그런데도 사람들은 거기 가면 반드시 엔진이 꺼지고, 그것은 귀신의 장난이라고 생각한다. 실제로 귀신이 존재하는지, 어떤 존재인지 확실하게 말할 수 있는 근거가 없고, 그런 것에 관해 관심을 기울여야 할 이유도 없다.

인격적인 하나님

　기독교가 믿는 하나님은 인격적인 하나님이다. 인격이란 '자유의지가 있고 책임을 질 수 있는 존재'라고 정의할 수 있다. 자유의지가 있다는 것은, 이렇게 할 수도 있고 저렇게 할 수도 있는 것이다. 한 가지밖에 선택할 수 없다면, 자유롭거나 책임질 수 있는 존재로 인정하지 않는다. 외부의 압력이나 법칙에도 불구하고 이렇게 할 수도 있고 저렇게 행동할 수 있어야, 즉 스스로 결정해서 행동할 수 있어야 자유의지가 있는 것이다. 어떤 사람이 정확한 이유를 가지고 사리가 분명한 결정을 하면, '올바로 결정했다'고 한다. 하지만 어떤 사람이 왜 그렇게 했는지 아무도 이해할 수 없는 결정을 했다면, '자의적으로 결정했다'고 한다. 궁극적으로 따지면 하나님의 의지는 자의적(恣意的, arbitrary)이다. 하나님이 무슨 이유가 있어서 결정한다면, 하나님이 따라야 하는 법칙이나 권위가 또 하나 있어야 한다. 하나님이 자신 이외의 법칙이나 권위에 의해서 무엇을 결정한다면, 그런 하나님은 절대적이지 않다. 하나님이 인격적이란 말은, 하나님 이외에 하나님보다 더 높은 어떤 권위도 인정하지 않음을 함축한다. 위대한 교부요 철학자였던 아우구스티누스(Augustinus, 354~430)는 하나님의 의지가 자의적임(voluntas arbitrium)을 강조했다. 우리 하나님은 그런 자의적 결정을 할 수 있는 분이다. 그것이 어떤 의미에서는 일반적 신관의 가장 극단적 모형이라고 할 수 있다.

이와 관계해서 흥미로운 것은, 윤리학에서 개신교와 천주교의 입장 차이다. 둘 다 소위 신명론(神命論, Divine Command Theory)을 따른다. 즉 우리가 왜 어떤 행동은 해야 하고 어떤 것은 하지 말아야 하는가의 기준이 하나님의 명령이란 것이다. 그런데 천주교에서는 하나님은 절대 나쁜 것을 명령하지 않으신다고 주장하고, 개신교에서는 하나님이 금지하는 것이 나쁘다고 주장한다. 즉 천주교는 옳고 그름의 기준이 객관적으로 존재한다고 믿고, 개신교는 하나님 명령 자체가 그 기준이라고 주장한다. 하나님은 하나님 뜻 외에 어떤 다른 기준도 순종하지 않으신다는 말이다. 그만큼 하나님의 의지는 절대적이다. 자유롭게 결정하시지만, 한 번 약속한 것을 반드시 지키시는 신실하신 하나님이시다.

하나님의 신실함에 관해 신학은 하나님의 불변성(不變性, immutability)이란 용어를 사용한다. 그리스 철학의 영향이다. 하나님의 '사랑과 신실함'으로 표현하는 것이 더 타당하다. 불변함과 신실함은 비슷한 부분이 있지만 차이가 엄연하다. 신실함에는 인격적 요소가 품겨 있지만, 불변은 물리적 특성을 나타낸다. 디모데후서는 하나님은 자기를 부인할 수 없다고 한다. "우리는 신실하지 못하더라도, 그분은 언제나 신실하십니다. 그분은 자기를 부인할 수 없으시기 때문입니다"(딤후 2:13). 하나님은 약속을 뒤집지 않으신다. 만약 하나님이 구원하시겠다고 해놓고 그 뜻을 바꾸면 우리가 어떻게 하나님을 믿겠는가? 하나님은 사랑의 하나님이며, 그 사랑은 일방적 사랑, 즉 우리가 그 사랑을 받을 자격이 있는지 여부와 상관없는 사랑이기 때문에, 그 사랑은 신실하고 우리는 그 사랑을 의지할 수 있다.

신학은 신인동형론(神人同形論, anthropomorphism)이란 용어를 쓰는데, 이는 하나님을 사람의 모습으로 이해함을 뜻한다. '하나님의 발등상'이란 표현은 하나님께 발이 있고 '하나님의 오른팔'이란 표현은 하나님께 오른팔이 있기 때문이 아니다. '하나님의 불꽃같은 눈', '하나님의 편 팔' 등의 표현은 모두 하나님을 의인화(擬人化)해서, 즉 마치 사람인 것처럼 상정해서 표현한 것이다. 우리의 인식능력이 한정되어 있기에, 그렇게밖에 하나님을 이해할 수 없다. 신을 해, 달, 바위 혹은 어떤 동물의 형상으로 이해하는 것보다는 사람의 형상으로 이해하는 것이 훨씬 더 실재의 하나님과 가깝다. 성경은 사람이 하나님의 형상으로 지음을 받았다고 하고, 그 형상의 대표적인 것이 자유의지다.

그러나 성경의 하나님은 우리의 지식과 논리로 이해될 수 있는 분은 아니다. 욥기에 나타나신 하나님은 우리를 어리둥절하게 한다. 욥은 큰 잘못을 저지르지 않았는데도 큰 고난을 당한다. 그것이 공정하지 못하다고 불평하는 욥에게 하나님은 "네가 어찌 내 생각을 아느냐"라고 꾸짖으신다. 우리의 상식으로는 욥의 항의가 정당한 것 같은데, 하나님은 무지한 소리 그만하라고 꾸짖으신다. 하나님의 처분에 모든 것을 맡기고, 우리 생각을 절대화하지 말라고 하신다. 우리 나름대로 이론을 세워서 하나님이 이렇다 저렇다 하는 것은 어디까지나 우리의 인간적인 이해 방식일 뿐이다.

3
CHAPTER

과학에 갇힌
세계관

자연과학이 눈부시게 발달하고, 그 지식에 근거
한 현대 과학기술이 인간의 삶을 거의 근본적으
로 바꾸게 되자, 사람들은 과학이 모든 것을 설명
할 수 있는 것으로 생각하고, 과학적으로 설명할
수 없는 것은 아예 존재할 수 없다고 생각하게 되
었다. 그 대표적 결과가 하나님은 존재하지 않는
다는 무신론과 신의 존재가 확실하지 않다는 불
가지론이다.

칸트의 자연관

현대인을 무신론과 불가지론으로 몰아넣은 것은, 소위 '닫힌 세계관'(closed world view)이다. 모든 것을 자연과학적으로 설명할 수 있기에 자연과학적으로 설명되지 않는 것은 존재하지 않는다고 하는 세계관을 닫힌 세계관이라고 한다. 과거에는 '자연'은 사람이 감히 손을 댈 수 없는 것, 즉 인공적이 아닌 것을 뜻했다. 이탈리아 철학자 비코(Giambattista Vico, 1668~1744)는 "자연은 하나님이 만들고 사회는 사람이 만들었기에, 사회는 우리가 잘 알 수 있지만 자연은 잘 모른다"라고 했다. 하나님은 모든 것을 알고 계시지만, 인간은 아무리 노력한다고 하더라도, 자연에 대해 알 수 있는 것은 개연성에 지나지 않으며, 자연의 내밀한 부분까지 전부를 완전하게 알 수 없다는 것이 그의 주장이었다.

그런데 17, 18세기에 자연과학이 발달하면서 사람들은 자연과학적으로 설명할 수 없는 것은 거의 없다고 생각하게 되었다. 이때 칸트(Immanuel Kant, 1724~1804)라는 철학자가 '도덕이나 종교, 하나님 등은 과학적으로 설명할 수 없는 것들'이라고 주장해서 그런 세계관에 제동을 걸었다. "자연과학적으로 설명되는 것만 존재하고, 그 외의 것은 아무것도 존재하지 않는다고 한다면, 착하거나 악한 것도 자연과학적으로 설명할 수 없으니, 윤리는 무의미하게 되고 말 것이 아닌가"라고 이의를 제기했다. 그래서 칸트는 사람이 과학적으로 알 수 있는 것의 범위를 한정하게 되었다. 칸트는 뉴턴(Isaac Newton, 1642~1727)의 물리학의 영향을 받은 사람들에게 물리학을 잘 이용하되 우리 인간이 알 수 있는 것은 상당히 한정되어 있으므로 자연과학적으로 알 수 있는 것만을 자연이라고 부르고, 그 밖의 것도 인정하되 우리가 모르는 것들은 물자체(物自體)라고 하자고 주장했다. 물론 도덕이나 종교도 우리가 과학적 지식으로 알 수 없는 영역에 포함했다.

칸트는 하나님에 대해서도 '요청(Postulat)으로서의 하나님'이란 주장을 했다. 우리가 과학적으로 하나님을 증명할 수는 없지만 하나님이 필요하다는 것이다. 또한 인간의 자율성을 강조해서 '어떤 사람이 압력을 넣거나 무엇을 얻기 위해서 착한 일을 하는 것은 비도덕적이라 했다. 순수하고 착한 동기에서 올바로 행동해야 착한 일이지, 상을 바라보거나 벌을 받기 싫어서 하는 착한 일은 옳지 않다. 즉 하나님이 벌을 주거나 상을 주기 때문에 착한 일을 하는 것은 옳지 않다. 외부의 압력을 받아서 행동하는 것이고, 순수한 자발적 동기에서 행한 것이 아니므로 도덕적으로 훌륭하다고 할 수 없다. 그럼에도 불구하고 착한 일을 하는 사람은 반드시 상을 받고 악한 일을 하는 사람은 반드시 벌을 받아야 한다. 그런데 이 세상에는 신상필벌(信賞必罰)이 제대로 이뤄지지 않는다. 악한 사람은 잘 살고 착한 사람은 고생한다. 그러므로 언젠가는 반드시 인과

응보가 이루어져야 하는데, 그렇게 하려면 내세가 있어야 하고, 상과 벌을 주는 하나님이 있어야 한다고 주장했다. 이런 하나님을 요청으로서의 하나님이라고 한다.

칸트의 이런 생각은 계몽주의 사상가 볼테르(Voltaire, 1694~1778)가 "하나님이 안 계시면 하나 만들어야 한다"라고 말한 것과 크게 차이가 나지 않는다. 그러나 칸트는 하나님에 대해 볼테르보다는 조금 더 긍정적으로 생각했다. '철학하는 사람들은 칸트를 비판하면서 철학할 수는 있지만, 칸트 없이 철학할 수 없다'고 할 정도로 세계 철학에 결정적 영향력을 행사했다. 신학에도 긍정 혹은 부정적으로 막대한 영향을 끼쳤다.

닫힌 세계관

자연과학이 눈부시게 발달하고, 그 지식에 근거한 현대 과학기술이 인간의 삶을 거의 근본적으로 바꾸게 되자, 사람들은 과학이 모든 것을 설명할 수 있는 것으로 생각하고, 과학적으로 설명할 수 없는 것은 아예 존재할 수 없다고 생각하게 되었다. 그 대표적 결과가 하나님은 존재하지 않는다는 무신론과 신의 존재가 확실하지 않다는 불가지론이다.

하나님뿐만 아니라 사람의 영혼이나 생각도 물리적 현상으로 설명할 수 있다고 한다. 인류의 세계관을 점점 더 유물론적으로 만들어 가고 있다. 정신적이라고 알려진 모든 것은 심리적 현상으로 환원하고, 심리적 현상은 생물학적인 것으로, 생물학적인 것은 물리적으로 환원하려 한다. 환원(還元, reduction)이란, 철학이나 과학에서 사용되는 용어로, 어떤 한 가지 현상을 다른 현상으로 완전히 설명하는 것을 뜻한다. 정신 현상을 심리적인 것으로 환원하는 것은, 모든 정신적인 것을 심리적인 것으로 완전히 설명할 수 있다는 뜻이고, 모든 사회적 현상을 경제적 현상으로 설명하는 것은 경제적 환원주의다.

심리적 현상을 생물학적인 것으로 환원하는 것은, 인간의 생각을 머리 안에 있는 뇌세포(neuron)의 작용으로 설명하는 것이다. 사고를 당해 뇌를 다치면 생각이 이상해져 버리는 경우가 있는 것을 보면, 사람의 생각은 뇌의 생물학적 작용에 따라서 결정되는 것으로 볼 수 있다는 것이다. 그리고 생물학적 현상은 결국 화학적 반응의 결과이므로 모든 생물학적인 것은 화학적인 것으로 환원할 수 있다고 본다. 그리고 화학적인 것은 결국 물리적 현상이다. 그러므로 모든 화학적 현상은 물리적으로 설명할 수 있다는 것이다. 그래서 모든 정신적 현상은 궁극적으로 물리적 현상으로 설명할 수 있다는 주장이 나오는 것이다. 이런 관점을 물리주의(physicalism)라고 부른다.

이런 주장을 더욱 강화해 준 것이 컴퓨터이고, 최근 크게 관심을 끄는 인공지능(AI)이다. 컴퓨터는 계산하고 정보를 저장

할 수 있고, 인공지능은 정보와 정보를 연결하며 논리적으로 추론할 수 있고, 심지어는 새로운 연결을 통해 창조적 생각도 할 수도 있다고 한다. 그런데 컴퓨터는 물리적으로 작동한다. 그러니까 인간의 두뇌도 좀 복잡한 컴퓨터에 불과하다는 생각을 갖는 것은 충분히 이해가 된다.

미국 MIT에서 1960년대에 출판한 《컴퓨터와 2000년》 (*Computer and the Year 2000*)이란 책은 '사람과 컴퓨터의 차이는 바이트(byte)의 차이에 불과하다'고 주장했다. 바이트는 정보량 단위다. 사람과 컴퓨터의 차이는 정보의 양 차이일 뿐이라는 것이다. 대부분의 컴퓨터는 사람보다 용량이 작지만, 용량이 엄청난 슈퍼컴퓨터들은 사람처럼 생각할 수 있을 뿐 아니라 사람을 능가할 수 있다고 주장한다. 한 일본의 컴퓨터광은 '앞으로 시를 쓰는 컴퓨터가 나올 수 있다'고 주장했다. 시를 쓰려면 감정이 들어가야 하는데, 컴퓨터의 용량이 아주 많이 늘어나면, 감정도 비트로 분석하고 표현하고 새로운 연결을 통해 창작도 가능하다는 것이다. 그뿐만 아니라 컴퓨터가 스스로 생각하게 될 것이라고 주장한다. 지금까지는 사람이 데이터를 입력해야 컴퓨터가 계산했지만, 컴퓨터가 스스로 자료를 찾아 입력하고 새로운 정보를 창조하게 되는 시대가 되었다.

요즘 진공청소기는 스스로 방을 돌아다니면서 청소한다. 배터리 충전이 필요하면 스스로 충전기에 가 붙어서 충전하고는 다시 청소를 계속한다. 인공위성을 보낼 때는 컴퓨터 두 대를 실어 보내는 것을 생각하고 있다. 그중 하나가 고장 나면 다른 컴퓨터가 고장 난 컴퓨터를 고치는 등 서로를 고쳐가며 계속 사용할 수 있다는 것이다. 이렇게 계속 컴퓨터가 발달하다 보면, 정말 컴퓨터가 스스로 데이터를 입력하게 될지도 모른다. 컴퓨터의 렌즈로 사물을 보고, 또 음성인식 장치를 통해 소리를 듣고, 그것을 분석해서 정보를 입력하게 될지도 모른다.

〈우주 오디세이〉(2001 : A Space Odyssey, 1968)란 영화가 있었다. 우주를 연구하기 위해 과학자들을 인공위성에 태워 보내는데, 우주의 먼 곳까지 가려면 시간이 매우 오래 걸리니까, 사람의 보통 수명으로는 연구를 다 수행하지 못한다고 해서, 예비 연구자를 냉동했다가 해빙해서 수명이 다한 연구자들을 이어받아 연구할 수 있도록 조처해서 보낸다. 그런데 컴퓨터와 사람들 사이에 분쟁이 일어난다. 사람들이 무슨 말을 하면, 컴퓨터가 그 사람의 입술 모양을 보고서 무슨 말을 하는지 다 알아듣고, 그 사람을 죽이려 하기까지 한다. 결국 사람들이 더 이상의 피해를 막기 위해 컴퓨터를 고장 내버리는 이야기다. 이처럼 인간의 심리적 현상, 인간의 감정, 인간의 창조적 활동까지 다 물리적으로 설명할 수 있다고 상상한다. 이런 것이 닫힌 세계관이다. 물리적인 것, 물리적으로 설명할 수 있는 세계 외에 아무 다른 것은 없다는 세계관이다.

물리주의의 오류

현대에 이르러 우리 주위에는 피상적인 과학자들, 과학을 잘 모르면서 잘 안다고 생각하는 사람들이 아주 많다. 사실 과학자들은 엄격한 의미에서 과학이 무엇인지 잘 알지 못한다. 과학이 무엇인지는 과학 바깥에 있는 사람들, 특히 과학철학을 하는 사람들이 더 잘 알지, 과학자들은 자신이 하는 것만 알 뿐 과학이 무엇인지 모를 수 있다. 그런데도 과학자들 가운데는 자기 분야의 연구에서 내린 결론을 그 대상의 범위를 넘어서 엉뚱한 결론을 내리는 사람들이 있다. 막대기의 길이가 한정되어 있는데, 그 양쪽을 상상으로 늘린다. 어느 정도 아는 것을 확대해서 실제로 알지도 못하는 것을 안다고 착각한다. 이런 것을 통계학에서는 외삽(外挿, extrapolation)이라고 한다. 아는 것을 상상으로 확대해서 모르는 것을 추정한다는 뜻이다. 물리학자가 이렇게 하면 물리적인 것 외의 모든 것을 물리적인 것으로 설명하게 되어서 하나님 같은 존재는 설 자리가 없어진다.

프랑스 과학자 라플라스(Laplace, 1749~1827)는 나폴레옹이 그의 천문학 논문에 하나님이 언급되지 않았다고 지적하자, "폐하, 저는 그런 가설은 필요하지 않습니다"라고 대답해서 유명하다. 정치적인 면에서는 지조가 없고 학자답지 못한 기회주의자였기에 낮게 평가가 되었지만, 그의 대답은 닫힌 세계관을 잘 반영한다.

　요즘은 생명체도 물리적으로 합성할 수 있다. 생명체는 단백질에서 나오는데 단백질로 원시적 생명체인 바이러스를 만들 수 있다. 바이러스가 생명체인지 아닌지 그 경계가 불분명하지만, 최근 문제를 일으킨 코로나 바이러스는 생명체처럼 소독으로 제거될 수 있음을 보았다. 이렇게 바이러스가 생명체로 작용하는 경우가 있으니까, 생명체도 인공적으로 만들 수 있다고 생각하게 되었다. 이런 생각을 연장해서 사람도 과학적으로 만들 수 있다고 주장하게 되면, 엄청난 외삽이다. 복제 인간도 마찬가지다. 그동안 시험관 아기를 낳고 체외수정을 하더니 인간 복제도 가능하다고 상상하기에 이르렀다. 복제는 이미 있는 생물체를 근거로 해서 만들어내지만, 생명체를 만들어내는 것이다. 또 게놈(Genom)에 대한 연구가 많이 이뤄져서 우리 인간의 몸을 이루고 있는 DNA 구조를 완전히 분석할 수 있다. 그래서 병을 일으킬 가능성이 있는 유전자를 제거함으로 병을 예방할 수 있다. 즉 인간의 유전자도 인공적으로 조작할 수 있다. 그래서 '유전자 가위'란 말이 생겨났다.

　물론 아무도 모든 현상을 실제로 물리적으로 설명하지 않았다. 그러나 자연은 언제, 어디서나 항상 같은 형태를 가지고 있다는(uniformity of nature) 것을 '전제'해서 한두 현상을 물리적으로 설명하고 나서는, 나머지도 같은 방법으로 설명할 수 있다고 주장한다. 인간의 모든 것을 물리적으로 분석하고 조작할 수 있다면, 나쁜 사람에게 새로운 뇌세포를 집어넣어 착한 사람으로 만들고, 비겁한 사람을 용감한 사람으로 만들어 전쟁에 내보낼 수 있다고 주장할 수 있다.

이렇게 되면 세상은 참으로 이상하게 될 것이다. 부부의 사랑이나 부모와 자식 간의 사랑도 다 물리적으로 설명할 수 있고, 어떤 사람은 예수를 믿고 어떤 사람은 안 믿는 것도 모두 뇌세포의 작용이나 DNA 구조에 의해 설명될 수 있게 된다. 우리가 정말 이런 세상을 바람직하다고 좋아할 수 있을까?

물론 물리주의는 과학이 아니다. 그것은 철학이요 종교다. 하나의 세계관이지 과학적으로 증명된 것이 아니다. 물리주의는 '여기까지 설명한 것으로 볼 때 저기까지도 설명할 수 있을 것이다'라는 외삽의 결과에 불과하다.

사람이 생각하는 현상을 아직까지는 과학적으로 충분히 설명하지 못했다. 그런데 몇 가지 현상, 예를 들어 '정신 질환을 앓는 사람들을 조사해보니 어떤 DNA가 비정상이더라' 하는 것으로, '인간의 모든 정신 현상을 DNA로 설명할 수 있다'고 주장하는 것과 같은 것이다. 이렇게 되면 하나님에 대한 두려움이나 내세에 대한 소망 같은 것도 모두 두뇌의 어떤 특수한 작용 때문이라고 할 수 있고, 따라서 하나님이나 내세의 존재 같은 것은 완전히 부인하는 세계관을 정당화할 것이다.

이러한 세계관에서는 우리의 삶이 어떻게 되겠는가? 고린도전서 15장 32절에서 말한 것처럼 "내일이면 죽을 터이니,

먹고 마시자"라고 하게 될 가능성이 크다. 다음 세계는 말할 것도 없고, 삶의 의미 같은 것을 논할 수도 없을 것이다. 미국 심리학자 스키너(B.F. Skinner, 1904~1990)가 1970년대에 쓴 책 가운데 《자유와 존엄을 넘어서》(*Beyond Freedom and Dignity*)라는 책이 있다. 이 책에서 물리적이고 심리적 현상만 있을 뿐 자유니 존엄성이니 하는 것은 모두 허구라고 주장한다. 스키너의 기본 전제는 인간은 잠시도 환경의 영향에 벗어날 수 없는 환경의 노예라는 것이다. "인간은 자유롭지 않다. 인간의 생각과 결정은 모두 주위 환경의 영향으로 이뤄지는 뇌세포의 작용에 따른 것이다. 그러므로 자유롭다고 할 수 없다. 물리적인 법칙에 의한 것일 뿐이다. 그러므로 인간이 자유롭다고 생각한다거나 존엄하다고 주장하는 것은 근거도 없고 유익하지도 않다. 사람을 바꾸려 하지 말고 환경을 바꿔야 사회와 인류가 발전한다"라고 주장했다.

과학주의에 대한 비판

그런데 과학에 대한 그런 신임은 그렇게 확고한 근거가 없다. 1962년, 미국의 토마스 쿤(Thomas Samuel Kuhn, 1922~1996)이란 과학사 학자가 《과학혁명의 구조》(*The Structures of Scientific*

Revolutions)라는 책을 써서 고전이 되었는데, 학계에 상당한 파문을 일으켰다. 우리말로도 여러 번 번역되었는데, 과학을 보는 눈에 변화를 가져왔다. 이 책 때문에 '패러다임'(paradigm)이란 말이 우리나라에서도 상용어가 되었다. 이 책은 과학이 확실하고 영구불변한 것이 아니라는 사실을 설득력 있게 보여주었다.

그는 사람들이 과학이라고 인정하는 것이 시대마다 다르다고 주장한다. 오늘 우리가 과학으로 인정하는 것은, 현재의 중고등학교 과학 교과서에 나와 있는 내용이라는 것이다. 그래서 한 시대의 과학을 '교과서 과학'(textbook science)이라고 불렀다. 아리스토텔레스의 과학, 뉴턴의 과학, 아인슈타인의 과학이 서로 동일하지 않고, 그 어느 것이 다른 것보다 우수하거나 어느 것이 다른 것보다 더 발전했다고 할 수도 없다고 했다. 한 시대의 과학으로부터 다음 시대의 과학으로 넘어가는 것이 꼭 '발전'이라 할 수 없고, 오히려 완전히 다른 것으로 바뀌는 '혁명'이라 하는 것이 옳다고 생각해서, 책 이름을 《과학혁명의 구조》라고 했다.

진리가 무엇인가에 대한 여러 이론 가운데 '합의 이론'(consensus theory)이 있다. 그 시대의 학자들이 의견 일치를 보면 그것이 진리가 된다는 이론이다. 그 자체로 옳기 때문이 아니라, 그 분야 학자들이 옳다고 동의하면 진리로 인정된다. 이런 현상은 과학에 국한되어 있지 않다. 요즘은 '예술이 무엇인가?'

라는 것도 객관적이고 보편적 정의를 내리는 것이 불가능해, '예술가들이 예술이라고 부르는 그것이 예술이다'라고 한다. 음악도 그렇다. 옛날에 우리가 듣던 음악에서는 화음이 중요했다. 화음이 음악의 본질이라고 배웠고 그런 줄 알았다. 그런데 19세기 말에 쇤베르그(Schonberg, 1874~1951)라는 오스트리아 태생 작곡가가 불협화 음악이란 것을 만들었다. 그 후에 나온 전자음악은 현대음악에 익숙하지 않은 사람들의 귀에는 고장난 라디오 소리처럼 들린다. 그런데 그런 음악을 작곡가가 작곡하고 연주가가 연주한다. 그렇다면 "음악이란 무엇인가"라는 질문에 할 수 있는 대답은, 음악가들이 음악이라고 하면 그것이 음악이라는 대답이다. 이런 것이 합의 이론이다. 과학도 그런 것이라 주장할 수 있다.

학자들 사이에 이견이 있겠지만, 사실 그런 생각은 최근에 생긴 것이 아니다. 18세기 초 영국 철학자 흄(David Hume, 1711~1776)이 과학에 대한 회의론을 제시했다. 현대과학에서 가장 기본적 법칙이 원인과 결과, 즉 인과관계(因果關係, causality)다. '온도가 내려가기 때문에 물이 언다'가 바로 전형적인 인과론적 설명이다. 온도가 내려가는 것이 원인이고 얼음이 어는 것이 결과다. 그런데 흄은 '인과론이란 버릇에 불과하다'고 주장했다. 우리가 그렇게 보니까 그런 것이지, 실제로 그렇다는 보장은 없다는 것이다. 오비이락(烏飛梨落), 즉 '까마귀 날자 배 떨어진다'는 표현이 있다. 실제로는 까마귀가 날아가기 때문에 배가 떨어진 것이 아니라, 단지 우연일 뿐인데 마치 까마귀가 날아가기 때문에 배가 떨어지는 것으로 착각한다는 것이다. 마찬가지로 온도가 내려가는 것과 물이 어는 것은 서로 상관이 없는 별개의 일인데, 우리는 온도가 내려가니까 물이 언다고 착각하는 것일 수 있다는 말이다. 그래서 흄은 "이제까지 우리가 경험한 바에 의하면 온도가 내려갈 때마다 물이 언 것은 사실이다. 그러나 항상 그렇다는 보장은 없다. 히말라야 어느 산중에는 온도가 영하 10도인데도 물이 얼지 않을 수도 있다. 우리가 모든 시대, 모든 곳의 모든 경우를 다 볼 수 없기 때문에, 인과관계가 절대적이라는 보장은 전혀 없다"라고 주장했다. 온도가 올라간 '다음에'(post hoc, after that) 물이 어는 것을 온도가 올라갔기 '때문에'(propter hoc, because of that) 물이 언다고 생각할 수 있다는 것이다. 그래서 그는 우리가 말하는 인과관계란 어디까지나 개연적(蓋然的, probable)일 뿐 필연적(必然的, necessary)이란 보장은 없다고 했다. 흄은 18세기 초에 그렇게 주장했는데, 그때부터 과학적 설명이 절대적이라는 것에 대해 회의적 생각이 제시된 것이다. 요즘은 이러한 생각이 적어도 과학 철학자들 가운데는 많이 확산되어 있다. 유명한 물리학자요 철학자인 칼 포퍼(Karl Popper, 1902~1994)는 '반증론'(反證論, Theory of Falsification)을 내세워 모든 과학적 주장은 그것이 새로운 증거로 반증되기 전까지만 타당하다고 주장했다. 다른 말로 표현하면, 모든 과학적 주장의 타당성은 그것이 잘못되었다는 증거가 나오기 전까지만이란 것이다.

과학적 이론의 성격을 아는 것이 필요하다. 간단한 예를 들어 설명해 보겠다. 우리는 물을 H_2O라 한다. 그런데 모든 물이 다 엄격하게 H_2O는 아니다. 이 세상에 순수한 H_2O는 거의 없다. 증류수를 두 번 다시 증류해서 생긴 물은 H_2O라고 하기로 합의가 되어 있다. 그러나 실제로 우리가 쓰고 먹는 물에는 온갖 이물질이 다 들어있다. 그래서 H_2O는 결국 우리가 생각하는 관념 속의 물일 뿐, 실재하는 물이 아니다. 실제의 물에는 산소와 수소만 있는 것이 아니라 온갖 다른 물질이 섞여 있다. 우리가 말하는 과학이 그렇다.

여기 나무가 한 그루 있다고 하자. 그 나무를 보는 관점은 얼마든지 다를 수 있다. 나무를 생물학적으로 보면, 나무는 탄소동화작용을 한다. 같은 나무를 경제적 관점에서 볼 수도 있고 미학적 관점에서 볼 수도 있다. 보는 관점에 따라 같은 나무가 다르게 보인다. 나무에는 생물학적 측면도 있고 물리학적 측면도 있으며 미적, 경제적, 심지어 종교적 측면도 있다. 그렇게 온갖 측면이 다 있는데도 나무를 생물학적으로만 보는 것은, 그 나무의 한 면만 보는 것이지 나무 전체를 보는 것은 아니다. 과학은 어떤 대상의 전체를 다 설명하지 않고 한 측면만 설명한다.

물은 100도에서 끓고 0도에서 언다고 알려져 있다. 그런데 재미있는 것은 그 0도가 정해진 배경이다. 이 우주에 0도가 처음부터 정해져 있던 것이 아니다. 사람들이 물이 어는 온도를 0도라고 하고, 물이 끓는 때를 100도라 하기로 정했다. 그렇게 정해 놓고서는 물은 0도에서 얼고 100도에서 끓는다고 말한다. 그 말은 결국, 물은 물이 끓는 온도에서 끓고 어는 온도에서 언다는 말이 된다. 임의로 표준을 정해 놓고서는 그것으로 다른 것을 설명한다. 0도나 100도는 객관적으로 자연에 있는 것이 아니라, 사람들이 약속으로 정한 것이다.

학문도 하나의 게임이다. 장기를 둘 때 장기 규칙은 하늘이 정해 놓은 것도, 인간의 본성에 있는 것도 아니다. 사람들이 약속해서 만든 것이다. 장기에서 포(包)는 다른 말 하나만 뛰어넘어야지 둘을 뛰어넘으면 안 된다. 어떤 사람이 장기를 두면서 포를 가지고 두 번씩 마구 뛰어넘는다면, 놀이가 계속될 수 없다. 물이 얼 때는 0도이고 끓을 때는 100도라고 한 것도, 그렇게 약속한 것이다. 0도와 100도를 정해 놓고, 그 사이를 100등분 해서 오늘 온도가 몇 도라고 말하는 것이다. 그런데도 온도가 20도라고 하면, 마치 그것은 하늘이 정한 것이고, 자연 그 자체에 20도가 있는 것처럼 생각할 때가 많다.

과학이 전혀 엉뚱한 것을 가지고 만든 것은 아니다. 사실을 상당할 정도로 반영하고 있다. 그러나 사실을 있는 그대로 정확하게 표현하지는 못한다. 모든 과학적 이론을 당분간, 그리고 부분적으로 사실을 표현하는 것으로 취급해야지, 영원불변의 진리라고 생각하면 안 된다. 역사적으로 과학이론은 계속

변해 왔다.

재미있는 사실은, 과학자들보다 비과학자들이 과학을 더 신임한다. 놀랍게도 하나님을 믿는 학자들의 수가 인문학이나 사회과학에서보다 자연과학이나 공학계에 더 많다. 인문학이나 사회과학자들이 자연과학자들보다 현대과학을 더 신임하기 때문이 아닌가 한다.

과학에 아첨하는 신학

그동안은 과학이 우리의 삶에 엄청나게 중요한 자리를 차지해서 기독교 신앙이 큰 손해를 입었다. 그런데 요즘은 포스트모더니즘 시대라고 해서 사람들이 이성의 권위를 인정하지 않는다. 어떤 학문적 지식도 절대적이지 않다는 것을 스스로 보여주고 있다. 예전에는 성경이 옳다는 것을 과학적으로 증명하려는 논의가 많았다. 그런데 성경이 하나님 말씀이라는 것을 과학적으로 증명한다는 것은, 따져보면 말이 안 되는 소리다. 그것은 마치 선생님이 옳다는 것을 학생이 증명하는 것처럼 모순된 것이다. 대학원생이 하는 말이 옳다고 유치원생이 말했다고 가정해 보자. 그 유치원생의 말을 가지고 대학원생의 말이 옳다는 것이 증명되었다고 할 수 있겠는가? 과학자가 말하기를 성경이 옳다고 하더라, 성경이 과학적으로 증명되었다더라 하는 것은 이처럼 주객이 바뀐 논리다. 그런데도 과학의 권위가 워낙 높아지니까 그런 주객전도가 일어난다.

그런데 불행하게도 그런 신학자들이 매우 많다. 세계적으로 유명한 독일 신학자 불트만(R. Bultmann, 1884~1976)은 정통신학에 많은 비판을 가했다. 그는 현대과학에 너무 강한 인상을 받고, 과학을 과대평가하는 신학 이론으로 독일 교회를 약화하는 데 역할을 했다. 그래도 정통신학이 지금까지 꿋꿋이 남아 있는 것은, 그런 시대의 조류에 흔들리지 않고 '성경만이 옳다'고 믿고 주장해 왔기 때문이다. 그 시대의 조류에 너무 빨리 아첨하는 신학은 얼마 안 가 사라져 버린다. 과학이론은 계속 바뀌기 때문이다. 오늘날의 과학이론에 너무 민감할 필요가 없다. 과학을 이용할 수는 있지만, 그것에 지나친 권위를 부여하지는 말자. 과학의 권위보다 하나님의 권위가 훨씬 더 강하고 성경의 권위가 훨씬 더 크다.

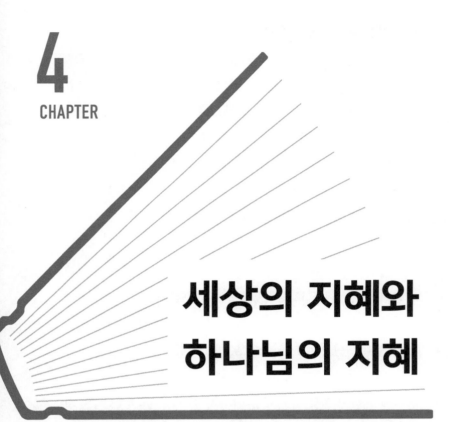

4
CHAPTER

세상의 지혜와
하나님의 지혜

사람들은 대부분 자신이 지혜롭다고 생각한다.
"사람은 제 잘난 멋에 산다"라는 속담도 있다. 하
나님을 믿는 것보다는 자신이 자신의 안전을 도
모하는 것이 더 확실하다고 생각한다. 그런데 스
스로 지혜 있다고 생각하지만, 실제로는 어리석
어서 한편으로는 자신들의 지혜를 믿으면서도 다
른 한편으로는 불안해한다.

이론적 신 존재 증명들

자연과학의 발달로 인간의 이성은 엄청난 권위를 얻게 되었고, 그렇게 인정받은 이성을 중심으로 계몽주의가 서양 문화에 중대한 변화를 가져왔다. 과거에 신비롭다고 생각했던 것, 사람의 지식의 범위를 넘어 신앙의 대상이 되었던 것들은 자연과학의 계속되는 발전으로 그 신비의 베일이 벗어진다고 사람들이 믿게 되었다. "대담하게 알아라!"(Aude sapere!)가 계몽주의의 모토라고 칸트가 주장했다.

그러나 교부시대나 중세에는 그렇지 않았다. 그때는 이성은 신앙에 종속된 것으로 생각했다. 이성의 학문인 철학은 신앙의 학문인 신학의 여종(ancilla theologias)으로 취급되었다. 물론 중세의 가장 뛰어난 천주교 신학자 토마스 아퀴나스(Thomas Aquinas, 1225~1274)가 인간의 이성도 하나님이 주신 것이므로, 비록 신앙과 동등한 권위를 가진 것은 아니지만, 신앙으로부터 어느 정도 독립해서 자율성을 가진다고 주장했다. 그런데도 이성은 신앙에 도움을 줄지언정 신앙에 대항하는 것으로는 보지 않았다.

그때는 이성을 통해서도 하나님을 알 수 있다고 생각했다. 이론적으로 하나님의 존재를 증명하려는 시도 가운데는 존재론적 증명, 우주론적 증명, 목적론적 증명, 그리고 앞에 잠깐 소개한 칸트의 요청으로서의 하나님, 즉 윤리적 증명이 있다. 《나는 누구인가》란 책에서 이들 증명을 상세하게 소개하고 설명했기에 여기서는 요약만 하겠다.

존재론적 증명(Ontological Proof for the Existence of God)은 중세의 철학자요 신학자인 안셀무스(Anselm of Canterbury, 1033~1109)와 현대철학의 아버지로 알려진 데카르트(R. Descartes, 1596~1650)가 주장한 것인데, 하나님이란 관념에서 하나님의 존재를 도출하려는 특이한 시도다. 인간에게는 절대적으로 '완전한 자'에 대한 관념이 있는데, 그것이 완전하려면 존재를 포함해야 한다는 주장이다. 실재하지 않는 것이 '완전'할 수 없으므로, 완전하려면 존재해야 한다는 것이다. 데카르트는 조금 다르게 표현했다. "우리에게 있는 '완전한 자에 대한 관념'은 경험이나 스승으로부터 올 수도 없고 우리가 스스로 만들어 낼 수도 없다. 우리의 경험, 스승, 우리 자신이 모두 불완전하기 때문이다. 그러므로 그런 완전한 자에 대한 관념은 완전한 자로부터 올 수밖에 없고, 따라서 '완전한 자'가 존재할 수밖에 없다"라고 주장했다.

현대인에게는 별로 호소력이 없는 것같이 보이나, 한때 하트숀(Charles Hartshore, 1897~2000), 괴델(Kurt Godel, 1906~1978), 플란팅가(Alvin Plantinga, 1932~) 등의 철학자들이 다소 수정된 존재론적 신 존재 증명을 제시했다.

우주론적 증명(Cosmological Proof)은 앞에 소개한 중세의 신학자요 철학자인 토마스 아퀴나스가 주장한 것으로 알려졌다. 그것은 비교적 간단하다. 이 세상에 존재하는 모든 것에는 원인이 있는데, 그 원인의 사슬을 계속 추적하면, 결국 그 이상 원인이 없는 원인이 존재할 수밖에 없다는 것이다. 아들이 있어야 손자가 있고, 아버지가 있어야 아들이 있으며, 할아버지가 있어야 아버지가 있을 수 있듯이, 그 마지막 조상이 있을 수밖에 없다는 논리다. 그 원인 없는 마지막 원인이 바로 영원히 존재하는 하나님이란 주장이다.

비교적 설득력이 있는 것은 목적론적 증명(Teleological Proof)이다. 우리가 경험하는 세계의 많은 것, 특히 생명체는 너무 정교하고 체계적으로 만들어져 있어 지능을 가진 창조자를 전제하지 않고는 설명하기 어렵다는 것이다. 예를 들어 사람의 생명을 유지하는 심장과 폐의 운동을 보면, 거의 신비롭다고 할 정도로 조직적으로 잘 만들어져 있음을 알 수 있다. 진화론자들은 그 모든 것이 우연과 진화 과정의 결과라고 주장하지만, 목적론적 증명을 주장하는 사람들은 그것은 마치 바닷가에서 발견된 시계가 수십만 년 동안 쉬지 않고 치는 파도가 바닷속에 있는 광물질을 깎아서 만들어졌다고 주장과 같다고 반박한다. 최근에는 기독교 변증론자들이 이것을 '지적 설계'(Intelligent Design)란 이름으로 다시 이용한다. 즉 우주의 모든 질서는 지능을 가진 창조주에 의해 설계되었다고 보는 것이 가장 합리적인 설명이란 것이다.

앞에 잠깐 소개한 요청으로서의 하나님(God as a Postulate)도 일종의 신 존재 증명이다. 선을 행하면 상을 받고 악을 행하면 벌을 받는다는 윤리적 원칙이 유지되려면 내세와 전능한 신이 필수적이란 칸트의 이론이다.

이런 이론적 신 존재 증명들은 오늘날 별로 큰 설득력을 얻지 못하고 있다. 철학자 칸트가 관념(idea)에서 존재(existence)를 도출하는 것은 논리적으로 잘못되었다는 사실을 설득력 있게 보여주었기 때문이다. 그러나 그런 주장을 내세운 칸트조차도 목적론적 신 존재 증명에 대해서는 어느 정도 자신을 잃었다고 한다. 오늘날 '지적 설계' 이론이 부활할 수 있는 것도, 이 증명 방법이 어느 정도의 설득력을 갖고 있기 때문이다.

그러나 전반적으로 말해서 이론적으로 하나님의 존재를 증명하는 것에는 한계가 있다. 프랑스의 계몽주의 사상가 볼테르(F.-M. Voltaire, 1694~1778)의 주장처럼 지능을 가진 전능한 존재가 증명되었더라도, 그것이 성경이 말하는 하나님의 존재를 증명하는 것이라 할 수는 없다.

핑계치 못할 이유

위에서 이론적으로 하나님의 존재를 증명하는 것들을 소개했다. 그러나 이론적으로 하나님을 증명하는 것만으로 하나님의 존재를 믿을 수는 없다. 모든 이론은 한계가 있다. 칸트가 주장한 것처럼 이론적으로 가능하더라도 실재한다는 보장은 없다. 그런데 성경은 모든 사람에게 하나님을 알 만한 것이 있다고 가르친다.

> "하나님의 진노가, 불의한 행동으로 진리를 가로막는 사람의 온갖 불경건함과 불의함을 겨냥하여, 하늘로부터 나타납니다. 하나님을 알 만한 일이 사람에게 환히 드러나 있습니다. 하나님께서 그것을 환히 드러내 주셨습니다. 이 세상 창조 때로부터, 하나님의 보이지 않는 속성, 곧 그분의 영원하신 능력과 신성은, 사람이 그 지으신 만물을 보고서 깨닫게 되어 있습니다. 그러므로 사람들은 핑계를 댈 수가 없습니다"(롬 1:18~20).

이론적으로 우리가 하나님을 증명할 수는 없지만, 하나님이 인간에게 하나님을 알 만한 것을 보여주셨다. 칼뱅은 이것을 '종교의 씨앗'이라고 불렀다.

"복음이 한국에 들어오기 전에 살았던 한국인들은 하나님의 심판의 날에 어떻게 될 것인가?" 이런 질문은 신학자들 간에 상당히 심각한 문제이고, 지금도 그런 질문을 많이 받는다. 앞에 인용한 로마서의 말씀을 보면, 창세로부터 하나님의 보이지 아니하는 속성들, 즉 그의 영원하신 능력과 신성이 그가 지으신 만물에 분명하게 나타나므로 사람들이 핑계하지 못하게 했다. 그런데 사도행전을 보면 바울 사도가 조금 다른 말을 한다.

"하나님께서는 무지했던 시대에는 눈감아 주셨지만, 이제는 어디에
서나 모든 사람에게 회개하라고 명하십니다"(행 17:30).

그런데 또 그 앞의 구절을 보면 "이렇게 하신 것은, 사람으
로 하여금 하나님을 찾게 하시려는 것입니다. 사람이 하나
님을 더듬어 찾기만 하면, 만날 수 있을 것입니다"라고 하면
서 모든 사람이 하나님을 다 알게 되어 있다는 말을 한다(행
17:27). 많은 사람은 이것을 '성경을 거치지 않고도 하나님이
만드신 모든 만물에 하나님이 분명히 보이기 때문에 알게 된
다'는 뜻으로 이해한다.

로마서에는 "율법을 가지지 않은 이방 사람이, 사람의 본성
을 따라 율법이 명하는 바를 행하면, 그들은 율법을 가지고 있
지 않아도, 자기 자신이 자기에게 율법입니다. 그런 사람은, 율
법이 요구하는 일이 자기의 마음에 적혀 있음을 드러내 보입
니다. 그들의 양심도 이 사실을 증언합니다. 그들의 생각들이
서로 고발하기도 하고, 변호하기도 합니다"라는 구절이 있다
(롬 2:14~15). 하나님을 모르는 사람들, 하나님의 계명을 받지 못
한 사람들도 그들의 양심이 증언하기 때문에 실제로는 핑계를
대기 어렵다는 말이다. 그래서 칼뱅은 인간에게 종교의 씨앗이
주어졌다고 말한 것이다. 창세 때부터, 즉 사람이 창조될 때부

터 인간의 마음속에 하나님께서 종교의 씨앗을 심어놓았다는 것이다. 그리고 "곧 그분의 영원하신 능력과 신성은, 사람이 그 지으신 만물을 보고서 깨닫게 되어 있습니다"란 말씀은 하나님 의 능력이 피조물에 분명히 나타나 있다는 것이다(롬 1:20). 자 연의 오묘함을 우리가 어떻게 다 설명하겠는가? 온 우주는 시 계와 같이 매우 정교한 모습으로 만들어졌는데 그것을 우연히 만들어졌다고 할 수 있겠는가? 온 우주의 운행을 보면서 하나 님의 존재에 대해 생각하게 된 과학자들이 상당수 있다. 최근 에도 잘 알려진 물리학자들이 '하나님을 전제하지 않고 우주 를 설명하는 것은 거의 불가능하다'는 내용의 책을 냈다.

우주 생성론에는 빅뱅 이론(Big Bang theory)이 있다. 태초에 원 물질이 갑자기 폭발해서 지금 우주가 형성되었고, 그 우주 가 지금도 팽창한다는 것이다. 그런데 또 한편 물리학에는 엔 트로피(entropy) 현상이 있다. 에너지의 차이가 점점 더 줄어 서 질서에서 무질서로 변하는 것이 일반적 현상이라는 것이 다. 이것을 '열역학 제2법칙'이라고 부른다. 가령 우리가 전화 할 때 성능이 나쁜 전화기는 말소리와 지지직하는 잡음이 같 이 들린다. 그러다가 그 지지직거리는 소음이 점점 커지고 말 소리가 약해지면 무슨 말인지 알아듣지 못하게 되어버린다. 음성을 듣기 위해서는 그 말소리가 주위의 소음과 구별되어야 한다. 그런데 소음이 점점 커지고 말소리가 점점 줄어들어 구 별되지 않는 이러한 현상, 즉 구별이 점점 줄어드는 현상을 엔

트로피라고 한다. 이것이 온 우주의 불변의 법칙이다. 안방은 온도가 높고 거실은 온도가 낮을 때 방문을 열어 놓으면 처음에는 온도 차이가 크지만 조금씩 안방의 높은 온도는 내려가고 거실의 낮은 온도는 올라가서 나중에는 차이가 없어져 버린다. 이 엔트로피는 물리학에서 아주 기본적인 법칙으로 취급된다. 그런데 우주 생성론의 빅뱅 이론에서 주장하듯이 만약 어떤 물질이 폭발해서 이 온 우주가 형성되었다면, 어떻게 그 안에 이렇게 정확한 질서가 잠재해 있을 수 있으며 그것이 어떻게 유지될 수 있겠는가? 어떻게 지구가 주기적으로 자전하고 주기적으로 태양을 중심으로 공전하겠는가? 어떻게 생물체가 만들어지고 식물은 탄소동화작용을 해서 그것으로 산소를 배출하고 또 동물은 그 산소를 흡수하는 이러한 현상들이 가능하겠는가? 과학의 기본 법칙인 열역학 제2법칙대로라면, 원 물질에 그런 현상이 있었다 하더라도 시간이 가면 갈수록 오히려 무질서하게 되어야 하는데, 어떻게 폭발로 인해 형성된 우주가 정교한 질서를 유지할 수 있겠는가? 이런 것들을 우리가 올바로 인식하면 하나님을 알 수가 있다고 지적 설계 이론가들은 주장한다. 하나님의 능력과 신성이 하나님이 만드신 것들에 보여 알게 된다는 것이다. 무엇보다도 빅뱅으로 폭발한 원 물질은 어디서 나왔으며 왜 폭발했을까? 아무리 뛰어난 물리학도 이런 궁극적 문제에 대해서는 입을 다물 수밖에 없다.

알지 못하는 신

사도행전에는 바울이 아테네에 갔을 때 신들에게 제사를 지내는 제단이 많이 있었다는 이야기가 나온다. 일본의 절에 가보면 연보(捐補) 궤가 수십 개가 있다. 결혼을 성공하게 해주는 신, 대학 입학시켜주는 신, 사업 잘되게 하는 신 등 온갖 신에게 연보하는 궤들이 다 있다. 그래서 각각의 신들의 연보 궤에 연보하는 일본인들의 모습을 볼 수 있다. 이처럼 옛날 아테네에도 온갖 신을 섬기는 제단이 있었다. 하늘의 신 제우스가 있고, 바다의 신 포세이돈, 지혜의 신 아폴론, 사랑의 신 아프로디테 등 모든 현상에 대한 신이 하나씩 있었다. 그래서 각기 그 신들을 섬기는 제단이 있었는데, 그중에는 혹시 몰라 빼놓았을 수도 있어서 '알지 못하는 신'을 섬기는 제단도 만들어놓았다. 바울이 그것에 대해 논평하는 장면이 사도행전 17장에 나온다.

"내가 다니면서, 여러분이 예배하는 대상들을 살펴보는 가운데, '알지 못하는 신에게'라고 새긴 제단도 보았습니다. 그러므로 나는 여러분이 알지 못하고 예배하는 그 대상을 여러분에게 알려 드리겠습니다"(행 17:23).

그 사람들이 왜 그렇게 했을까? 자신들이 가진 상식으로 온

갓 신을 생각했는데 혹시라도 미처 알지 못하여 빼놓은 신이 있을지도 모르니까 안전하게 하나 더 만들어 놓은 것이다. 바울이 그것을 보고서 내가 너희들이 알지 못하는 그 신에 대해서 이야기해 주겠다고 했다. 바울은 그들이 알지 못하는 신을 섬기는 단을 만든 것을 보고, 온갖 신을 섬기는 아테네 사람들에게도 여호와 하나님을 알 만한 것이 주어졌다고 생각했다. 그래서 "나는 여러분이 알지 못하고 예배하는 그 대상을 여러분에게 알려 드리겠습니다"라고 말한 것이다(행 17:23).

이 구절에 대한 신학적 논쟁이 있고, 우리가 논쟁에 끼어들 필요는 없지만, 바울이 모든 사람의 마음에 종교의 씨앗이 뿌려져 있다고 생각했던 것은 분명히 알 수 있다. 칼뱅이 인간의 마음에 '종교의 씨앗'이 있다고 말했을 때, 그 뿌려진 씨앗은 결국에는 열매로 맺힌다는 것을 상정한 것이 아닌가? 그리고 원칙으로는 그 씨앗이 여호와 하나님을 아는 열매를 맺어야 하지 않겠는가?

그런데 실제로는 그렇게 되지 않고 있다. 로마서 1장 18절의 "하나님의 진노가, 불의한 행동으로 진리를 가로막는 사람의 온갖 불경건함과 불의함을 겨냥하여, 하늘로부터 나타납니다"란 구절에서 '불의한 행동으로 진리를 가로막는다'는 말은 진리를 억누른다는 뜻이다. 진리가 용수철처럼 올라오면 꾹 눌러버리고, 또 올라오면 다시 불의로 그 진리를 억눌러버린다는 것이다. 모든 사람의 마음에는 종교의 씨앗이 심겨 있지만, 사람들이 그것을 자꾸 억눌러서 정상적인 종교로 발전하지 못하게 한다. 왜 그렇게 하는가? 로마서 1장 21~22절을 보면 "사람들은 하나님을 알면서도, 하나님을 하나님으로 영화롭게 해드리거나 감사를 드리기는커녕, 오히려 생각이 허망해져서, 그들의 지각없는 마음이 어두워졌습니다. 사람들은 스스로 지혜가 있다고 주장하지만, 실상은 어리석은 사람이 되었습니다"라고 한다. 사람들은 스스로 똑똑하다고 생각하지만, 실제로는 매우 어리석다. 하나님을 그대로 인정하는 것은 자기의 생각, 자기의 지식과 어긋나기 때문에 인정하지 못한다. 스스로 매우 영리하다고 생각하기 때문에 자신이 생각하는 하나님과 다른 성경의 하나님은 참 하나님이 될 수 없다고 판단한다.

세상 지혜의 어리석음

세상의 이런 지혜를 성경의 여러 곳에서 말하고 있다. 고린도전서 1장 18절에서는 "십자가의 말씀이 멸망할 자들에게는 어리석은 것이지만, 구원을 받는 사람인 우리에게는 하나님의 능력입니다"라고 말한다. 세상의 지혜로 보면 십자가를 전하는 성경과 그 성경이 가르치는 하나님은 매우 어리석다. 하나님이 사람이 된다는 것도 말이 안 되지만, 사람이 된 하나님이 십자란 치욕의 형틀에서 죽는다는 것은 더더욱 말이 안 되어 보인다. 고린도전서 1장 26~27절을 보면 "형제자매 여러분, 여러분이 부르심을 받을 때에, 그 처지가 어떠하였는지 생각하여 보십시오. 육신의 기준으로 보아서, 지혜 있는 사람이 많지 않고, 권력 있는 사람이 많지 않고, 가문이 훌륭한 사람이 많지 않았습니다. 그런데 하나님은 지혜 있는 자들을 부끄럽게 하시려고 세상의 어리석은 것들을 택하셨으며, 강한 것들을 부끄럽게 하시려고 세상의 약한 것들을 택하셨습니다"라고 한다. 세상 사람들이 보기에 무지하고 어리석은 사람들을 통해서 오히려 세상의 지혜와 지식을 부끄럽게 하신다는 것이다. 그래서 25절에는 "하나님의 어리석음이 사람의 지혜보다 더 지혜롭고, 하나님의 약함이 사람의 강함보다 더 강합니다"라고 한다. 세상의 지혜로는 하나님을 올바로 알 수가 없다는 것이다.

세상의 지혜는 죄와 밀접한 관계가 있다. 창세기 4장에 보면 가인이 죄를 짓고 하나님 면전에서 쫓겨나가면서 "오늘 이 땅에서 저를 쫓아내시니, 하나님을 뵙지도 못하고, 이 땅 위에서 쉬지도 못하고, 떠돌아다니게 될 것입니다. 그렇게 되면, 저를 만나는 사람마다 저를 죽이려고 할 것입니다"라고 두려워했을 때(창 4:14), 주님께서 그에게 말씀하셨다. "그렇지 않다. 가인을 죽이는 자는 일곱 갑절로 벌을 받을 것이다"라고 하시고 가인에게 표를 찍어 주셔서, 어느 누가 그를 만나더라도, 그를 죽이지 못하게 하셨다(창 4:15). 그러나 가인은 하나님의 그런 약속을 믿지 못한다. 그는 하나님의 면전에서 벗어나 성을 쌓고 농사를 짓고 무기를 만든다. 가인과 그의 후손은 하나님을 믿지 못했기에 자신들의 지혜로 자신들의 안전을 도모했다. 이처럼 세상의 지혜는 하나님에 대한 불신과 연결되어 있다. 사람들이 하나님의 사랑과 보호를 믿지 못하면, 자기들의 지혜로 자신들의 안전을 도모할 수밖에 없다.

사람들은 대부분 자신이 지혜롭다고 생각한다. "사람은 제 잘난 멋에 산다"라는 속담도 있다. 하나님을 믿는 것보다는 자신이 자신의 안전을 도모하는 것이 더 확실하다고 생각한다. 그런데 스스로 지혜 있다고 생각하지만, 실제로는 어리석어서 한편으로는 자신들의 지혜를 믿으면서도 다른 한편으로는 불안해한다. 그래서 자신의 지혜도 믿고 신적인 존재의 능력에도 의지하려 한다. 이렇게 자신의 지혜와 하나님 사이의 중간을 택하는 것을 성경은 우상이라고 말한다. 그래서 바울은 "사람들은 스스로 지혜가 있다고 주장하지만, 실상은 어리석은 사람이 되었습니다. 그들은 썩지 않는 하나님의 영광을, 썩어 없어질 사람이나 새나 네 발 짐승이나 기어 다니는 동물의 형상으로 바꾸어 놓았습니다"라고 지적한다(롬 1:22~23). 종교의 씨앗이 없었다면, 우상은 아예 생겨나지도 않을 것이다. 종교의 씨앗이 뿌려졌는데 그 씨앗이 정상적으로 자라면 진정한 종교가 되지만, 이것이 억눌려 있거나 옆으로 삐딱하게 나가면 우상을 섬기게 된다.

그러므로 우상은 하나의 타협이다. 인간에게 본래 주어진 종교의 씨앗과 인간의 지혜가 타협해서 생겨나는 것이 우상이다. 그래서 우상은 사람의 지혜로 설명이 될 수 있는 특징이 있다. 기독교의 하나님처럼 사람의 지혜로는 이해될 수 없고, 오히려 모순같이 보이는 분으로 되어 있다면, 그것은 우상이 될 수 없다. 그런 대상은 사람들의 지혜에 어긋나기 때문에 섬기지 않는다. 사람들의 지혜에도 어울리고 불안도 해소해 주는 이 두 가지 요소를 겸해서 갖추어야 우상이 될 수 있다.

철학이 될 수 없는 기독교

대부분의 종교를 들여다보면 모두 일리가 있어 보인다. 특히 불교는 지식인들이 많이 따르고 있다. 언론에서도 기독교에 대한 기사는 줄어들고 불교에 대한 기사는 늘어난다. 기독교가 도덕적 권위를 상실한 것이 주된 이유이지만, 불교도 도덕적으로 크게 우수하지 않음에도 사람들에게 말이 되는 것 같이 보이기 때문이다.

대학의 철학과에도 불교 철학이란 과목은 있다. 그런데 기독교 철학이란 과목은 기독교 대학 외에는 없다. 왜 그럴까? 기독교는 철학이라고 부르기가 어렵기 때문이다. 철학이 되려면, 논리도 있어야 하고 경험적 실증도 가능해야 하는데, 기독교는 논리나 경험이 아니라 '계시'에 근거해 있으니까 철학이 될 수가 없다. 계시는 믿음으로 수용할 뿐, 논리적으로 따질 대상이 될 수 없다.

가톨릭에서는 기독교 철학을 만들어내기도 하는데, 가톨릭 신학은 계시와 별도로 이성의 독립적 영역을 인정하고, 그 안에서만큼은 기독교인과 비기독교인이 얼마든지 같은 논리로 논의할 수 있다고 전제한다. 그러나 개신교는 이성조차도 계시의 빛 아래서만 그 권위를 인정하기 때문에 철학적으로 논의될 수가 없다. 다른 종교들도 신비로운 요소들을 인정한다. 그러나 기독교처럼 하나님의 계시를 강조하지 않기 때문에 철학이 논의할 수 없을 이유가 없다.

철학이 가능한 종교들은 기독교적 관점에서 보면, 사람이 만들어낸 체계라 할 수 있다. 불교는 초월자의 '계시'가 아니라, 성인들의 '깨달음'에 바탕을 두고 있다. 기독교는 사람이 만든 종교가 아니라는 보장이 어디 있느냐고 반론이 가능하고, 실제로 그런 반론이 제기되었다. 독일 철학자 포이에르바하(Feuerbach, 1804~1872)는 기독교의 하나님도 사람을 투영(投映, Projection)한 것에 지나지 않는다고 주장했다. 슬라이드를 비출 때 필름에 있는 사진이 스크린에 비치는 것처럼, 하나님도 사람을 투영한 것이라는 입장이다. 그가 쓴《기독교의 본질》이란 책에서 '신학은 곧 인간학이다'라고 주장한다. 기독교 신학을 보면 인간을 더 잘 알 수 있다고 한다. 하나님이라고 부르는 내용이 사실은 모두 사람에 관한 것이기 때문에 그렇다는 것이다.

칼 마르크스(Karl Marx, 1818~1883)는 기독교를 대중의 아편이라고 심하게 비판했다. 아편이 사람에게 거짓 쾌락을 주듯 '죽어서 천국에 갈 것이다'라는 속임수로 대중이 착취당하는 자신들의 실상을 제대로 인식하지 못하게 한다는 것이다.

니체(Nietzsche, 1844~1900)도 비슷한 의견을 제시했다. 기독교 윤리는 노예의 윤리(Sklavenmoral)라고 주장했다. "이 세상에서 온갖 수모와 착취를 다 당해도 천국에 가면 보상받을 테니까 모든 고난을 참고 견뎌라"라고 하는 것과 같다는 것이다. 이는 마르크스의 아편 이론과 비슷하다.

정신분석학으로 유명한 프로이드(Sigmund Freud, 1856~1939)도 기독교에서 말하는 하나님은 사실 아버지 형상의 무의식적 투영이라 했다. 종교란 인류의 유아기적 신경 증세로부터 발생한 것이라고 주장했다. 이처럼 수많은 사상가가 기독교의 하나님도 사람이 만들어낸 것이라는 의견을 제시했다.

우리 생각보다 높은 하나님 생각

　기독교의 하나님은 사람의 산물이 아니라는 것을 무엇으로 증명할 수 있겠는가? 네덜란드의 철학자이며 나의 박사학위 논문 지도교수였던 반 퍼슨(C. A. van Peursen, 1920~1996) 교수는 그의 《또 그분》(Hij is het weer, Him Again)이란 책에서 성경의 하나님은 우리를 놀라게 하는 분으로 특징지었다. 놀라게 한다는 말은 우리가 기대하지 못했던 것, 인간의 논리로 생각하지 못했던 것을 하신다는 것이다. 기독교의 계시 내용이 우리가 생각할 때 상당히 논리적이고 우리의 경험과 일치하는 것이라면 우리가 놀랄 이유가 없다. 그런 정도의 내용이라면 사람이 써놓고서 하나님의 계시라고 주장할 수도 있다. 그러나 성경에 나타난 하나님은 그렇게 논리적이거나 그럴듯하지 않다는 것이다.

　창세기에 보면 하나님이 아브라함에게 이르시길, "내가 너로 큰 민족이 되게 하고"(창 12:2), "네 눈에 보이는 이 모든 땅을, 내가 너와 네 자손에게 아주 주겠다. 내가 너의 자손을 땅의 먼지처럼 셀 수 없이 많아지게 하겠다"라고 약속하셨다(창 13:15~16). 그런데 여러 해가 지나도 자녀가 없자, 아브라함은 자신의 충실한 종 다메섹 사람 엘리에셀을 양자로 삼으려고 했다. 그것이 가장 논리적인 해결책이었기 때문이다. 그러나 하나님은 "너의 몸에서 태어날 아들이 너의 상속자가 될 것이다"라고 약속을 다시 확인하셨다(창 15:4). 그런데 아브라함이 나이 백 살이 다 되도록 아들을 낳지 못했다. 아들도 없이 어떻게 자손이 하늘의 별처럼 바닷가의 모래처럼 많겠는가? 그래서 아브라함은 자기 나름대로는 하나님 뜻을 이루겠다고 생각하고 하갈이라는 첩을 맞았다. 자기 아내 사라와의 사이에서 자식이 없으니 하나님이 첩을 통해서 하늘의 별과 바닷가의 모래처럼 많은 자식을 주시는가보다고 생각했을지도 모른다.

그런데 하나님은 하갈이 아니라 아내 사라를 통해 아들을 주겠다고 하셨다. 창세기 18장 12절에 보면 하나님의 말씀을 천사가 대언하는 것을 듣고 사라가 웃는 장면이 나온다. "나는 기력이 다 쇠진하였고, 나의 남편도 늙었는데, 어찌 나에게 그런 즐거운 일이 있으랴! 하고, 속으로 웃으면서 중얼거렸다." 그래서 나중에 아이 이름도 '웃음'이라는 뜻으로 '이삭'이라고 짓지 않았는가?

기상천외(奇想天外)의 일이 생길 때 우리는 웃는다. 말도 안 되는 말을 들을 때 '웃긴다'라고 한다. 성경의 하나님은 우리를 놀라게 하고 우리를 '웃기는' 분이다. 아브라함은 자기 나름대로는 하나님의 뜻을 이루어 보려고 궁리했는데 바로 엘리에셀을 양자로 삼고 하갈을 첩으로 맞이하는 것이었다. 자기의 지혜대로 최선을 다한 것이다. 그러나 하나님은 아브라함이 기대하지 못했던, 심지어 사라를 '웃기는' 방식으로 자신의 뜻을 이루신 것이다. "사라가 임신하였고, 하나님이 아브라함에게 약속하신 바로 그 때가 되니, 사라와 늙은 아브라함 사이에서 아들이 태어났다"(창 21:2).

아브라함이 아들 이삭을 보았을 때, 그의 나이는 백 살이었다. 사라가 혼자서 말하였다. "하나님이 나에게 웃음을 주셨구나. 나와 같은 늙은이가 아들을 낳았다고 하면, 듣는 사람마다 나처럼 웃지 않을 수 없겠지"(창 21:6). 이제 사라는 좋아서 웃었다. 어쨌든 그 이삭은 웃음의 아이였다.

베드로가 "선생님은 살아 계신 하나님의 아들 그리스도십니다"라고 고백하고 예수님으로부터 칭찬을 들었다(마 16:16). 그러나 예수님이 자신의 죽음에 대해서 "인자가 반드시 많은 고난을 받고, 장로들과 대제사장들과 율법학자들에게 배척을 받아, 죽임을 당하고 나서, 사흘 후에 살아나야 한다는 것을 그들에게 가르치기 시작하셨"을 때(막 8:31), 베드로는 강하게 반발했다. "예수께서 드러내 놓고 이 말씀을 하시니, 베드로가 예수를 바싹 잡아당기고, 그에게 항의했다"라고 씌어 있다(막 8:32). 우리 번역에는 "항의하였다"라고 되어 있지만, 영어 성경에는 '꾸짖었다'고 되어 있다(And Peter took Him aside and began to 'rebuke' Him....).

그러자 예수님이 다시 베드로를 꾸짖으신다. "그러나 예수께서는 돌아서서, 제자들을 보시고, 베드로를 꾸짖어 말씀하셨다. 사탄아, 내 뒤로 물러가라'라고 하셨다(막 8:33). 이 말씀에서 우리는 베드로의 생각과 예수님의 생각은 전혀 달랐음을 알 수 있다. 베드로의 생각으로는 예수님이 고난을 받으면 안 되고 죽으면 안 되는데, 예수님이 고난을 받고 죽어야 한다고 하니 베드로는 전혀 이해할 수 없었다. 그래서 그는 감히 예수님을 꾸짖은 것이다.

요한복음은 이런 역설들로 가득 차 있다. 예수님이 사마리아 여인에게 "내가 주는 물을 마시는 사람은, 영원히 목마르지 아니할 것이다"라고 하신다(요 4:14). 그러자 사마리아 여인의 눈이 번쩍 뜨였다. '아, 그런 물이 있으면 정말 얼마나 좋겠는가? 그러면 매일 물 길러 오지 않아도 될 텐데.' 그러나 예수님이 말씀하신 물은 이 여인이 생각하는 그런 물이 아니었다. 이처럼 성경에는 사람의 생각과 하나님의 생각이 평행선을 달리는 이야기가 많이 나온다.

누가복음 24장에서는 여인들이 사도들에게 예수님의 부활 소식을 전하는 장면이 나온다. "그들은 무덤에서 돌아와서, 열한 제자와 그 밖의 모든 사람에게 이 모든 일을 알렸다. … 이 여자들과 함께 있던 다른 여자들도, 이 일을 사도들에게 말하였다. 그러나 사도들에게는 이 말이 어처구니없는 말로 들렸으므로, 그들은 여자들의 말을 믿지 않았다. 그러나 베드로는 일어나서 무덤으로 달려가, 몸을 굽혀서 들여다보았다. 거기에는 시신을 감았던 삼베만 놓여 있었다. 그는 일어난 일을 이상히 여기면서 집으로 돌아갔다"라고 씌어 있다(눅 24:9~12).

예수님은 자신의 부활을 여러 번 말씀하셨는데도 사도들은 그런 것은 불가능하다고 생각해서 믿지 않았고, 심지어 예수님이 부활하셨다는 여인들의 말을 듣고도 그 말이 '어처구니없는 말'로 들렸으며, 빈 무덤을 직접 목격한 베드로도 '이상히' 여겼다고 한다. 그 당시 여자들의 말은 재판에서도 증거 효력이 없을 만큼 무시되었다. 그런데 여자들이 예수님의 부활을 가장 먼저 보았다고 성경이 기록하고 있는 것은 복음서가 조작된 글이 아님을 분명히 증명한다. 만약 부활에 대한 기록이 조작된 것이라면 믿을만한 증인으로 인정받지 못하던 여자들이 예수님의 부활을 가장 먼저 보았다고 쓰지는 않았을 것이다. 어쨌든 하나님의 하시는 일은 사람의 논리나 기대와는 전혀 다르게 작용함을 알 수 있다.

성경에서 가르치는 사랑도 사람으로서는 도무지 생각해낼 수 없는 개념이다. 보통 사람들이 생각하는 사랑인 '에로스'는 자신에게 사랑스럽기 때문에, 혹은 자신이 보기에 사랑할 가치가 있기 때문에 하는 사랑이다. 그래서 《아가페와 에로스》란 책을 쓴 니그렌(Anders Nygren)은 에로스를 '자기중심적 사랑'(ego-centric love)이라 했다. 그런데 성경은 "원수를 사랑하라"고 한다. 즉 사랑스럽지 않은 사람을 사랑하라는 명령이다. 사랑의 초점이 자신에게 있는 것이 아니라 사랑하는 대상의 이익에 있는 것이다. 이런 '아가페' 사랑은 사람으로는 생각해낼 수 없는 것이다. 이처럼 성경의 가르침을 보면 역시 이 성경의 가르침이 사람의 생각에서 나온 것이 아님을 확실하게 알 수 있다.

모순처럼 보이는 성경의 논리

위대한 교부 중 한 명인 터툴리아누스(Tertullianus, 160~230)는 교부 중 가장 일찍 글을 남긴 사람이다. 로마의 법률가이기도 했던 그는 "아테네와 예루살렘이 무슨 관계가 있느냐"라는 말을 남겼다. 아테네는 철학의 도시이고 예루살렘은 신앙의 도시인데 신앙과 철학은 아무 관계가 없다는 의미다. 기독교에서는 어떤 내용이 철학적 이론과 일치한다거나 합리성이 증명되어야 믿을 수 있는 것이 아니라, 비록 불합리하게 보여도 계시된 진리이기 때문에 믿어야 한다는 것을 분명히 했다. 그가 남긴 것으로 알려진 유명한 말 가운데 "나는 불합리한 고로 믿노라!"(Credo quia absurdum est!, I believe because it is absurd!)라는 명언이 있다. 오히려 비논리적이기 때문에 믿는다는 것이다. 성경이 가르치는 내용들이 사람의 논리에 맞지 않기 때문에 그것을 믿을 수 있다는 특이한 주장이다. 만약 성경의 가르침이 인간의 논리에 꼭 맞는다면 오히려 믿을 가치가 없다는 것이다. 사람이 만들어 낸 것일 수도 있기 때문이다.

성경과 성경이 소개하는 하나님이 모든 면에서 역설적이고 사람의 생각이나 논리, 인간의 상식과 항상 어긋나는 것은 아니다. 바울 사도는 로마 지식인들에게 "사람이 하나님을 더듬어 찾기만 하면, 만날 수 있을 것입니다"라고 말했다(행 17:27). 사람들이 열심히, 올바른 태도로 노력하면 혹시 하나님을 발견할 수도 있다는 것이다. 여기서 '더듬어 찾는다'는 말이 재미있다. 더듬는 것이 무엇이겠는가? 환하게 잘 보이면 바로 찾을 수 있다. 그런데 분명하게 보이지 않으니까 더듬어서 찾지 않겠는가? 바울이 말했던 하나님은 우리 각 사람에게서 멀리 떠나 계시지 않는다. 하나님이 심어주신 그 종교의 씨앗이 있기 때문에 더듬어 찾으면 하나님을 알 수도 있다는 것이다. 이것을 신학적으로는 '자연 계시'라고 한다.

> "하나님을 알 만한 일이 사람에게 환히 드러나 있습니다. 하나님께서 그것을 환히 드러내 주셨습니다. 이 세상 창조 때로부터, 하나님의 보이지 않는 속성, 곧 그분의 영원하신 능력과 신성은, 사람이 그 지으신 만물을 보고서 깨닫게 되어 있습니다. 그러므로 사람들은 핑계를 댈 수가 없습니다"(롬 1:19~20).

종교의 씨앗은 자연 계시의 중요한 부분이다. 상당 부분은 우리의 논리로도 이해할 만한 것들이다. 그러나 가장 기본적인 것들은 우리의 지식과 논리를 초월한다.

하나님이 모든 인간의 마음에 하나님을 알 만한 지식을 넣어 주셨지만, 그것만 가지고는 완벽하게 하나님을 알 수 없다. 기독교의 교리에서 가장 중요한 것 가운데 하나인 삼위일체라든가 예수님이 하나님이며 또한 사람이시라는 교리 등, 어떤 의미에서 기독교의 가장 기본 교리라 할 수 있는 것들은 대부분 우리의 상식이나 논리를 초월하는 것이다.

기독교 역사를 보면, 대부분의 이단이 이처럼 논리를 초월한 교리 부분에서 나왔다. 논리적이지 않고 사람이 이해할 수 없는 것을 억지로 논리적으로 만들다가 이단이 된 것이다. 초대 교회의 가장 유명한 이단은 영지주의(Gnosticism)였다. 이 사람들은 성경을 그리스 철학의 정신과 물질의 이원론적 관점에서 해석했다. 예를 들어 예수님은 하나님의 사자요 구주이지만 육체를 입을 수 없으므로 사람처럼 나타난 것은 그림자며 환상에 불과하다는 주장을 폈다. 또 어떤 사람들은 '양자설'이라고 해서 예수님은 원래 사람인데 하나님의 양자가 되었다고 주장하기도 한다. 이렇게 성경에 나타난 가르침을 인간 논리에 맞추려 하다가 이단 교리를 만들어내는 것이다.

아우구스티누스와 안셀무스 같은 신학자들은 '믿음의 눈으로 보면 모든 것의 질서가 선다'는 것을 분명히 했다. 기독교 역사상 가장 위대한 철학자요 신학자라 할 수 있는 아우구스티누스와 스콜라 철학의 아버지로도 불리는 영국의 철학자요 신학자인 안셀무스(Anselm of Canterbury, 1033~1109)는 다 같이 "알기 위하여 믿는다"(Credo ut intelligam., I believe so that I may understand.)란 사실을 강조했다. 믿지 않으면 기독교 신앙의 많은 교리가 논리적으로 틀린 것 같지만, 믿음의 눈으로 보면 모두 질서가 서고 논리적인 것으로 나타난다는 것이다.

초대 교회 학자들은 이런 문제들로 많이 고민했고 깊이 생각했다. 깊이 있는 연구와 헌신이 있었기에, 수천 년간 기독교는 온갖 비판과 핍박을 받으면서도, 지금까지 가장 큰 종교로 남아 있고, 인류문화의 방향과 질을 근본적으로 바꿀 수 있었다. 그들은 모두 하나님의 생각은 어떤 사람의 사상이나 경험보다 훨씬 더 깊고 훨씬 높음을 굳게 믿었다. "나의 생각은 너희의 생각과 다르며, 너희의 길은 나의 길과 다르다. 주님께서 하신 말씀이다. 하늘이 땅보다 높듯이, 나의 길은 너희의 길보다 높으며, 나의 생각은 너희의 생각보다 높다"라는 말씀을 심각하게 존중할 필요가 있다(사 55:8~9).

순환적 역사관과 선적인 역사관

불교나 힌두교 등 대부분의 종교에서는 '태초'라는
말을 쓰지 않는다. 그들은 시간이란 영원히 계속되
는 것일 뿐, 시작이나 끝이 없다고 생각한다. 기독
교는 시간과 역사를 다르게 본다. 기독교가 시간을
보는 방식, 역사를 보는 방식이 다른 종교와는 다르
다는 것을 처음으로 깨달은 사람이 아우구스티누
스였다. 그는 '기독교의 역사관은 선적이고 이방인
들의 역사관은 순환적'임을 지적했다.

태초, 기독교만의 시간관념

성경의 첫 책, 첫 장, 첫 줄을 보면 "태초에 하나님이 천지를 창조하셨다"라고 씌어 있다(창 1:1). 태초(太初)란 어떤 것의 '시작'이다. 태초란 말을 쓰려면 무엇인가 새롭게 시작되어야 한다. 무엇이 새로 시작되었다면, 그 이전에는 어떠했는가? 이렇게 따지면 이 구절의 의미가 매우 어렵게 된다. 역사철학을 하는 사람, 시간에 대해서 따지는 사람들에게는 큰 문제일 수밖에 없다.

불교나 힌두교 등 대부분의 종교에서는 '태초'라는 말을 쓰지 않는다. 그들은 시간이란 영원히 계속되는 것일 뿐, 시작이나 끝이 없다고 생각한다. 기독교는 시간과 역사를 다르게 본다. 기독교가 시간을 보는 방식, 역사를 보는 방식이 다른 종교와는 다르다는 것을 처음으로 깨달은 사람이 아우구스티누스였다. 그는 '기독교의 역사관은 선(線)적(linear)이고 이방인들의 역사관은 순환적(circular)'임을 지적했다. 그의 이러한 주장은 모든 철학자가 인정할 수밖에 없다.

오늘날 시간이란 말을 쉽게 사용하지만, 사실은 시간이 무엇인지 아무도 모른다. 기독교의 고전으로 찬사를 받는 《참회록》에서 아우구스티누스는 "나는 시간이 무엇인지 안다. 그러나 누가 나에게 시간이 무엇인지 물으면 모른다"라고 했다. 어린아이의 장난말처럼 들리지만 사실이다. '시간이 없다, 급하다'는 말을 많이 하지만, 시간이 무엇인지는 모르고 한다. 칸트는 다른 모든 것을 알기 위하여 시간과 공간을 전제하지만, 시간 그 자체, 공간 그 자체는 무엇인지 모른다고 했다.

옛날 사람들은 시간을 어떻게 생각했을까? 시간(時間)이란 말을 한자로 보면 날 일(日)자가 들어가 있다. 상식적으로 생각할 때 옛날 사람들은 해가 뜨는 것과 해가 지는 것을 보면서 시간에 대해 생각하기 시작했을 것으로 상상할 수 있다. 아침에 해가 뜨고 저녁에 지는 것, 사계절이 바뀌는 것, 시간은 이렇게 움직이고 변하는 것들과 연결되어 있다. 그래서 아리스토텔레스(Aristoteles, BC 384~322)는 시간을 '변화의 형식'이라 했다. 그런데 그 변하는 방식이 반복적이다. 해가 떴다가 지고 그다음 날 아침이 되면 또다시 해가 뜬다. 계절의 변화도 그렇다. 겨울에 다 죽은 것 같은 나무들이 봄이 되니 또다시 새싹이 돋아나고 여름과 가을, 겨울을 지나 또다시 봄이 온다. 그래서 옛날 사람들은 시간은 돌고 돈다고 생각했다. 시간이 언제 시작했는가 하는 질문에는 "시작한 것이 아니라 그저 돌고 도는 것이다"라고 대답했을 것이다. 이것이 바로 순환적 역사관 (circular view of history)이다.

거의 모든 고대 종교에서 이런 순환적 시간관 혹은 역사관이 엿보이는 것은 당연하다. 특히 불교의 시간관은 전형적으로 순환적이다. 사람의 영혼도 순환한다고 가르치고, 전생의 업보가 중요하다고 믿는다. 불교와 힌두교는 지금의 삶 이전에 다른 사람의 모습으로 있었다가 다시 태어난다는 윤회설을 주장한다.

페루에 가면 잉카인들이 세운 마추픽추라는 마을이 있다. 과거에 스페인 사람들이 남미를 점령했을 때 잉카 문명을 이방인들의 잘못된 문화라고 그 유적을 대대적으로 파괴했는데, 마추픽추는 깊은 산속에 숨어 있어서 지나쳐버렸다. 이것을 20세기 초반에 미국의 고고학자 빙엄(Hiram Bingham)이 발견했는데, 그때까지 수풀에 묻힌 채 있었기에 마추픽추를 '잃어버린 도시' 또는 아주 높은 산 위에 있어서 '공중도시'라고 부르기도 한다. 그곳에는 잉카의 문명이 고스란히 남아 있어서, 당시 잉카인들이 어떻게 살았는지 살펴볼 수 있다.

그곳에 가면 바위 위에 아주 정교하게 새겨놓은 문양이 있다. 화살표 비슷한 모양의 선이 새겨져 있다. 그것은 춘분날 해가 뜨는 방향을 표시해놓은 것이다. 그날부터 어둠의 세력인 밤의 길이보다 빛의 세력인 낮의 길이가 더 길어지기 시작하기 때문에 옛날 종교에서는 춘분을 아주 중요시했다. 그런데 그 춘분은 해마다 다시 돌아오니까 시간은 돌고 도는 것이다. 이런 경험에서 순환적 역사관이 나온 것이다.

이런 순환적 역사관과 비교해 볼 때 성경의 '태초에'란 간단한 표현의 의미는 절대 단순하지 않다. 다른 종교에서는 찾아볼 수 없는 말을 오직 성경만 사용하고 있다. 수학에 무한이란 관념이 있는데 '무한수' 같은 것이다. 8자를 옆으로 뉘어서 쓴 것 같은 표시(∞)가 무한을 상징한다. 그런데 이 기호는 사실 0의 모양을 뒤틀어 놓은 것에 불과하다. 수학에서 0과 구별하기 위해서 0을 뒤튼 모양을 무한의 기호로 삼은 것 같다. 0은 원형이고 시작과 끝이 없는 순환을 의미한다.

고대 종교에서는 뱀이 중요한 상징물로 쓰였다. 우리나라와 중국에는 용이 중요하지만, 용은 아주 큰 뱀이다. 영국의 대영제국박물관에는 이집트의 머미(mummy)들, 즉 죽은 사람의 시체에 방부제를 넣어서 미라로 만든 것이 많이 전시되어 있는데, 거기에는 뱀의 머미도 있다. 왜 그처럼 옛날 사람들이 뱀을 많이 숭상했을까? 두 가지로 설명할 수 있다. 하나는 뱀이 똬리를 틀고 있는 것을 '시작도 없고 끝도 없다'는 영원의 의미로 보았기 때문이고, 다른 하나는 뱀이 허물을 벗는 것을 다시 태어난다고 생각했기 때문이다. 그런데 놀랍게도 이집트에만 뱀을 숭상한 흔적이 있는 것이 아니라 동양의 용을 비롯해 멕시코와 잉카인들, 고대 인디언들의 유적 가운데도 뱀과 관계된 유적들이 많다.

멕시코 근방에는 아주 유명한 두 개의 피라미드, 태양의 피라미드와 달의 피라미드가 있는데 그 크기가 정말 엄청나다. 태양의 피라미드에는 가장 높은 곳까지 올라가는 계단이 있는데 너무 가팔라서 사람이 걸어서 올라가기 힘들다. 학자들은 그 계단이 무슨 기능을 하는지 알아보려 했는데, 언젠가 타임지에 보니까 춘분날 정오에 그 계단의 그림자가 꼭 뱀이 위로 기어 올라가는 것 같은 모양으로 되어있다는 것을 발견했다고 한다. 즉 그 계단이 종교적 의미가 있음을 발견한 것이다.

세계문화를 발전시킨 기독교 역사관

성경이 '태초'라고 말한 것은 순환적인 것과는 전혀 다른 선적인 기독교 역사관과 시간관을 말해준다. 그래서 아우구스티누스는 기독교적 역사관과 시간관이 선적이라 했다. 바로 선적인 역사관(linear view of history)이다. 아우구스티누스는 선적인 역사관에서 비로소 '발전'(progressus)이 가능하다는 것을 지적했다. 순환적 역사관에는 반복해서 동일한 곳으로 다시 돌아오기 때문에 발전이 있을 수 없다. 그러나 선적인 역사관에는 시작과 끝이 있고 따라서 발전이 가능하다.

우리는 시작이 무엇을 의미하는지 정확히 알지 못한다. 시간이 시작되었다고 했을 때 그 시작이란 말 자체가 우리의 지적인 능력을 초월하는 표현이다. 그 시작 이전의 상태를 모르기 때문이다. 하나님이 세상을 창조하셨다면, 그전에는 어떻게 되어있었는가? '이전과 이후'라는 말을 쓰지만, 시간이 전제되어야 전후도 있을 수 있기에, 시간이 시작되는 상황에서는 전후라는 말을 사용할 수가 없다. 그러니까 누가 시간에 대해서 따져 물으면, 아우구스티누스가 "나는 시간이 무엇인지 안다. 그러나 누가 물으면 모른다"라고 한 것처럼, "우리는 태초가 무엇인지 안다. 그러나 누가 물어보면 모른다"라고 대답할 수밖에 없다.

태초라는 말 한마디에는 엄청나게 중요한 의미가 담겨 있다. 역사가 돌고 돌아서 발전이 없다면, 노력할 필요가 없지 않겠는가? 아무리 노력해도 역시 같은 것이 다시 돌아오는데 무엇 때문에 노력하겠는가? 그리고 순환적 역사관은 일반적으로 과거 지향적 역사관으로 알려져 있다. 과거가 더 훌륭했으며, 역사의 황금시대(golden age)는 과거에 있었다고 믿는다. 이러한 과거 지향적 역사관을 가진 전형적 종교가 유교다. 유교는 가장 좋았던 시절을 요 임금, 순 임금 때, 또는 그 이전의 삼황오제(三皇五帝) 때로 여긴다. 사실 삼황오제, 요 임금, 순 임금 때는 역사적으로 존재했던 시대가 아니다. 하지만 사람들은 그 가상의 때가 가장 이상적인 시기였다고 생각한다.

공자(孔子, BC 552~479)의 《논어》(論語)에 보면 자신의 나이가 너무 많아 꿈에서도 주공(周公)을 만나지 못해 애석하다는 구절이 나온다. 여기서 주공이란 주나라 태조의 동생인데, 자신이 왕이 될 수 있는데도, 약한 조카를 왕으로 세우고 자신은 그 옆에서 도와주었다고 한다. 그래서 중국에서는 그를 아주 위대한 인물로 삼는다. 공자가 그 주공을 만나지 못해서 유감스럽다는 말은 그때가 가장 훌륭한 시대였다는 뜻이다. 공자는 원래 자신의 가르침이 주(周)문화의 기초를 확립한 주공(周公)에 기초를 두고 있다는 사실을, 주공을 꿈에서 만났다는 비유를 들어 설명했다. 우리나라의 율곡(栗谷, 1536~1584)도 "주공 이전의 시대는 치세(治世), 즉 질서가 있었던 시대이고 주공 이후로는 난세(亂世)였다"라고 말했다. 이것은 모두 옛날이 좋았다는 세계관을 반영한다. '옛날이 더 좋았고 시간이 흐른다는 것은 점점 더 나빠지는 것을 뜻하는' 과거 지향적 역사관에서 비롯된 발언들이다.

이런 역사관을 갖게 되면, 자연히 보수적으로 될 수밖에 없다. 유교는 매우 보수적 세계관을 갖고 있다. 할아버지는 아버지보다 더 훌륭하고, 아버지는 아들보다 더 훌륭하다. 이런 세계관에서는 새로운 것을 만들고 발전하려고 노력하지 않는다. 아버지가 농사짓던 방식대로 아들이 농사를 지으면 그 아들은 효자가 되지만, 아버지가 쟁기로 땅을 가는데 아들이 트랙터를 몰고 다니면 고얀 놈이 된다. 소크라테스 시대뿐 아니라 오늘 우리도 젊은 사람들을 보면 "요즘 젊은것들은 못 쓰겠다"라는 말을 많이 하는데, 그 뒤에는 옛날이 지금보다 훨씬 낫다는 역사관이 숨겨져 있다.

노인을 존경하고 부모에게 효도해야 한다는 사상도, 단순히 도덕적으로만 설명할 것이 아니다. 아들이 아버지를 존경해야 하는 이유는, 아버지가 아들보다 실제로 낫다고 생각하기 때문이다. 나는 학생들에게 항상 "너희가 선생보다 나아야지, 학생이 교수보다 못하면 이 사회가 어떻게 발전하겠느냐"라는 말을 많이 한다. 선생보다 학생이 나은 것이 정상이어야지, 못한 것이 정상이 되어서는 안 된다. 성경에서 '태초'라는 말, 즉 시간과 역사의 시작이 있고. 그것이 어떤 목적을 향해 나아가고 있다는 것은, 문화 발전에 엄청난 의미가 있다.

게일(Gale, 1863~1937, 한국명 奇一) 선교사가 19세기 말 우리나라에 와서 쓴 책《코리언 스케치》에 보면, 우리나라를 '어제도 오늘같이 내일도 오늘같이 시간이 정지된 사회'라고 묘사해 놓은 구절이 있다. 모든 것이 정적인, 시간이 멈춰 있는 것 같은 사회가 우리나라의 모습이었다. 우리나라는 그때 매우 보수적이었다. 우리나라가 개화될 때는 서양 문화의 영향을 많이 받았다. 박은식(1859~1925), 안창호(1878~1938) 등과 같은 분들은 중국의 양계초(梁啓超, 1873~1929)라는 학자를 통해 영국의 사회학자 스펜서(Herbert Spencer, 1820~1903)를 알게 되었다. 스펜서는 사회 진화론자였다. 지금 우리가 흔히 사용하는 '적자생존(適者生存), 생존경쟁(生存競爭)'과 같은 말을 처음 만든 사람이다. 그때 안창호 선생이 스펜서의 사상을 인용해서 "우리가 일본에게 지는 것은 우리가 힘이 없는 까닭이다. 현실은 적자생존과 생존경쟁의 장이다. 우리가 힘이 있어야 일본을 이길 수 있다. 우리는 힘을 키워야 한다"라고 주장했다. 이것이 사실 개화사상의 주된 동기였다. 당시에 정말 절박했던 것은 어떻게 하면 우리가 일본의 침략을 물리칠 수 있느냐는 것이었다. 그러려면 우리에게 힘이 있어야 했다. 그것이 우리나라 개화기에 아주 중요한 문제였다. 발전적인 서양 사상 때문에 우리 사회가 드디어 움직이기 시작했다. 새로운 역사관이 우리나라에 도입되었다. 그러나 어떤 사람들은 새마을 운동 이후에야 비로소 실제적인 미래 지향적 사고방식이 우리 사회에 일반화되었다고 말한다. 그럴듯한 지적이다.

우주는 태어나지 않고 만들어졌다

"태초에 하나님이 천지를 창조하시니라"라는 말씀에서 '창조'란 무엇일까? 창조란 없던 것에서 새로운 것이 생겨났다는 것이다. 일반적으로 없던 것에서 새로운 것이 나오려면 두 가지 방법이 있다. 첫 번째는 생산이다. 사람이 아기를 낳고, 짐승이 새끼를 낳는 것처럼 없던 것이 새로 나오는 것이다. 이것을 생산(generation)이라고 한다. 생물학적으로 새로운 개체가 만들어지는 것이다. 창조의 두 번째 방법은 제조다. 토기장이가 옹기를 만들고 자동차 공장이 자동차를 만들 듯 없던 것을 만들어내는 것을 제조(fabrication)라고 한다.

성경이 말하는바 하나님이 세상을 창조하셨다는 말은 생산이 아니라 제조다. 천지창조에 관한 많은 고대 신화가 있는데,

그 신화에 나오는 창조는 대부분 생산이다. 인도 신화는 하늘의 신과 땅의 신이 결합해서 이 우주를 생산했다고 하고, 우리나라 단군신화에도 곰이 사람이 되어 단군을 낳았다고 한다. 옛날 원시인들은 제조라는 것을 별로 경험해보지 못했다. 무엇이 새롭게 생기는 것을 보는 것은 주로 짐승이 새끼를 낳는 것과 사람이 아기를 낳는 것이었다. 새로운 것이란 주로 생물학적으로 새로운 개체가 생기는 것이었다. 그래서 옛날의 천지창조 신화들은 주로 생물학적인 생산의 이야기를 많이 담고 있다.

성경이 말하는 창조는 생물학적 생산이 아니고 만들어 낸 제조이다. 토기장이가 흙으로 토기를 만들듯 만든 것이다. 이것은 매우 중요한 의미가 있다. 제조를 통해 만들어진 것은, 그것을 만든 사람과는 근본적으로 다른 성격이 있다. 개가 강아지를 낳으면 강아지와 개는 동질이다. 그런데 토기장이가 옹기를 만들었다면, 토기장이와 옹기는 근본적으로 성격이 다르다. 하나님이 우주를 '생산'했다면, 우주와 하나님은 동질이 되어, 하나님이 신성하신 것처럼 우주도 신성할 것이다. 그러나 하나님은 '제조'의 형식으로 우주를 만들었으므로, 우주는 하나님과는 근본적으로 다르며, 그 자체로 신성할 이유가 없다.

대부분의 종교는 자연을 신성하게 본다. 성경이 말하는 하나님의 제조적인 창조를 받아들이지 않으면, 자연 그 자체를 신성한 것으로 볼 수밖에 없다. 그런데 창세기는 자연이 '생산'

된 것이 아니라 '제조'되었다고 가르치므로, 칵스(H. Cox) 같은 신학자는 창세기는 자연을 세속화한 것이라고 했다. 세속화라는 말은 신적인 요소를 제거한다는 뜻이다(Entgottlichung). 기독교는 만들어진 어떤 것도 신적인 요소가 있다고 보지 않는다.

성경에 의하면 창조된 어떤 것도 거룩하다 할 수 없다. 유일하게 거룩하신 분은 하나님뿐이다. 예배당, 강대상, 목사를 거룩하게 생각하는 것은 성경적이지 않다. 어떤 인간도, 어떤 피조물도 그 자체로 거룩하지 않다. 어떤 물건을 거룩하다고 취급하는 것은 다른 종교의 영향 때문이다. 성경이 뜻하는 창조로 만들어진 모든 것은 어디까지나 하나님의 피조물일 뿐 그속에는 어떤 신성도 있을 수 없다. 이런 사고가 인류문화 발전에 엄청나게 큰 영향을 끼쳤다.

네덜란드의 과학사학자 호이카스(R. Hooykaas, 1906~1994)는 《근대과학의 출현과 종교》라는 책을 썼다. 서울대학교 과학사 교수였던 김영식 교수와 공동 번역했다. 그 책은 현대 자연과학이 기독교 때문에 가능했다는 것을 매우 설득력 있게 제시한다. 김영식 교수는 미국에서 하버드와 프린스턴 대학에서 두 번이나 박사학위를 받은 우리나라 천재 가운데 한 사람이다. 그는 기독교인이 아닌데도, 이 책에 기독교 용어들이 많이 나오니 같이 번역하자고 해서 번역에 참여하게 되었다.

호이카스의 책은, 기독교가 아니었다면 현대 자연과학은 발전하지 못했다는 것을 잘 설명해 준다. 사람들이 자연이 신성하다는 생각을 계속 가지고 있었다면, 자연을 건드리지 못했을 것이다. 왜 우리나라에서는 고속도로, 터널, 큰 다리가 없었는가? 그런 것을 만들 기술도 없었지만, 더 근본적 이유는 흙을 파고 굴을 뚫고 강을 자르는 것은 신성한 자연을 건드리는 것으로 생각했기 때문이다. 땅, 산, 물이 다 신성하고 살아있다고 생각했기 때문이다. 굴을 뚫는 것은 고사하고 살 집을 짓기 위해 땅을 고를 때조차 얼마나 조심했는지 모른다. 음식물로 고수레를 던지고 장지에서는 평토제를 지내고 봉분제를 지냈다. 내가 어렸을 때 비가 오면 마당에 흙이 씻겨 내려가고 자갈들이 드러나기 때문에 주기적으로 마당에 흙을 넣어주어야 타작을 할 수가 있었다. 그런데 그렇게 흙을 넣을 때마다 마을 청년들이 꽹과리와 북을 치고 마당을 뛰어다니면서 "지신, 지신 밟으세"라고 소리를 지르곤 했다.

임진왜란 때 명나라 이여송(李如松, 1549~1598) 장군이 우리나라에 와서 전국 방방곡곡을 다니며 큰 산맥마다 중요한 곳에 쇠말뚝을 박았다고 한다. 한국 산의 기세가 너무 좋아서 이대로 놔두었다가는 위대한 장군들이 많이 나와 중국을 공략할 것이기 때문에 그 기운을 끊기 위해서였다고 한다. 같은 이유로 일본도 우리나라 중요한 산맥 곳곳에 쇠말뚝을 박았다. 독립된 후 그 기를 다시 살리기 위해 쇠말뚝을 찾아 빼내는 것을 뉴스에서 보았다. 이렇게 어떤 지역에는 기가 있어서 그런 곳에서는 위대한 인물이 태어난다거나, 묫자리를 찾을 때 지관을 불러서 명당을 찾는 것 등이 다 땅을 살아있다고 보는 전통에서 나온 것이다. 자연이 살아있으면 사람이 자연을 함부로 개발하거나 실험 대상으로 삼을 수 없다.

이런 상황에서는 과학적 실험도 할 수 없고 공업이 발달할 수도 없다. 자연이 세속화되어야 현대과학 발전이 가능하다. 서양에서도 이렇게 세속화된 자연관이 도입된 것은 16세기 이후다. 종교개혁이 가져온 큰 변화였다. 그래서 앞에 소개한 호이카스를 비롯한 현대 과학사 학자들은 오늘날의 자연과학과 과학 기술의 발전은 자연의 세속화를 가르치는 성경의 권위를 회복한 종교개혁 덕분이라는 것을 인정하고 있다.

청지기로서의 자연 관리

오늘날 자연환경 파괴가 심각하다. 그 결과의 하나인 지구 온난화는 인류의 생존을 위협하고 있다. 그것은 과학과 과학 기술이 지나치게 발달했기 때문이다. 상당수 학자들은 과학과 과학 기술을 발전시킨 기독교가 그 책임을 져야 한다고 주장한다. 화이트 주니어(Lynn White Jr. 1907~1987)라는 미국의 역사학자가 그런 주장을 해서 많은 사람의 공감을 얻었다. 화이트는 "우리가 옛날, 자연을 신성시하는 그 문화로 다시 돌아가야 한다. 그래야 환경 문제를 해결할 수 있다"라고 주장했다.

창세기 1장 28절에는 하나님이 아담과 하와에게 "생육하고 번성하여 땅에 충만하여라. 땅을 정복하여라. 바다의 고기와 공중의 새와 땅 위에서 살아 움직이는 모든 생물을 다스려라"라고 명령하셨다고 기록되어 있다. 많은 비평가가 바로 이 "정복하라"란 명령이 오늘의 환경파괴를 가능하게 했다고 주장하는데, 일리가 있다. 상당 기간 성경의 권위를 인정했던 서구 사회는, 적어도 16세기 이후에는 자연은 얼마든지 정복하고 착취할 수 있다고 생각했다. 그러나 최근에는 "정복하여라"란 구절은 잘못 번역되었다고 주장하는 신학자들이 많다. "돌보아라"(take care, nurse)라고 번역하는 것이 옳다는 것이다. 자연을 '정복'하란 것이 아니라 잘 '돌보아야' 한다는 것이다. 하나님이 사람을 자연을 잘 돌보는 '청지기'로 만들어, 선한 청지기가 '때를 따라 종들에게 양식을 나누어 주어야' 하는 것 같이 자연을 건강하게 잘 돌보게 하셨다. 불행하게도 역사적 교회는 이런 번역이 가능하다는 것을 너무 간과했다.

기독교계는 비판을 충분히 수용해야 한다. 물론 환경오염의 책임을 기독교가 전적으로 떠맡는 것은 옳지 않다. 인간의 과욕으로 너무 편리하고 풍요롭게 살기 위해서 에너지를 지나치게 많이 쓰고 자연을 너무 많이 파괴했기 때문에 환경이 오염되었다. 검소하게 절제하며 살아야 했고, 지금도 그렇게 살아

야 한다. 겨울에는 필요 이상으로 따뜻하게 살고 여름에는 과
도하게 시원하게 살기 위해 에너지를 낭비하고 공기를 오염시
킨다. 겨울에는 내복을 입고, 여름에는 선풍기로 더위를 식혀
야 한다. 작은 차를 타고 대중교통수단을 이용해야 한다. 기독
교인들이 환경에 책임감을 갖고 앞장서서 절제하는 생활을 해
야 한다.

자본주의 경제 제도도 문제다. 과잉 소비가 과잉 생산과 연
결되어 문제를 일으킨다. 물건을 많이 만들면 값이 내려가고
값이 싸니까 더 많이 쓰게 된다. 또 더 많이 쓰니까 더 많이 생
산하게 된다. 결과적으로 불필요하게 많이 생산하고 불필요하
게 많이 쓰게 되는 악순환이 계속된다. 옷도 오래 입을 수 있
는데도 적당히 입고 버리는 사람들이 많다. 사람들은 자본주
의 사회에서는 돈을 많이 써야 경제가 돌아가지, 무조건 아껴
쓰면 경제가 돌아가지 않는다고 한다. 사실일 수도 있지만, 그
렇다고 하여 조금 쓰고 버리기만 하면 환경은 몸살을 앓는다.
조금 불편하더라도 환경이 깨끗해져야지, 경제적으로 넉넉하
게 살기 위해서 환경을 오염시키는 것은 책임 있는 행동이 아
니다.

창조관
시간관
역사관

다른 신화나 종교에도 세상이 어떻게 생겨났는가 하는 것에 대한 많은 이야기가 있지만, 없는 것으로부터 우주가 만들어졌다고 가르치는 것은 성경뿐이다. 그래서 우리는 무로부터의 창조를 특별히 강조한다. 없는 것으로부터 있는 것을 창조한다는 것은 사람의 상상력과 지식을 초월한다. 너무 신비로운 것이어서 사람의 지혜로는 이해하기도, 설명하기도 불가능한 것이다.

무로부터의 창조

앞에서 하나님이 이 세상을 창조하셨다 했을 때, 짐승이 새끼 낳듯 생산하신 것이 아니라 공장에서 물건을 만들 듯 새로운 것을 제조하신 것이라고 언급했다. 이런 비유를 쓸 때 제기될 수 있는 질문은, 제조하기 위해서 원료가 있어야 하지 않느냐는 것이다. 기독교 창조관의 가장 중요한 특징이 '무로부터의 창조'(creatio ex nihilo)다. 이미 있는 것으로부터 새로운 것을 만들어내는 것이 아니라, 없는 것으로부터 있는 것을 만들어낸다는 것이 기독교적 창조관의 특징이다.

다른 신화나 종교에도 세상이 어떻게 생겨났는가 하는 것에 대한 많은 이야기가 있지만, 없는 것으로부터 우주가 만들어졌다고 가르치는 것은 성경뿐이다. 그래서 우리는 무로부터의 창조를 특별히 강조한다. 없는 것으로부터 있는 것을 창조한다는 것은 사람의 상상력과 지식을 초월한다. 사실 창조에 대한 논의 자체가 우리가 모르는 것을 말한다. 너무 신비로운 것이어서 사람의 지혜로는 이해하기도, 설명하기도 불가능한 것이다. 시간이 언제부터 시작이 됐느냐, 공간이 언제부터 시작됐느냐를 물으면, 아무리 유식한 사람이라도 대답할 수 없다. 칸트가 지적한 것처럼, 다른 것을 알기 위해서 시간과 공간을 전제하지만, 시간과 공간 그 자체는 모르는데, 그것들이 어떻게 시작되었는지 어떻게 상상할 수 있겠는가?

그리스 사람들의 창조관은 무로부터 창조가 아니다. 플라톤도 창조에 관해 이야기했다. 그의 신화적인 설명에 의하면 데미우르고스(Demiourgos)라는 신이 우주를 창조했다. 그 창조는 없는 것으로부터 있는 것을 만들어낸 것이 아니라, 있는 것을 다른 방식으로 바꾸는 것을 뜻했다. 그리스인들은 무질서로부터 질서 있는 세계를 만들어내는 것을 창조라 했다. 영어에 chaos란 단어가 있다. 질서가 없이 엉망인 현상을 그리스 말로 카오스라 하고, 질서 있는 세계를 코스모스(cosmos)라 한다. 성경에도 세계를 가리켜 코스모스라는 단어를 사용하지만, 그리스 사람들이 이해하는 코스모스는 질서 있는 세계다.

성경도 그와 비슷한 것을 가르치는 것이 아니냐고 하는 사람들이 있다. 창세기 1장 2절에 카오스로부터 질서 있는 코스모스를 만들어냈다는 것이 함축되어 있다고 주장하는 사람들이 있다. "땅이 혼돈하고 공허하며, 어둠이 깊음 위에 있고, 하나님의 영은 물 위에 움직이고 계셨다"라고 나오는데, 이것이 바로 질서 있는 우주가 만들어지기 전 무질서하게 뒤엉켜 있는 혼돈 상태를 뜻한다는 것이다. 그래서 성경의 창조관도 무로부터의 창조가 아니라 무질서한 카오스에서 질서 있는 코스모스가 만들어진 것이라고 주장한다.

그리스인들의 창조관

그러나 성경의 다른 구절들을 참고했을 때, 그리스인들이 생각했던 창조관은 성경과 맞지 않다. 그리스인들은 무질서한 것은 없는 것과 마찬가지라고 해석한다. 고린도전서 1장 28절은 개역개정역으로 "하나님께서 세상의 천한 것들과 멸시받는 것들과 없는 것들을 택하사 있는 것들을 폐하려 하시나니"라고 되어 있다. "없는 것들을 택하사 있는 것들을 폐한다"라는 말이 무슨 뜻일까? 좀 특이한 표현이지만, 그리스 사상을 이해하는 데 도움이 된다. 그리스 철학은 존재하는 모든 것을 최하급으로부터 최고급에 이르기까지 단계를 설정했다. 최하급 존재는 없는 것과 마찬가지라고 해서 무(無)라 했고, 제일 꼭대기에 있는 존재는 완전한 상태라고 상정했다. 성경에서 "없는 것들"을 택해서 "있는 것들"을 폐한다는 것은, 가장 천한 것, 무식한 것, 무지한 것, 즉 없는 것이나 마찬가지라고 취급받는 사람들을 하나님이 택하셔서 소위 잘났다고 생각하는 사람들의 지혜를 폐하신다는 뜻이다. 바울이 그리스인들의 철학적 표현을 이용한 것이다.

아리스토텔레스(BC 384~322)가 그런 사상의 대표자라 할 수 있는데, 그의 주장을 다음과 같이 설명할 수 있다. 산에 자연 상태로 놓여 있는 바위는 질서가 전혀 없이 그야말로 제멋대로 생겼다고 할 수 있다. 그런데 조각가가 그 돌을 잘 다듬어서 멋진 조각품을 만들어 놓으면 거기에 질서가 생겨난다. 그리스인들은 질서니 형식이니 하는 것을 전혀 찾아볼 수 없는 상태를 물질(matter)이라 하고, 거기에다 부여될 수 있는 질서를 형식(form)이라 했다. 형식은 고급 존재로 보고, 무질서한 물질은 하급 존재로 보았다. 산에 아무렇게나 버려져 있는 바위는 하급 존재이고, 그것으로 멋진 조각품을 만들면 그것은 고급품이 된다. 이 '형식'의 대표적인 것이 논리와 수학이고, 그것들은 물질적 요소가 전혀 없는 정신적인 것이다. 바위에는 정신적 요소가 전혀 없지만, 조각품에는 정신적인 것이 들어있다. 조각가가 생각해야 그 조각품이 나올 수 있으니까. 그렇게 정신적 요소가 들어가면 갈수록 그것은 더 고급 존재가 되고, 물질적 요소가 많으면 많을수록 하급 존재가 된다.

그런 세계관에서 그리스인들은 사람 가운데도 노예처럼 육체적 노동을 하는 사람은 하급 존재로 취급했고, 철학자들은 정신적으로 활동하는 사람들이니까 고급 존재라고 생각했다. 이런 것이 바로 물질적인 것은 천하고 정신적인 것은 고상하다는 그리스인들의 이원론이다. 수학이나 논리같이 물질적 요소가 전혀 없는 것을 고상한 것으로 취급한 것도 그런 배경에서였다. 그러므로 칠판에 그려 놓은 삼각형은 진짜 삼각형이 될 수 없었다. 눈에 보이면 이미 물질적 요소가 들어있기 때문인데, 눈에 보이는 선으로 이뤄진 삼각형은 진짜가 될 수 없다. 유클리드 기하학에 의하면, 직선이란 두 점 사이에 제일 짧은 거리를 뜻한다. 넓이가 조금이라도 있으면 직선이 될 수 없고, 따라서 눈에 보이도록 그려 놓은 삼각형에는 선에 넓이가 있으므로, 그것은 이미 진짜 선이 될 수 없다. 진짜 선은 마음속에 그려 놓은, 눈에 보이지 아니하는 선, 즉 관념의 선일 수밖에 없다.

가장 고상한 사람은 철학하는 사람과 특히 수학하는 사람이라고 생각했다. 그런데 그보다 더 고상한 존재를 일컬어 신이라고 했다. 신이란 결국 물질적 요소가 전혀 없이 완전히 형식적 존재 곧 정신만 있는 존재다. 이렇게 바윗덩이부터 신에 이르기까지 존재의 단계가 나뉘어 있었는데, 하나님은 완전한 질서, 완전한 논리, 완전한 수학이었다. 그래서 신이 세상을 창조하였다는 것은, 신이 세상과 따로 존재하는 것이 아니라, 신은 최고의 존재로서 하위 존재들에다 질서를 집어넣었다는 식으로 설명했다. 그 말은 어떤 정도의 것이든 형식의 요소를 가진 것에는 신적인 요소가 들어있다는 것을 함축한다. 궁극적으로는 범신론적이다. 그리고 움직이는 것은 모두 물질인 반면, 정신적인 것은 움직이지 않는다고 보았다. 삼각형이 움직이면 안 된다. 움직이는 것은 공간을 옮기는 것인데 공간을 이동하려면 물질이라야 가능하다. 그래서 움직이는 것은 천하고 움직이지 않는 것은 고상하다. 그러니까 신이 세상을 만들 때도 신은 움직이면 안 된다. 신은 완전히 생각으로만 세상을 만드는 것이다. 그래서 소위 부동의 시동자(unmoved mover)라는 말이 나온 것이다. 결국 아리스토텔레스의 신은 신 자신은 움직이지 않고 다른 것을 움직이게 하는 존재라 해서 부동(不動)의 시동자(始動者)라고 번역했다.

그리스도인들은 이런 것들을 모두 알아야 할 필요는 없지만, 기독교의 창조관이 역사적으로 이런 도전도 받고 저런 오해도 받았다는 것을 이야기하기 위해서 소개했다. 아무튼 그리스인들에게 움직이는 것은 변화된다는 것을 뜻했고, 변하는 것은 모두 천하다고 했다. 논리는 변하지 않고 수학도 변하지 않고 신도 변하지 않으나 물질은 움직이기에 천하다고 생각했다. 우리나라도 옛날 선비들은 손가락 하나 까딱하지 않고 가만히 있어야 고귀한 것으로 생각했다. 조선 말기 문신인 민영환(閔泳煥)이 정구를 치니까, 고종 황제가 그렇게 땀을 뻘뻘 흘리면서 왔다 갔다 하는 일은 하인에게나 시키라고 했다는 이야기가 있다.

우주 생성론

우주 생성과 관련해 최근에 천문학자들과 물리학자들 사이에 거의 정설이라고 받아들여지고 있는 이론이 앞에 언급한 바 있는 빅뱅 이론(Big Bang Theory), 곧 대폭발 이론이다. 원

물질이 삽시간에 폭발해서 우주가 이루어졌다는 이론이다. 1950년 로벨(Lovell) 망원경에 어떤 특이한 전파가 계속 들어오는데 관찰자들은 그 실체를 전혀 몰랐다. 그런데 장기간에 걸쳐 관찰해보니 그 전파의 강도가 점점 약해지고 있었다. 학자들이 그것에 퀘이사(quasar)라고 이름을 붙였다. 그런데 그 전파가 점점 약해진다는 것은 결국 거리가 점점 멀어진다는 것을 뜻한다고 해석했다. 동일한 근원에서 오는 전파가 조금씩 약해진다는 사실에서 내린 가설이 바로 우주가 점점 확대되고 있다는 것이었다. 원물질이 갑자기 폭발했고 폭발된 파편들이 중심으로부터 사방으로 퍼지는데 그 파편들이 보내는 전파가 퀘이사라는 것이다. 그 설명이 이제까지는 가장 논리적이기 때문에 그것을 우주 생성의 가설로 받아들인 것이다. 물론 우리 같은 비전문가가 그런 가설이 옳으니 그르니 할 능력도 없고, 그렇게 할 위치에 있지도 않다.

어쨌든 이 가설에 의하면 우주가 갑자기 만들어졌다는 것이다. 오래전 〈타임〉지의 한 특집에 재미있는 비유가 있었다. 천문학자들이 수천 년간 진리가 산꼭대기에 있다는 것을 알고 애를 써서 거기 올라가 보았더니 거기에 이미 신학자들이 와 있더라는 것이다. 기독교는 벌써 상당히 오래전부터 우주가 삽시간에 만들어졌다고 가르쳤는데, 수천 년이 지난 뒤에야 겨우 천문학자들이 성경이 가르치는 것을 확인했다는 것이다. 대폭발이 기독교의 하나님이 우주를 한꺼번에 창조하셨다는 것과 같은 것이라는 말이다.

삽시간에 만들어졌다는 점에서는 비슷할지 모르지만, 성경의 창조와 대폭발이론은 차이가 크다. 대폭발은 원물질 그 자체가 가지고 있는 힘으로 일어난 것이고, 성경은 지혜를 가지신 하나님이 계획해서 만들었다고 하므로 크게 차이가 난다. 그리고 성경은 하나님이 없는 것으로부터 있는 것을 만들었다고 하지만, 빅뱅 이론은 이미 있는 원 물질이 터졌다고 하므로 역시 전혀 다르다.

우주 진화론

그런데 그 원물질은 어디서 왔으며 어떻게 만들어졌느냐는 큰 문제가 아닐 수 없다. 블랙홀(black hole)이 엄청난 중력이 있어서 주위의 물질을 흡수하고, 그럴수록 그 중력이 더 커져서 주위에 있는 물질을 더 많이 흡수해서 온 우주가 아주 밀도가 높게 농축된 거대한 블랙홀이 되었다가, 에너지가 넘치면 다시 폭발한다는 설명도 있다. 그렇게 되면 폭발, 농축, 폭발을 반복한다. 이런 생각은 영국의 사회학자 스펜서(Herbert Spencer, 1820~1903)의 주장을 연상시킨다. 그는 사회가 진화한다는 사회 진화론을 주장해서 유명하다. 온 우주가 진화해서 어느

수준에 이르면 다시 처음부터 그런 과정을 반복한다고 주장
했다.

지난 세기 중엽에 가톨릭 학자 테야르 드 샤르댕(Teilhard de
Chardin, 1881~1955)이 진화론 이론을 우주적 차원까지 확대해
서 우주 진화론을 제시했다. 그는 예수회 신부였다. 지난 세기
에 인류가 제일 처음 시작된 곳이 자바, 네안데르탈, 북경, 혹
은 아프리카였다는 주장들이 제시되었는데, 테야르 드 샤르댕
은 북경인을 발굴할 때 참여했던 고생물학자였다. 그런데 그
는 생물학자이면서 동시에 상당할 정도로 신비주의적이어서
온 우주를 진화론적으로 설명하려 했다. 스펜서처럼 그 과정
이 반복한다는 소리는 하지 않았지만, 온 우주가 점점 확장되
었다가 최고점에 달하면 다시 농축된다고 했다. 그 전체 과정
의 시작점을 알파, 제일 끝에 농축이 된 때를 오메가라고 했다.
알파와 오메가는 그리스어 알파벳의 첫 글자와 마지막 글자
로, 성경에서 예수님을 지적하는 것으로도 사용된 표현이다.
그래서 그는 그 오메가가 바로 예수님이라고 했다. 재미있는
이론이다.

로마 교황청은 한때 테야르 드 샤르댕의 책이 기독교 교리
에 어긋난다고 해서 금서목록에 올렸다. 가톨릭 신자는 읽으
면 안 되는 이단적인 책이란 것이었다. 그러나 얼마 후 금서목
록에서 풀렸다. 그의 이론을 따르는 사람들이 별로 없으니까
덜 위험하다고 해서 제외한 것이 아닌가 한다.

진화론과 숙명론

　영원이란 개념을 설명하는 것은 쉽지 않다. 갈라졌다가 합쳐지고, 합쳐졌다가 다시 갈라진다는 식으로 설명하는 것도 하나의 방법이다.

　진화론자들도 생명체는 처음에 단세포였다고 상정한다. 아메바가 바로 그런 단세포생물체다. 세포 하나가 소화, 순환, 생식 등 모든 생물학적 기능을 다 감당한다. 그런 단세포 생물체가 조금씩 진화해서 다세포 생물체가 되고, 세포 수만 늘어날 뿐 아니라 세포들의 기능이 분화되어 기관들이 형성되는 등 점점 다양화 된다는 것이다. 그 가운데 사람이 제일 다양화 되었다는 것이다.

　스펜서 같은 사람은 인간 사회도 그렇게 진화한다는 것이다. 옛날에는 가장 한 사람이 자식 교육도 하고, 들에 나가서 일해서 가족을 먹여 살리는 경제적 기능도 하고, 제사도 지냈다. 그러니까 아버지 한 사람이 교육, 경제, 종교 등 모든 책임을 다 졌는데, 이제는 교육은 학교, 종교는 교회, 경제는 직장이 해결하는 식으로 기능이 분화되어 사회가 점점 다원화되었다. 이런 다원화 과정이 어느 수준에 이르면 다시 합쳐진다는 것이다. 이렇게 확장되었다가 다시 또 농축된다는 진화론적인 사고는 앞에서 소개한 순환적 역사관과 비슷하다. 역사란 돌고 돌며 다시 동일한 것이 반복된다는 생각이 깔려있다. 어떤 의미에서 인간의 생각으로는 그 이상 다르게 설명하기 어려운데, 인간의 상상력의 한계 때문이다.

이렇게 계속 반복하면 전도서의 표현처럼 "해 아래 새것이 없다"는 숙명론으로 귀결될 수 있다. 전도서 저자가 내리려는 결론은 그것이 아니지만, 아무튼 해 아래 새것이 없다는 것은 아무 발전도 없다는 말이다. 결국 그렇게 열심히 노력해 보아야 변할 게 없다면 사회가 발전하지 않는다. 돌고 돌아서 옛날과 같이 된다면 새로운 것이 있을 수 없다.

이방 사상과 기독교 사상

창조관과 시간관, 역사관은 서로 연결되어 있다. 그런데 기독교의 그것과 이방인의 사상에 차이가 있다는 것을 처음으로 포착한 사람은, 아우구스티누스였다. 이방 사상에는 모든 것이 돌고 돌기에 발전이 불가능하지만, 기독교에는 시작이 있고 또 끝이 있으므로 앞으로 나아가는 것이 가능하다는 것을 지적했다. 그가 쓴 명작 《하나님의 도성》(De Civitate Dei)에서 역사가 발전한다는 것이 기독교에서는 가능하다는 것을 처음으로 지적했다. 발전이 가능하다고 인정해야 발전할 수 있다. 숙명론적 세계관에서는 발전이 시도되지도 않는다.

오늘날 전 세계가 좋든 싫든 서양 문화의 영향을 받고 있다. 원하든 않든 우리는 과학과 과학 기술에서 서양이 만들어 놓은 전통을 따르고 있다. 과학 기술뿐만이 아니다. 우리가 매일 입고 있는 옷만 보더라도 전통적인 한복이 아니라 서양 사람들이 입는 옷을 입고 있다. 의자, 책상, 식탁, 부엌조차도 그렇다. 도대체 왜 그렇게 되었을까? 서양보다 훨씬 더 긴 역사를 가진 동양의 자존심은 어디로 갔는가? 요즘 일종의 반항으로 한복 입고 자동차를 운전하는 사람들이 있다. 더 역설적인 것은 동양에서 양복을 만들어 서양에 수출한다. 어디 옷뿐인가? 반도체, 텔레비전, 자동차 휴대전화도 대량 수출한다. 서양에서 개발한 전자기술을 우리가 더 개발해서 서양에 수출한다.

그런데 과학 기술이 왜 서양에서 발전했을까? 여러 가지 요인이 작용했겠지만, 진보사상이 중요하게 작용했다고 생각한다. 역사가 돌고 돈다면 그렇게 힘들게 새로운 것을 연구하지 않았을 것이다. 다시 옛날로 돌아갈 것이고 새로운 것이란 불가능한데 왜 새로운 것을 만들어보려고 애를 쓰겠는가. 불교 용어 가운데 겁(劫)이란 단어가 있다. 시인들이 가끔 긴 시간을 표현하려고 억겁(億劫)이란 말을 쓴다. 어떤 책에 보니까 겁을 이렇게 소개해 놓았다. 가로 1km쯤, 세로 1km쯤, 높이 1km쯤 되는 큰 바위가 있는데, 그 바위 옆을 어떤 사람이 명주옷을 입고 1년에 한 번씩 스치고 지나간다고 하자. 그렇게 스치고 지나가는 명주옷에 그 바위가 다 닳아서 없어지는 시간이 1겁이다. 그것이 억 번을 반복하면 억겁이 된다. 상상할 수도 없는 긴 시간이다. 말하자면 시간에는 시작도 끝도 없다. 그러니까 발전이라는 것은 없고 그저 무한히 계속된다. 그렇게 되면 진정한 의미의 역사는 있을 수 없다.

역사란 그저 시간이 흘러서 이루어지는 것이 아니다. 변화가 있어야 가능하다. 변화가 없는 자연에는 역사가 없다. 역사란 진보가 전제되어야 한다. 이런 진보적 역사관은 서양에서 먼저 나타났다. 동양에서 역사란 중국의 사기(史記) 같은 책에도 반영되어 있지만, 순환적이다. 자연처럼 동일한 것이 반복된다고 믿는다.

성경의 창조관과 발전 개념

시작을 인정하는 성경의 창조관과 거기에 근거한 시간관에서 발전 개념이 가능하다. 발전이 가능해야 새로운 것을 발견하고 만들려고 애를 쓴다. 동일한 것이 반복된다고 믿으면 새로운 것을 추구할 이유가 없다. 오늘날 문화가 이 정도로 발전한 것은 성경적 시간관이 옳다는 것을 증명한다. 어떤 창조관을 받아들이느냐는 실제로 문화 발전에 지대한 영향을 끼친다. 케임브리지 대학의 역사학 교수 버리(John B. Bury)가 쓴《발전의 이념》(The Idea of Progress)은 서양에서 발전 개념이 정착된 과정을 잘 정리해 놓았다. 서양에서도 종교개혁 이후 처음으로 발전 개념이 일어났다. 중세 수백 년 동안에는 발전에 대해 관심을 쓰지 않았다. 중세를 암흑기라고 한 것도 그와 관계가 있다. 중세는 그렇게 많은 발전이 이루어지지 않았다. 전혀 아무것도 새로운 것이 생겨나지 않았다고 할 수는 없다. 맥주도 개발했고, 치즈 만드는 법도 발견했고, 물레방아의 수도 늘어났다. 하지만 중세 이후의 발전 속도에 비하면, 중세는 거의 정체된 것과 마찬가지다. 중세가 기독교 시대라고는 하지만, 역사관은 상당할 정도로 과거 지향적인 그리스 사상에 근거해 있었다.

본격적인 기독교 세계관은 종교개혁 이후부터 시작이 되었다. 종교개혁 이후 즉 성경적 역사관이 사람들의 의식에 스며들어 과학이 발달하고 문화가 급속하게 발전하기 시작한 것은 부인하기 어렵다. 영국 사상가 프랜시스 베이컨(Francis Bacon, 1561~1626)은 "우리는 고대 성현(聖賢)들(ancients)보다 더 많이 안다"라고 해서 당시 사람들을 놀라게 했다. 즉 17세기에 사는 사람들이 고대 그리스의 위대한 학자들보다 더 많이 안다고 주장했다. 이것은 마치 조선조 때 사람들이 공자보다 더 많이 안다고 주장하는 것과 비슷한 반응을 일으켰다. 지금은 그런 말이 너무나 당연하게 들린다. 우리가 공자보다 훨씬 더 많이 알고 있는 것은 부인할 수 없다. 공자가 인터넷을 알았으며 원소가 무엇인지 알았는가? 공자가 안 것을 우리는 상당히 알고 있는데 공자는 우리가 아는 것을 몰랐다.

한 500년 전에 우리나라에서 누가 베이컨이 한 것과 같은 말을 했더라면 야단이 났을 것이다. "공자 앞에 문자 쓴다"라는 속담도 있다. 우리보다 월등하게 많은 지식을 가진 공자 앞에서는 아는 체하지 말아야 한다. 서양에도 마찬가지였다. 베이컨이 그런 말을 했을 때 사람들이 다 눈이 둥그레졌다. 우리가 어떻게 고대 성현들보다 더 많이 알겠느냐 하는 반응이 일반적이었다. 그런데 사실 그의 말이 옳았다. 베이컨은 17세기 철학자였는데 그때 비로소 '발전의 이념', 즉 진보 사상이 싹트기 시작했다.

그런데 17세기에 우연히 진보 개념이 하늘에서 떨어진 것이 아니다. 성경의 가르침에 충실하려는 종교개혁의 세계관이 사람들의 사고방식에 조금씩 침투되어 그런 진보사상이 태어났다. 오늘 우리가 누리는 이런 문화도 그 혜택을 입은 것이다. 문화가 그동안 반드시 좋은 방향으로만 나갔다고 주장하는 것은 아니다. 좋은 것도 많이 생겨났지만, 또 나쁜 것도 많이 일어났다. 그러나 인권이 무시되고 굶주림이 많았던 옛날로 다시 돌아가기를 원하는 사람은 많지 않을 것이다. 총체적으로 평가를 할 때 역사는 그래도 조금씩 좋아진다는 사실을 인정해야 한다. 그런 발전 뒤에는 성경이 가르치는 창조관이 작용했음을 부인하기 어렵다.

역사는 신적인 신비

앞에서 소개한 순환적 역사관과 선적인 역사관을 조화시킨 것이 나선형 이론(spiral theory)이다. 돌고 도는데 똑같은 것이 반복되는 것이 아니고 조금씩 발전하면서 용수철처럼 나아간 다는 견해다. 모든 것이 완전히 똑같이 돈다고 주장하는 사람 은 니체(Nietzsche, 1844~1900)라는 독일 철학자였다. 그는 19세 기 독일 철학자로 나뭇잎 하나 까딱하는 것까지 똑같이 반복 된다고 했다. 그의 유명한 '영원한 회귀'(ewige Wiederkehr, eternal return)설이 그렇다. 이렇게 모든 것이 정확하게 똑같다고 주장 하는 사람은 그리 많지 않았다.

최근에 와서는 영원한 회귀도, 용수철 이론도 다 사라졌다. 토인비(Arnold Toynbee, 1889~1975)는 '도전과 응전(challenge and response)'이란 역사 발전의 패턴을 말했는데, 최근에는 그런 관 점도 시들해졌다. 역사는 완전히 우연이고, 어떻게 돌아가는 지 체계도 논리도 없다고 한다. 요즘 많이 사용하는 표현대로, 역사는 럭비공처럼 어디로 튈지 모른다는 것이다. 모든 것이 우연이라고 주장한다.

놀랍게도 최초의 역사철학자라 할 수 있는 아우구스티누스 도 역사가 어떤 식으로 발전하는가는 하나님만 아신다고 해서 '하나님의 역사는 신비'(divine history is mystery)라 했다. 역사는 어떻게 발전할지 모르는 신비로 남을 수밖에 없다. 사회 현상

가운데 예측을 비교적 정확하게 할 수 있는 것이 경제다. 경제의 토대에는 모든 인간에게 공통적인 소유욕이란 것이 깔려있다. 적게 투자해서 많이 벌려고 하는 것을 변하지 않는 인간의 본능으로 본다. 그런데 최근에는 경제학자들조차 미래 예측을 포기한 것 같다. 얼마 전 〈타임〉지의 한 에세이 제목이 "왜 나는 경제학자가 아닌가?"(Why I am not an economist?)였다. 그 잡지사는 1년에 한 번씩 전 세계 최고의 경제학자들을 모아 다음 해의 경제를 예측하는 모임을 갖는다. 그 모임에서 경제학자들이 다음 해에는 금리가 인상되리라 예측했는데, 그 회의 도중에 정부가 금리를 내렸다. 세계 최고 전문가들이 모여 앉아서 지금 당장 일어나고 있는 금리 동향조차 실제와는 정반대로 예측했다. 인간 현상 가운데 그래도 가장 자연과학에 가까운 경제학조차 미래를 예측할 수 없다면, 역사의 형식이라는 것은 더더욱 인정할 수 없을 것이다.

그렇다고 하여 미래를 예측하려는 사회과학자들의 수고가 모두 헛되다고 주장할 수는 없다. 사회발전의 형태(pattern)를 발견해서 그것을 근거로 미래를 예측하려는 것을, 사회과학 방법론에서는 역사주의(historicism)라고 한다. 주로 마르크스주의의 영향을 받은 학자들이 시도한다. 실패한 것으로 알려져 있고 지금은 사라진 시도다.

그래도 어느 정도 예측하는 경우가 전혀 없지는 않고, 예측에 따라서 미래를 대비하는 것이 우리의 의무이기도 하다. 통화가 팽창하여 물가가 올라가면 금리를 올리고, 기업들이 투자하지 않으면 금리를 내리기도 한다. 그러나 우리가 인정해야 하는 것은 역사는 궁극적으로 하나님의 의지에 따라 그 과정이 결정되는 것이고, 하나님의 의지를 우리가 다 알 수 없다는 것이다. 예수님이 언제 재림하실지 천사뿐만 아니라 예수님 자신도 알지 못하신다고 말씀하셨다. 역사와 미래는 우리의 지식 안에 있지 않고, 우리 손으로 좌우할 수 있는 것이 아니다. 전적으로 하나님의 뜻에 따라 움직이고 결정된다.

7

숙명론으로
기우는
현대 사상

기독교는 숙명론적 종교가 아니다. 하나님은 우리에게 자유를 주셨고, 하나님은 자유의지를 가지고 계신다. 하나님이 우리에게 자유를 주셨으므로 우리는 책임을 져야 한다. 신실하다는 것은 숙명적인 천성이 아니라 개인이 스스로 선택하고 양성해서 얻는 태도다.

진화론 비판, 인간의 자의식과 언어

　기독교계에 가장 큰 문젯거리로 남아 있는 것이 진화론이다. 진화론에서 가장 문제가 되는 것은 사람의 생성이다. 사람이 하급 생물체로부터 진화해서 인간이 되었다는 것이다. 다른 생물체에 대해서는 별로 큰 문제가 되지 않지만, 사람에 대해서는 심각한 문제가 아닐 수 없다.

　그런데 진화론 비판에서 가장 강력한 것이 '나'에 대한 의식에 관한 것이다. 컴퓨터는 사람이 할 수 있는 계산은 물론이고, 어떤 의미에서 사람이 할 수 없는 아주 어려운 계산도 할 수 있다. 가능할 것 같지 않지만, 감정까지 갖는 컴퓨터도 나올 수 있다고 주장하는 사람들도 있다. 그래서 사람의 생각이 별 게 아니고, 좀 복잡한 컴퓨터에 불과하다는 견해도 있다. 사람과 장기를 두어서 이기는 것은 말할 것도 없고, 최근에는 바둑 경기에서조차 사람을 이기게 되었다.

　그렇게 되면 앞으로 '나', '내가'라고 말하는 컴퓨터도 나올 수 있는가? 컴퓨터 용량을 엄청나게 키우면, 어느 순간에 기계가 입력하지 않았는데 '나는' 하고 말할 수 있을까? '나'란 표현은 할 수 있겠지만, 실제로 자신을 '의식'할 수 있을까? 나는 그런 것은 불가능하다고 주장한다. 스스로 판단하고 그것에 대해 죄의식이나 책임 의식을 갖는 컴퓨터는 영원히 불가능하다고 단언하고, 그런 침팬지도 생겨나지 않을 것이라 주장한다.

또 다른 하나의 신비는 언어다. 가령 침팬지가 계속 진화하면 언어를 구사할 수 있겠는가? 컴퓨터는 말을 할 수 있지만, 그것은 사람이 그렇게 하도록 프로그램을 입력한 것이지, 컴퓨터 스스로가 의식하면서 말하는 것은 아니다. 사실 언어 현상은 진화론자들을 가장 당혹하게 하는 것이다. 일반적으로 언어와 자의식, 이 두 가지는 인간의 중요한 능력이고, 그것은 기계로도, 진화로도 이룩할 수 없는 능력이다.

인권의 근거

진화의 과정을 통해 언어와 자의식이 생겨날 가능성이 없다면, 그것들은 어떻게 만들어졌는가? 우연히 그렇게 되었다는 것보다는 하나님이 그렇게 창조했다고 하는 것이 훨씬 더 큰 개연성을 가진다. 성경에는 흙으로 사람을 빚었다는 말씀이 있지만, 가장 중요한 것은 하나님의 형상으로 지었다는 말이다. 여기서 형상(imago)을 사람이 물리적으로 하나님의 모양으로 지음을 받았다고 해석하는 신학자는 없다. 성경에는 물론 하나님의 눈, 하나님의 발등상, 하나님의 오른팔 같은 표현이 나온다. 앞에서도 언급했지만, 신학은 그런 것을 신인동형론(神人同形論, anthropomorphism)이라 한다. 인간의 언어와 사고능력에 한계가 있기 때문에, 우리는 하나님을 실제 그 자체로 설명할 가능성이 없다. 그래서 사람의 형상으로 하나님을 설명하는 것이다. 성경에 하나님을 사람의 형상으로 설명하는 구절은 많다. 예수님도 사람의 형상으로 나타났다. 그러나 하나님은 역시 영적인 존재이기에 우리의 시각으로 볼 수 있는 형상은 없다. 그런 측면에서 사람만이 하나님의 형상으로 지음을 받았다는 성경의 가르침은, 인간만이 자유의지가 있어 책임질 수 있고, 거기에 수반하는 생명과 인격의 존엄성, 기본인권을 뜻하는 것으로 이해해야 한다.

현대인은 모든 인간은 기본 인권이 있다는 것을 인정한다. UN에서도 1948년 '보편 인권선언'을 발표해서 공산주의 국가들과 이슬람 국가들을 제외한 대부분 국가가 이에 동의하고 비준했다. 그리고 인권의 중요성은 점점 더 확산되어서, 요즘은 국가의 주권보다 훨씬 더 중요하게 인정되고 있다. 한 국가가 국민의 인권을 존중하지 아니하면, 그 국가는 국가로서 자격이 없다고 본다. 그러므로 다른 나라가 그 나라를 비판하고 심지어 공격하는 것도 정당화될 수 있다고 생각한다. 중국 정부가 위구르족의 인권을 무시한다든가 북한이 주민들의 인권을 존중하지 않는다고, 미국과 다른 국가들이 비판을 서슴지 않는 것이 그 한 예이다.

인간에게는 독특한 권리가 있다는 것이 일반적으로 인정되고 있지만, 그 근거가 무엇인지, 왜 인간은 그런 권리를 가졌는지를 물으면, 대답하기가 그리 간단하지 않다. 무엇 때문에 인간에게만 고유한 불가침의 권리가 있고, 왜 그것이 국가보다 더 중요하고, 왜 그것이 그렇게 신성하냐 하는 질문에 아주 설득력 있는 대답을 제시하기는 쉽지 않다.

이성

인간에게만 이성이 있기에 인간은 존엄하고 기본 인권을 누릴 수 있다는 대답이 가능하다. 이성이 무엇인지에 대해서는 여러 가지 설명이 있다. 일반적으로 이성이란 논리적으로 사고할 수 있는 능력으로 알려져 있다. "모든 인간은 죽는다. 소크라테스는 인간이다. 그러므로 소크라테스는 죽는다"라는 것이 논리에서 가장 기본적인 삼단논법이다. 이렇게 논리적으로 사고할 수 있는 능력은 인간에게만 있고 짐승에게는 없다는 것이다. 또 이성이란 옳고 그름을 판단할 수 있는 능력이라고 주장할 수 있고, 그런 이성은 사람에게만 있다.

이성의 중요성은 고대 그리스 사람들이 가장 분명하고 강하게 강조했다. 그들은 온 우주가 어떤 질서에 의해 움직인다는 것에 착안했다. 해가 24시간 만에 다시 뜨고, 사시가 바뀌고, 떠오르는 별들이 충돌치 아니하는 것을 보면, 우주에 어떤 법칙이 있다는 것을 알 수 있다고 보았다. 모든 물질에는 인력(引力)이 있어서 서로 당긴다는 만유인력의 법칙은 뉴턴(Isaac Newton, 1643~1727)이 발견했다. 두 물체 사이에 작용하는 중력의 크기는 두 물체의 질량의 곱에 비례하고, 둘 사이의 거리 제곱에 반비례한다는 계산까지 다 만들었다. 우주에는 수치로 계산할 수 있을 정도로 정확한 질서가 있다는 것이다. 영국 시인 알렉산더 포프(Alexander Pope, 1688~1744)가 뉴턴의 공덕을 칭송한 시를 썼다. "자연과 자연법칙이 어둠에 싸여 있었다. 하나님이 가라사대 '뉴턴아 있을지어다.' 그러자 모든 것이 밝아졌다"(Nature and nature's laws were hid in night; God said 'Let Newton be!' and all was light). 뉴턴이 온 우주의 모든 물질 간에 작용하는 이 인력을 계산하는 방법을 발견했다. 그리스인들은 자연에 작용하는 이 법칙을 인간이 발견하고 인식하는 것은 인간에게 그렇게 할 수 있는 능력, 즉 이성이 있기 때문이라 생각했다. 그런 능력은 오직 인간에게만 있기 때문에, 인간은 고귀하고 따라서 그의 권리를 존중해야 한다.

소피스트, 그리고 소크라테스의 등장

주전 5세기경 그리스에는 소위 궤변론자라는 사람들이 나왔다. 그 사람들은 우리가 우주에 불변의 질서가 있는지 없는지 어떻게 아느냐 하면서 회의를 갖기 시작했다. 고르기아스(Gorgias, BC 483~374)는 "아무것도 존재하지 않는다. 만약에 존재한다고 하더라도 알 수가 없다. 만약 알 수 있다 하더라도 다른 사람에게 전달할 수 없다"라는 회의론을 내놓았다. 이것이 확대되어 나중에는 뭐가 옳고 무엇이 그른지, 뭐가 진리이고 무엇이 거짓인지 우리가 확실히 알 수 없다는 데까지 나아갔다. 그러니까 못된 짓을 다 해놓고 그것이 옳은지 그른지 어떻게 아느냐 하는 식의 궤변들이 생긴 것이다.

이런 회의론이 지배해서 무엇이 옳은지, 무엇이 진리인지 모르면 결과적으로 도덕이 타락해 버릴 수밖에 없다. 남의 돈을 훔쳐 놓고는 "뭐가 나쁘냐, 나쁘다는 것을 증명해라" 하면 할 말이 없다. 사람을 죽여 놓고도 "왜 나빠? 나쁘다는 것을 증명해 봐라"라는 식으로 반항할 수 있다.

그런 가능성에 대해서 가장 위기를 느낀 사람이 소크라테스(Socrates, BC 469~399)였다. 소크라테스가 쓴 글은 없고, 그의 제자 플라톤(Platon, BC 427~347)의 저술이 오늘날까지 많이 남아 있다. 대화식으로 쓴 그의 책에서 대화의 주인공은 소크라테스였다. 그 대화에서 나타나는 사상이 플라톤의 것인지 소크라테스의 것인지 확실하지 않은 경우도 있다. 그러나 그 두 사람은 다 같이 인간에게는 우주 질서를 인식할 수 있는 이성과 절대적인 진리가 있음을 가르치려 했다.

플라톤의 제자 아리스토텔레스(Aristoteles, BC 384~322)는 이성은 신적인 것이라고 했다. 온 우주를 창조한 신의 이성이 인간에게도 있다는 것이다. 인간이 인간인 이유는 이성이 있기 때문이라고 보아서 아리스토텔레스는 인간을 가리켜 이성적인 동물(animal rationale)이라고 했다. 동물은 동물인데 다른 동물과 달리 인간에게는 이성이 있다는 것이다. 그래서 역사적으로 매우 오랫동안 이성 때문에 인간은 짐승과 다르다는 것이 일반적인 인간 이해였다. 기독교인들 가운데도 이성이 바로 성경이 말하는 하나님의 형상이라고 생각하는 사람들이 많았다. 19세기까지 그런 생각이 내려오다가 19세기부터 이성에 대한 도전이 나타나기 시작했다.

이성에 대한 도전, 포스트모더니즘

독일 철학자 니체(Friedrich Wilhelm Nietzsche, 1844~1900)는 이성이 창녀와 같다고 했다. 이성이 이 사람을 위해서는 그의 이익을 위해서 봉사하고 저 사람에게는 저런 이익을 위해 봉사하므로 창녀와 다름이 없다고 비꼬았다. 객관적이거나 확실한 것이 아니라 오히려 어떤 특정한 이익을 위해 궤변을 만들어 내는 능력이라고 생각했다. 자본주의자의 이성은 자본주의가

옳다고 하고, 공산주의자의 이성은 공산주의가 옳다는 식으로
자기의 이익을 위해 봉사하는 수단에 불과할 뿐 전혀 객관적
이지 않다는 것이다. 니체로부터 시작된 이성에 대한 도전이
지금까지도 영향력이 있는 포스트모더니즘이란 사상으로 이
어졌다. 어쨌든 이성의 권위는 그동안 많이 떨어지고 말았다.
그래서 인간에게는 이성이 있기에 고귀하다고 주장하는 철학
자는 많이 없어져 버렸다.

　그러니까 인간의 권리나 인간을 짐승과 달리 인간으로 만드
는 것이 무엇이냐 하는 것에 다시 물어보게 되었다. 그래서 이
성으로 보편 인권선언이란 것을 정당화하기가 쉽지 않게 되었
다. 무슨 분명한 이유가 있어서 기본인권이 있는 것이 아니라,
그저 인간에게는 권리가 있다고 고함을 지르는 것에 불과하
다. 그래서 '선언'이라고 하지 않았을까 할 수도 있다. 옛날에
는 이성이란 것으로 인권을 증명하고 주장했는데, 이성이 약
화된 현대에는 그 근거가 없어진 것이다. 요즘 인권이 과거보
다 중요하게 된 것은 사실이고 다행이지만, 그 이론적 바탕은
점점 더 약해지고 있다. 특이한 현상이 아닐 수 없다.

　요즘 윤리학자들 중에는 인권 이외에 동물의 권리(animal
right)에 대한 논의가 일어나고 있다. 먹고 움직이고 번식하는
점에서 인간과 동물이 뭐가 다른가? 동물을 사람과 다르게 취
급할 이유가 뭐냐고 질문할 수 있다. 이런 현상은 동물의 수준
을 인간의 수준으로 올리는 것이 아니라, 사람의 수준을 동물

의 수준으로 낮추는 것이 아닐까 걱정된다. 동물을 잔인하게 취급해서는 안 되고, 오직 사람의 이익과 쾌락을 위해서 동물을 이용만 하는 것은 반대하지만, 반려동물은 많은 비용을 들여가면서 애지중지하면서 장애인이나 가난한 사람에 대해서는 그만큼 배려하지 않는 것은, 근본적으로 잘못된 것이다. 인권의 이론적 근거가 위기를 겪고 있음을 반영하는 것일 수도 있다.

신학자들 일부는 성경이 말하는 '하나님 형상'은 지배를 뜻한다고 해석한다. 하나님은 만물을 지배하시는 분이고, 하나님이 자신의 형상대로 사람을 창조하신 다음 말씀하시기를 "생육하고 번성하여 땅에 충만하여라. 땅을 정복하여라"라고 하셨기에 그렇게 해석할 만하다(창 1:28).

의지(意志)를 강조하는 개신교

그러나 나는 하나님의 형상을 인간의 인격이라고 믿는다. 인격(person)이란 자유의지를 행사하고 그 결정에 대한 책임질 수 있는 존재를 뜻한다. 인간을 다른 동물과 다르게 만드는 것은 자유의지이고, 그에 대해서 책임을 질 수 있다. 그래서 나는 인간을 인간으로 만드는 것은 '자유의지'이고, 그것이 하나님의 형상이라고 주장한다. 즉 성경이 계시하는 하나님은 절대적인 자유의지가 있으시고, 인간도 비록 상대적이지만 자유의지를 가진 존재로 지음을 받았다. 그것은 성경 전체의 가르침에 어긋나지 않는다.

물론 우리가 하나님의 특성에 대해 말하는 것은 조심해야한다. 우리의 언어, 우리의 사고능력은 하나님에 대해 왈가왈부하기에 전혀 충분하지 못하다. 앞에서도 언급한 바 있지만, 우리가 하나님에 대해서 말하는 모든 것은 신인동형론의 방식으로 이뤄진다는 사실을 염두에 두어야 한다. 즉 하나님을 객관적으로 정의하고 설명하는 것은 불가능하므로 인간의 형상을 빌려 서술하는 것이다. 그러므로 인간에게 적용되는 언어가 문자적으로 하나님께도 그대로 적용될 수 없다는 사실을 항상 명심해야 한다. 어디까지나 임시변통에 불과하다. 그 점을 전제로 하고, 나는 인간에게 주어진 하나님의 형상은 인간을 인간으로 만드는 가장 기본적인 것이라야 한다고 믿는다. 성경은 감정이나 이성보다 의지를 강조한다. 하나님에 대해서도 하나님의 이성, 하나님의 감정이 아니라 하나님의 뜻이 강조되는데, 이것은 다른 종교에서 찾아보기 어렵고, 오직 성경만이 계시하는 여호와 하나님의 특징이다. 이성은 사실을 알고, 이해하고, 추리하는 능력이다. 반면 의지는 이렇게 하겠다하고 결정하고, 그 결과가 잘못되었을 때 그 책임을 요구하면 "미안하다. 잘못했다"라고 사과하거나 정당한 벌을 받거나 변상하는 능력이라 할 수 있다.

기독교는 역사적으로 의지를 중요시해 왔다. 의지를 제일 먼저 중요시한 사람은 아우구스티누스였다. 그의 인간관, 신관을 주지주의(voluntarism)라 부른다. 주지주의라는 말은 의지를 뜻하는 라틴어 볼룬타스(voluntas)에서 나왔다. 의지를 중요시하는 사상을 뜻한다.

철학자 칸트도 인간의 권위는 자유의지에서 나온다고 주장했고, 가톨릭 요리문답에서도 "인간의 권위는 하나님의 형상으로 지음을 받았다는 사실에 근거해 있다"라고 주장하고, "모든 인간은 하나님의 형상으로 지음을 받았기 때문에 인격이란 권위를 가진다. … 자유를 행사할 수 있는 권리는 모든 남녀에게 부여되어 있는데 그것은 인간이 인격(human person)이란 사실과 분리될 수 없다"라고 가르친다.

개신교는 특히 주지주의를 따른다. 의지는 결정할 수 있는 능력인데, 결정은 자유와 가능성이 전제되어야 한다. 여러 가지 대안 가운데 하나를 택할 자유와 능력이 없으면 결정할 수가 없다. 누가 나에게 공중으로 날라고 명령한다고 해서, 내가 날기로 결정할 수 있는 것이 아니다. 이렇게 할 수도 있고 저렇게 할 수도 있을 때 그 가운데 하나를 택하면 우리는 그것을 결정이라 한다. 만약 하나님이 이렇게 할 수도 있고 저렇게 할 수도 있는 자유가 없으면, 하나님의 뜻이라는 말을 쓸 수가 없다. 자유가 없으면 하나님도 동양사상에서 가르치는 신들처럼 하나의 운명이나 법칙이 되고 만다. 그런데 우리 하나님은 자의적인 자유의지(voluntas qua liberum arbitrium), 즉 이렇게 할 수도 있고 저렇게 할 수도 있는 능력이 있으시고, 사람에게도 제한된 범위 내에서 그런 자유의지를 주셨다는 것이 주지주의의 관점이다.

선악과의 경우가 좋은 예가 될 수 있다. 왜 하나님은 아담이 선악과를 못 먹게 하지 않았느냐고 질문할 수 있다. 만약에 하나님이 아담이 선악과를 먹거나 먹지 못할 선택의 가능성, 즉 자유의지와 가능성을 허용하지 않으셨다면, 아담은 선악과를 먹지 않았을 것이다. 그러면 아담은 자유의지가 있어서 선택할 수 있는 인격체가 아니라, 하나님의 프로그램에 따라 움직이는 로봇이었을 것이다. 왜 하나님이 아담에게 자유를 주셨을까? 물론 아무도 확실하게 대답할 수는 없지만, 우리가 상상할 수 있는 한, 하나님은 아담에게 자유의지를 주셔서 아담이 자기가 스스로 하나님을 순종하도록 하셨다고 할 수 있다. 그래야 하나님께 영광이 되지, 아담이 선택할 능력이 없는 로봇이 되어 기계적으로 순종하고 찬송하면, 그것이 하나님께 무슨 진정한 영광이 되겠는가?

어떤 권사님이 할렐루야 축구단이 참 좋다고 했다. 그 팀을 응원하는 사람들이 모두 "할렐루야!" "할렐루야!" 하고 외칠 테니까 하나님이 찬양을 받으시기 때문이라고 했다. 그러나 그것은 "할렐루야"를 녹음해 놓고 계속 녹음기를 돌리는 것과 다름이 없다. 스스로 결정해서 참 마음으로 할렐루야를 외쳐야 참 찬양이 되지, 축구팀을 응원하기 위해서 할렐루야를 외친다고 해서 하나님이 찬양을 받으시는 것은 아니다.

하나님이 원하시는 것은 아담이 순종하지 않을 수도 있는데도 순종하는 것이다. 하나님은 우리에게 스스로 선택할 자유를 주셨고, 그 자유로 하나님을 순종하고 하나님을 찬양하는 것을 기뻐하신다. 그러므로 인간의 의지, 즉 자유롭게 선택할 능력이 있다는 사실을 인식하는 것은 매우 중요한 의미가 있다.

의지와 책임

앞에서 지적한 것처럼 의지의 자유는 불가결하게 책임을 동반한다. 자유의지가 없으면 책임을 질 필요가 없다. 민주주의가 좋은 정치제도인 이유도 그와 관계가 있다. 민주주의의 여러 가지 장점의 하나는 국민이 자신들의 이해관계에 중요한 사항을 결정하는 데 참여할 수 있어서, 그것이 이뤄지도록 하는 데도 동참하고 그 결과에 대해서도 같이 책임을 지는 것이다.

교회가 가능한 한 민주적으로 운영되어야 하는 것도 마찬가지다. 많은 사람이 교회의 중요한 사항을 같이 결정해야, 그 결정의 결과에 대해서도 책임을 진다. 목사나 장로 몇 사람이 모든 것을 다 결정해버리면, 결과가 좋을 때는 교인들이 잘 따르겠지만, 힘이 들거나 결과가 좋지 못하면 결정한 사람들에게 모든 책임을 돌린다. 모든 중요한 결정은 같이하도록 해야 교인들이 그 결정의 시행에 적극적으로 참여한다.

민주주의는 별로 효율적이지 못한 것 같이 보인다. 만약 이스라엘이 출애굽 할 때 '출애굽추진위원회'를 구성했더라면 이스라엘 백성은 아직도 이집트에 남아 있었을 것이라는 농담이 있다. 지도자 혼자서 중요한 결정을 다 해버리고 교인들은 그저 따르기만 하면 효율성은 높아진다. 그래서 카리스마가 있는 목사가 목회하는 교회는 빨리 성장할 수 있다. 그러나 교인들은 책임을 질 줄 모르고, 따라서 신앙도 성숙하지 못한다.

교인들의 성숙이란 자기가 스스로 알아서 판단하고 결정하며 제 발로 설 수 있는 상태다. 자식이 서른 살, 마흔 살이 될 때까지 아버지가 시키는 대로 줄줄 따라오도록 하는 것은 교육을 잘 한 것이 아니다. 모든 사람이 결정에 참여하도록 하는 것이 민주주의이고, 그것이 결국 모든 사람을 성숙하게 하는 것이다. 성숙한 사람은 책임을 질 수 있는 사람이다. 자기가 결정했으면 자기가 책임을 져야 한다. 장로들도 모든 것을 솔선수범해야 한다고 말들 하지만, 나는 교회에서 장로들은 될 수 있으면 좀 일을 적게 하고 집사들이 일하도록 만들어야 한다고 주장한다. 지도자에게 중요한 것은 자기가 앞서서 좌지우지하지 않는 것이다. 다른 사람들이 일을 하도록 하고 자기는 뒤에서 아무것을 안 해도 일이 제대로 굴러가게 하면 그것이 가장 좋은 지도자다.

자유로운 선택과 그것에 대한 책임은 부부 관계에서도 마찬가지다. 성경에 교회와 그리스도와의 관계를 남편과 아내의 관계라고 했다. 남편과 아내의 관계는 피의 관계가 아니라 약속과 책임의 관계다. 결혼식에서 서로에게 신실하기로 약속하는데, 그때 그것은 자유로운 결정에 근거해야 한다. 협박 때문에 서약했다면 그것은 진정한 서약이 아니다. 완전히 자유로운 상태에서 서약했을 때라야 그것을 책임진다. 그리고 한 번 서약했으면 반드시 책임을 져야 한다. 그것이 바로 결혼의 핵심인 신실함이다. 서로의 서약이 신실해야 믿을 수 있고, 믿을 수 있을 때 그 결혼은 성공한다. 성경은 하나님의 신실하심을 매우 강조한다. 하나님은 절대 배신하지 않으신다. 물론 하나님이 하나의 법칙이거나 로봇이라면 결정할 수도 없거니와 배신할 수도 없다. 그런데 하나님은 자유의지를 가지신 분인데도 우리에게 신실하시기 때문에 우리는 하나님께 감사하는 것이다. 남편과 아내도 그렇다.

신실함은 지식이나 어떤 다른 능력보다 더 중요하다. 성경은 신실함을 '진리'라 한다. 그런 의미에서 예수님은 길이요 생명인 동시에 '진리'시다. 우리가 사람을 평가할 때도 신실성이 그 기준이 되어야 한다. 교회에서도 돈, 지식 많은 사람, 권력

높은 사람을 높이 평가할 것이 아니라 신실한 사람, 한번 말한 것은 그대로 실행하는 사람을 높이 평가해야 한다. 그런 사람이 하나님의 형상에 가장 충실한 사람이다.

자유의지를 인정하지 않는 숙명론

그런데 현대 사상은 점점 숙명론 쪽으로 기울여지고 있다. 사람의 자유의지를 인정하지 아니하려는 이론들이 많이 제시되고 있다. 어린이의 능력에는 유전이 6이고 교육이 4란 주장이 있다. 그것은 한 사람이 어떤 사람이 되느냐는 주로 유전에 의해서 결정이 된다는 말이다. 사실일 수도 있다. 그러나 그런 것을 너무 강조하다가는 숙명론자가 될 수 있다.

예를 들어 보자. 나쁜 짓을 한 아이를 꾸중하면 유전적으로 그렇게 할 수밖에 없는데 어쩌라고 잔소리하느냐고 항의할 수 있다. 유전을 완전히 무시할 수는 없지만, 유전을 지나치게 강조하면 숙명론적이 되어서 아무 시도도 심각하게 하지 않고 잘못에 대해서 책임도 지지 않으려 할 것이다.

많은 이들이 환경의 중요성을 강조한다. 환경이 사람의 됨됨이에 중요한 역할을 한다는 것을 부인할 수는 없다. 하지만 환경이 사람의 모든 것을 결정하듯이 생각하면, 잘못을 저지른 사람이 고치려 하겠는가? 영국의 한 철학자가 미국 죄수들을 조사해 보니까, 교도소에 갇혀 있는 죄수 70%가 자기들은 정치범이라고 생각하는 것으로 드러났다. 정부가 정치를 잘못했기 때문에 자기들의 성장 환경이 나빠졌고, 그 때문에 범죄할 수밖에 없었다고 했다. 최근에 미국의 윤리학자 샌들(Michael Sandel)이 능력주의를 비판하면서 개인의 능력이란 부모의 사회경제적 지위(SES, socioeconomic status)에 의해 주로 결정된다는 것을 강조해서 시선을 끌고 있다. 우리나라도 요즘 언급되는 '금수저, 흙수저'란 표현이 그런 상황을 강조한다. 사회 정책을 결정하는 사람들은 이를 심각하게 받아들여야 하고, 능력이 있어서 특권을 누리는 사람들은 그 사실을 아는 것이 중요하다. 그러나 걱정되는 것은, 그런 주장이 젊은 사람들을 숙명적으로 만들지 않을까 하는 것이다. 비록 쉽지는 않지만, 우리나라는 아직도 '개천에서 용이 나는' 경우가 없지 않다. 능력주의 비판도 올바로 적용되어야 한다.

힌두교는 전형적인 숙명론이다. 아예 그런 운명을 타고났다고 생각하기 때문에 인도의 불가촉천민(不可觸賤民, untouchable)은 온갖 차별대우를 받으면서도 반항도 하지 않고 그 상태에서 벗어나려고 노력도 하지 않는다. 한국식으로 말하자면, 사주팔자(四柱八字)에 의해 천대받게 되어 있다고 스스로 인정하는 것이다. 피나는 노력도, 반항도 없으면 역동성도 없어지고 발전도 가능하지 않다. 타고난 대로 살아야지 "괜히 팔자 고치려다

큰코다친다"라는 말을 어렸을 때 들었다. 잘못된 생각이다.

역사적으로 문화에 대해서도 풍토론이 있었다. 풍토에 따라서 문명이 결정된다는 이론이다. 러시아처럼 풍토가 거친 데서는 사람들도 거칠 수밖에 없고, 유럽의 목장 문화는 사람을 온순하게 만들지만, 아랍지역의 사막 문화에서는 사람이 포악하게 된다는 식이다. 지금도 열대 지방의 사람들은 천성이 게으르다고 말하는 이들이 있다. 오래전 인도에서 열린 '아시아 복음주의 신학회'에서 가난에 관한 논문을 발표했다. 긍정적 반응도 있었지만, 사람이 가난하게 되는 여러 이유 가운데 하나가 게으름이라고 한 것에 화를 낸 사람들이 있었다. 그때 인도는 좀 가난했다. 인도가 가난한 것은 영국이 식민지 시절 착취를 너무 많이 했기 때문이지 인도 사람이 게을러서 그렇다고 말하면 안 된다는 것이다. 이런 것들도 숙명론의 한 형태다. 가난의 이유로 영국의 착취도, 인도의 전통 종교도 작용했지만, 인도인 개개인이 부지런하지 못한 것도 지적되어야 한다. 게으른 것은 개인의 습관이며 선택의 문제이기에, 돌이킬 수 없는 영국의 착취 대신 개인들에게 책임을 묻는 것을 싫어한 것이다.

기독교는 숙명론적 종교가 아니다. 하나님은 우리에게 자유를 주셨고, 하나님은 자유의지를 가지고 계신다. 하나님이 우리에게 자유를 주셨으므로 우리는 책임을 져야 한다. 신실하다는 것은 숙명적인 천성이 아니라 개인이 스스로 선택하고 양성해서 얻는 태도다.

아가페는 능동적인 의지의 결단

이와 관계해서 칼뱅주의가 주장하는 것으로 알려진 예정설에 대한 오해가 많다. 예정설의 본래 의도는 하나님이 우리를 이렇게 저렇게 되도록 숙명론적으로 결정하셨다는 것이 아니다. 우리에게는 구원받을 수 있는 공로가 전혀 없고, 오직 하나님의 은혜로만 구원받는다는 것을 강조하다 보니까, 예정설이 나온 것이다. 예정교리를 숙명론 비슷하게 해석한다면, 성경이 우리에게 명령하는 것이 전부 다 무의미하게 된다. 믿어라! 기도하라! 열심히 일하라! 하는 것들이 모두 쓸데없는 명령이 되고 만다. 하나님이 다 믿도록 만들어 놓고 믿어라 하신다면 말이 안 된다. "형벌을 두려워하라"라는 경고도 다 무의미하다. 다 운명론적으로 결정해 놓았는데 두려워할 필요가 어디 있겠는가? 그러니까 성경 전체를 보면, 예정설은 하나님이 모든 것을 숙명적으로 결정하신다는 것이 아니라, 우리 구원의 주도권을 하나님이 행사하신다는 말이다. 우리 힘으로 구원받는 것이 아니고, 하나님의 은혜로 구원받는다는 것을 강조하는 하나의 표현이다.

다시 의지의 문제로 돌아가 보자. 영국의 신약학자 다드(C. H. Dodd, 1884~1973)만큼 아가페에 관한 설명을 잘한 신학자는 없다. 그는 아가페란 감정이나 정서가 아니라(neither affection nor emotion), 의지의 능동적인 결단(active determination of the will)이라고 정의했다. 보통 우리가 생각하는 사랑과는 근본적으로 다르다. 우리는 보통 사랑을 감정으로 생각한다. 그런데 성경에 나타나는 사랑은 '능동적인 의지의 결단'이다. 감정처럼 어떤 자극이나 영향에 수동적으로 반응하는 것이 아니라, 자발적으로 먼저 다른 사람에게 선을 행하기로 결단하는 것이 아가페다. 끌려서 사랑하는 것은 좀 하급 사랑인 에로스다. 사랑스럽기 때문에, 사랑할 가치가 있어서 사랑하는 것은 에로스다. 그런데 성경이 강조하는 사랑은 끌려서 하는 것이 아니라 의지로, 즉 능동적으로 결단해서 하는 것이다. 그러므로 인간에게는 의지가 중요하고 그것이 바로 하나님의 형상이라고 나는 믿는다.

창조의 질서와
인간의 책임

자연 질서 그 자체에 우리의 안전 보장을 걸 것이
아니라 하나님의 사랑에 걸어야 한다. 자연 질서
혹은 자연법칙은 확실하니까 그것에 의해 설명하
거나 그것에 의해 예측하면 틀림없다는 것에 우
리의 믿음을 두지 말고, 우리 한 사람 한 사람을
순간순간 보호하시는 하나님의 사랑에 우리의 믿
음을 두자는 것이다.

자연 질서와 인위적 질서

창조 질서에 대해 생각해 보자. 질서(秩序) 하면 한자(漢字)로 '차례 질', '차례 서'니까 차례를 잘 지키는 것이다. 가령 버스가 오면 우르르 몰려가서 서로 먼저 타려 하지 않고 줄을 서서 순서대로 타는 것을 생각할 수 있다. 줄을 서 있어도 제일 뒤에 서 있던 사람이 기운이 세다고 갑자기 앞으로 나아가서 먼저 타면 질서가 깨어진다. 질서가 중요한 이유 가운데 하나는 미래를 예측할 수 있다는 것이다. 이렇게 줄을 서 있으면 내 앞에 선 사람이 탄 뒤에는 내가 탈 수 있다는 것을 예측할 수 있다. 오늘 해가 뜰 때가 되었는데 해가 안 뜬다면 자연 질서가 뒤죽박죽됐다고 말하고, 우리는 큰 혼란과 공포에 시달릴 것이다.

질서는 자연 질서와 인위적 질서로 구분될 수 있다. 자연에 있는 질서는 우리가 원하든 원하지 않든 따라야 한다. 돌멩이를 멀리 던져 놓고 땅에 떨어지지 않고 계속 날아갔으면 좋겠다고 해보아야 소용없다. 반면에 인위적 질서는 우리가 안 따를 수도 있지만, 그래도 따라야 하는 것을 말한다. 우리가 교회에서 제직회를 할 때도 '동의합니다', '재청합니다' 하는 규정이 있어서 질서 있게 회의한다. 예배드릴 때도 질서가 있다. 이런 것들은 우리가 따르지 않을 수도 있지만, 따라야 한다고 생각하고 가능한 한 따른다는 점에서 당위(當爲, oughtness, Sollen)

라고 부른다. '마땅히 그렇게 해야 한다'는 것이다.

질서는 인간에게 안도감을 준다. 아침에 해가 뜰 때쯤 되면 해가 떠야지, 안 뜨면 상당히 불안해진다. 타임지에서 읽었는데 아프리카 어느 오지에서 개기일식이 있었다. 그 일식이 매우 특수했고, 그 지역에 가야 가장 잘 볼 수 있었기에 천문학에 관심 있는 많은 이들이 세계 각지에서 그곳으로 몰려들었다. 오지였는데 갑자기 몰려드는 외지인들을 보고, 그 마을 사람들이 크게 겁을 냈다. 그런 어수선한 분위기에서 오전 열 시쯤 되니까 해가 슬금슬금 어두워졌다. 원주민들은 왜 그렇게 낯선 사람들이 많이 몰려들었는지 의아해하던 차에 해가 컴컴해지니까 두려움에 질렸다. 마을 사람들이 하나씩 둘씩 마을 광장에 모이더니 북을 치고 노래하며 춤을 추었다. 그들이 왜 그렇게 했을까 짐작할 수 있다. 그렇게 해야 해가 다시 나온다고 생각했을 것이다. 그런 것을 주술(magic)이라 한다.

전통적인 주술은 어떤 질서가 깨질 때 질서를 회복하기 위한 인위적 기술이라고 종교학자들은 설명한다. 그 아프리카 오지 사람들이 춤을 추며 노래한 것은 그렇게 함으로써 해가 정상적으로 다시 돌아온다고 생각했기 때문이다. 비정상적인 것을 정상적으로 만들려는 주술을 시행한 것이다. 병도 마찬가지다. 병을 주술로 고친다고 할 때는 아프다는 비정상적인 상태를 정상적으로 만들려는 것이다.

질서, 예측, 그리고 안정감

인간은 질서에서 안정감을 얻는다. 다음에 일어나야 할 것이 예측대로 일어나야 안전하다고 느낀다. 가령 우리가 다리를 건너갈 때 저 다리가 언제 무너질지 모른다면 불안하다. 마찬가지로 온도가 올라가면 물이 수증기가 되고, 온도가 내려가면 얼음이 얼어야 하는데, 온도가 영하 10도가 되었는데도 얼음이 얼지 않으면 불안해진다. 기대했던 것이 그대로 일어나는 것이 바로 질서이다.

17세기 이탈리아 신학자 캄파넬라(T. Campanella, 1568~1639)나 20세기 작가 클라크(A. C. Clarke, 1917~2008)는 고대사회의 주술과 오늘날의 공학은 비슷한 것이라고 주장했다. 오늘의 기술이 옛날의 주술과 같은 기능을 한다는 것이다. 물론 요즘의 기술이 다 주술과 같다는 말은 아니다. 인간의 힘으로 자연의 현상을 바꾸어 보자는 것이 과학 기술이라면 고대에는 주술로 그런 것을 시도했다는 것이다. 우리가 당연히 알고 있는 질서, 가령 아침이 되면 해가 뜬다든가 온도가 내려가면 물이 언다든가 춘하추동 현상은 반복되는 경험을 통해 인식한다.

그런데 사람들은 보기에 무질서하게 보이는 것들 속에서도 어떤 질서를 찾으려고 애를 쓴다. 예를 들어 물이 어는 현상을 옛날 사람들은 어떻게 생각했겠는가? 그 속에서 작용하는 자연의 법칙에 의해서 얼음이 된다기보다 거기에 무슨 귀신이 있어서 그렇게 된다고 생각했을 가능성이 있다. 모든 변화 뒤에는 다 귀신이 있어서 그렇게 만든다고 생각하는 때가 있었다. 그러다가 조금씩 지식이 늘어나고 경험이 쌓이니까 그 속에 무슨 법칙이 있다고 생각했다. 무질서한 것같이 보이는 데서 질서를 찾으려고 하는 것이 사실상 과학이다. 과학자들은 현상에서 어떤 법칙을 발견하려고 관찰하고 연구하거나, 어떤 현상이 이미 알려진 어떤 법칙에 의하여 일어나는가를 알려고 한다. 법칙을 알면 그 법칙에 따라서 미래를 예측할 수 있기 때문이다.

영국 철학자 베이컨(Francis Bacon, 1561~1626)은 "알지 못하면 지배할 수 없다"(Non nisi parendo vincitur)라고 했다. 콩트는 "아는 것은 예측하기 위함이다"(Savoir, c'est pour prevoir)라고 했다. 이 두 이야기를 결합하면 "예측할 수 있어야 지배할 수 있다"라는 결론이 나온다. 안다는 것은 예측하는 것이라고 말할 때는 우리가 보통 쓰는 '안다'라는 말이라기보다 자연과학적인 지식을 뜻한다. 왜 우리가 과학적인 지식을 얻으려고 하는가? 자연의 법칙을 알아서 그것을 통제하고 이용하려는 것이다. 법칙과 질서는 같은 것을 뜻한다. 하루는 0도에서 물이 얼더니 그 이튿날은 10도가 되어야 비로소 물이 언다면 이용할 수가 없다. 0도가 되면 항상 물이 언다는 것을 알면, 그것을 이용할 수 있다. 자연을 다스리려면 그 법칙을 알아야 한다.

동양과 서양의 과학 기술

　동서고금을 막론하고 자연법칙을 발견하려고 많이 노력했다. 특히 서양이 동양보다 앞서게 된 것은, 우리보다 그 문제에 신경을 훨씬 더 많이 썼기 때문이다. 니담(Joseph Needham, 1900~1995)은 과학을 공부한 영국의 외교관이었는데, 중국에 있는 영국 대사관에 문화담당관으로 근무하면서 중국 문화에 심취하여 《중국의 과학과 문명》(Science and Civilization in China)이란 5권짜리 책을 썼다. 아주 방대한 저술인데 우리말로도 번역되어 있다. 거기 보면 중국 사람들이 사실은 서양 사람들보다 기술에 훨씬 앞서 있었다. 어느 정도까지 근거 있는 주장인지 모르나 14세기까지는 모든 면에서 중국이 서양보다 앞서 있었다. 오늘날 인류문화 발전에 대단히 중요한 역할을 했던 종이, 나침반, 화약 등은 중국이 서양보다 먼저 발명한 것이 사실이다.

　종이가 문화 발전에 엄청난 역할을 한 것은 부인하기 어렵다. 성경은 양피지 아니면 갈댓잎에 기록되었다. 갈대를 납작하게 만들어서 쓴 신약성경 사본이 남아 있다. 영어의 페이퍼(paper)라는 말은 갈대 즉 파피루스(papyrus)라는 라틴어에서 나왔다. 그런데 중국에서 닥나무로 만든 종이는 양피지나 갈대와는 전혀 다른 것이고, 훨씬 편리하게 사용할 수 있다.

　항해에 사용되는 나침반도 중국이 제일 먼저 찾아냈다. 사실 서양 문화가 발전하는 데 매우 중요한 역할을 한 것이 바로 나침반이다. 나침판이 없었을 때는 배가 바다 한가운데 들어갈 수가 없었다. 사도행전에서 바울 사도가 가이사랴에서 로마까지 항해한 길을 지도에서 추적해 보면, 지중해를 바로 건너가면 별로 오래 걸리지 않았을 터인데 멀리 돌아서 갔다. 육지가 보이지 않는 곳에서는 항해할 수가 없어서 항상 육지가 보이는 거리에서 항해하다 보니까 돌아가야 했고, 시간이 오래 걸렸다. 나침판이 생기고 난 다음부터는 방향을 알 수 있으니까 바로 갈 수가 있었다.

화약도 중국에서 제일 먼저 발명했다. 어떻게 하다가 우연히 화약을 만들고 종이를 만들었을 것이다. 그러나 화약이 어떻게 해서 터지고, 종이가 어떻게 해서 만들어지는지에 대한 법칙을 발견하려고 노력하지는 않았다. 그것이 동양과 서양 과학의 차이들 가운데 하나다.

우리가 잘 아는 피타고라스의 정리란 것이 있다. 직각삼각형의 짧은 두 변의 제곱의 합은 빗변의 제곱과 같다는 원리다. 그런데 그것은 직각삼각형에만 적용이 된다. 옛날 중국에서는 궁전같이 큰 건물을 지을 때 담을 정확하게 90도로 꺾기 위해서 긴 줄에다가 석 자, 녁 자, 다섯 자 되는 곳에 눈금을 그어 직각 삼각형을 만들어 해결했다. 그 줄의 눈금이 있는 세 곳에 말뚝을 박으면 직각삼각형이 생겨나니 긴 담 모퉁이를 정확하게 90도가 되게 했다. 중국인들은 오랜 세월을 거치면서 시행착오와 경험을 통해서 그런 것을 알았지만, 피타고라스의 정리는 발견하지 못했다.

피타고라스의 정리는 그리스의 피타고라스(Pythagoras, BC 570경~479경)가 처음으로 발견했다. 화약도 그렇다. 중국이 화약을 제일 먼저 발명했지만, 그것으로 폭탄을 만들고 무기를 만든 것은 서양이었다. 서양에서 처음으로 그것이 왜 터지느냐 하는 법칙을 발견했다. 그렇게 법칙이 발견되면 그다음에는 그것을 응용할 수 있다. 그래서 서양이 결국은 14세기부터 과학과 기술에서는 동양보다 월등하게 앞서게 되었다.

과학적 실재론과 과학적 관념론

피타고라스 정리 같은 법칙들은 참으로 신기하다. 그래서 지금까지 많은 기독교인은 모든 자연의 법칙은 하나님이 만드셨다고 주장했다. 그것들을 하나님이 만드시지 않았다고 말하기도 어렵다. 그러나 우리가 알고 있는 그 법칙이 정말 그대로 다 참인가? 하나님이 정말 우리가 알고 있는 모든 과학적 법칙을 지금 우리가 아는 그대로 만드셨을까?

과학자들이 발견했다는 그 법칙들에 대한 이해가 옛날과는 많이 달라졌다. 옛날에는 자연 속에 아예 그런 법칙이 들어 있다고 생각했다. 지금도 소위 과학적 실재론(scientific realism)을 주장하는 학자들은 그렇게 주장한다. 예컨대 뉴턴의 법칙이나 엔트로피 법칙은 자연 그 자체에 들어 있어서 우리가 자연 속에 있는 것을 그대로 발견한 것이며, 하나님이 우주를 창조하실 때 그런 법칙을 넣어 두셨다고 생각한다. 그렇게 생각하기가 가장 쉬운데 거기에 문제가 생겼다. 한때 과학자들이 자연법칙이라고 생각했는데 나중에 더 연구해보니 사실이 아니라는 것이 가끔 드러났다. 그러면 하나님이 만드셨다고 했다가 이제는 아니라니 뭔가 좀 이상하다는 생각이 들 수밖에 없다. 그래서 요즘은 그렇게 자신 있게 주장하는 것을 조심한다.

아주 상식적인 춘하추동, 하루에 해가 뜨고 지는 일, 물이 어는 일은 너무 당연하니까 그런 것은 의심의 여지가 없다. 그러나 아주 복잡하고 미세한 법칙에 대해서는 생각을 달리한다. 그런 것들이 정말 그대로 본래부터 자연에 있는 것인지 아닌지는 모르고, 다만 우리가 그렇게 있다고 생각할 뿐이라는 태도를 취하는 것이다. 이런 것을 처음으로 생각하고 제시한 사람은 독일의 철학자 칸트였다. 법칙은 원래 그 속에 있는 것이 아니라 우리가 집어넣은 것이란 주장을 할 수 있는 단초를 마련했다. 쉽게 말해서 여기 내 안경에 바둑판을 그려서 세상을 보면, 세상이 네모 반듯반듯한 사각형으로 이루어진 것 같이 보인다. 세상이 네모반듯한 사각형으로 이루어진 것이 아니라, 내 안경에 사각형을 그려 놓았기에 그렇게 보인다.

철학자 비트겐슈타인(Ludwig Wittgenstein, 1889~1951)이 재미 있는 설명을 했다. 책상 위에 흰 종이를 펴놓고 거기에 잉크를 한 방울 떨어뜨리면, 잉크가 아주 복잡한 모양을 띠고 퍼진다. 그런데 거기다가 사각형 그물을 씌워 놓으면(물론 변두리에는 아주 정확하게 사각형이 되지 않는 것도 있겠지만), 그 잉크 방울 자국이 몇 개의 사각형으로 이루어졌다고 말할 수 있다. 다시 삼각형 그물을 씌워 놓고 보면 그 잉크 방울은 몇 개의 삼각형으로 이루어졌다고 말할 수 있다. 소위 우리가 말하는 자연법칙이 자연 그 자체에 있는 것이 아니라, 우리가 자연을 이해하는 하나의 방식이라고 설명한다. 이것을 과학적 관념론(scientific idealism)이라고 하는데, 오늘날 상당히 활발하게 논의되고 있다.

칸트보다 먼저 이것을 주장한 사람은 영국 철학자 흄(David Hume, 1711~1776)이다. 앞에 소개했지만, 흄의 주장은 온도가 내려가니까 물이 언다고 하는 것이 인과법칙에 의한 것이라는 보장이 없다는 것이다. 물이 온도가 내려가니까 얼음이 된다는 근거도 찾을 수 없다는 것이다. 온도가 내려가면 물이 어는 것이 일반적이지만, 세상의 모든 사례를 다 관찰한 것은 아니라는 것이다. 에베레스트산 어느 골짜기에 가면 온도가 내려가도 물이 얼지 않을 수도 있지 않느냐는 것이다. 까마귀가 날 때 우연히 배가 떨어졌는데(烏飛梨落), 까마귀가 나니'까' 배가 떨어진다고 하면, 이는 근거 없는 주장이 된다. 흄은 우리가 말하는 인과관계가 그런 것이라고 주장한다.

흄이 처음으로 그렇게 주장하고, 칸트가 어느 정도 그 뒤를 이어받았지만, 요즘 와서 다시 인과론이 작동하지 않는 것에 대한 이야기를 듣는다. 보통 상식적으로 알고 있는 물리학을 넘어 양자물리학에서는 우리가 아는 인과론이 적용되지 않을 수 있다. 우리가 너무 과학적인 사실로 성경을 설명하려고 하거나, 과학적으로 하나님의 존재를 증명하려 하고, 자연법칙의 오묘함 때문에 하나님의 지혜를 찬미하는 것을 조심해야 한다. 과학자들이 발견했다고 하는 것들이 그렇게 객관적이거나 확실하지 않을 수 있다. 과학적 이론도 후에 완전히 바뀔 수도 있기에 쉽게 단정하지 말라는 것이다. 물론 우리가 상식적으로 알고 있는 여러 법칙은 적어도 상당할 정도로 신임받고 있지만, 우리가 말하는 과학적 법칙은 모두가 그렇게 객관적이지는 않다.

법칙에 신적인 권위를 부여하는 일

질서 가운데 자연 질서가 있는 반면 인위적 질서가 있다. 게임을 할 때 사람들을 많이 모아 놓고 진행자가 "다섯 사람끼리 모이시오" 하면 우르르 달려가서 다섯 사람끼리 집단을 만들고, "열 사람" 하면 열 사람씩 모인다. 그러면 진행자가 무슨 소리를 하는지 모두 입만 쳐다본다. 이런 것은 법칙이 아니다. 또 옛날에는 임금이 나라를 자의적으로 다스렸다. 올해는 세금 30% 내라고 하면 내야 한다. 그다음 해에는 20%만 내라고 하면 또 그렇게 낸다. 얼굴이 잘생긴 사람은 15%만 내라고 할 수도 있다. 이렇게 자의적이라면 사람들은 미래를 예측할 수 없고 계획도 세울 수 없다. 금년에 농사를 짓긴 하는데 왕이 세금을 30% 내라고 할지, 내 얼굴이 못생겼기 때문에 40% 내라고 할지 예상을 하지 못하기 때문이다.

그러다가 그것을 보완하는 입헌군주제가 생겼다. 헌법을 만들어서 통치자가 자의적으로 다스릴 수 없도록 했다. 법을 만들어서 그 법에 따라 지배하도록 하면 사람들이 미래를 예측할 수 있고 계획도 세울 수 있다. 즉 어느 정도 안정과 안도감을 가질 수 있다. 물론 후진국들에서처럼 법을 만들어 놓고도 그 법대로 집행하지 않으면 아무 소용이 없다.

자연 질서는 그대로 다 하나님이 만드신 것이라고 너무 쉽게 속단하지 않는 것이 좋다고 했는데, 인위적 질서는 더더욱 그렇다. 인위적 질서는 사회의 필요에 따라 사람들이 만든 것이다. 예를 들어 교회에서 무슨 회의를 할 때 주어진 순서대로 꼭 진행할 필요는 없다. 교회마다 필요에 따라 독특한 규칙을 만들 수 있다. 그런데 그러한 법칙을 하나님이 주신 것이냐 하게 되면 또 문제가 생긴다. 옛날에는 그런 것도 다 하나님이 주신 것으로 생각했다. 옛날에 왕이 다스릴 때 소위 왕권신수설이란 것이 있었다. 왕은 하나님이 다 점지한 것이지 사람 마음대로 왕이 되는 것이 아니라는 관점이다. 하나님이 점지하셨으니까 사람들은 당연히 왕의 명령에 무조건 순종해야 했다. 왕의 명령을 따르지 않는 것은 하나님의 명령을 순종하지 않는 것이니까 말이다.

그러다가 세월이 흐른 뒤에 '아니다. 왕은 우리가 약속해서 뽑는 것이다'라는 생각이 등장하게 되었다. 영국 철학자 토머스 홉스(Thomas Hobbes, 1588~1679)가 왕권신수설을 부인하고 전혀 다른 주장을 했다. 왕이 없으면 사회가 무질서해지니까, 하는 수 없이 사람들이 질서를 유지하기 위해서 왕을 두고, 또 국가라는 것을 만들었다고 설명한 것이다. 그래서 인위적 질서의 권위가 많이 달라졌다. 인위적 질서에 너무 쉽게 하나님의 권위를 부여하는 것을 조심해야 한다.

교황 선출은 특이하다. 추기경들이 콘클라베(Conclave)라는 비밀회의 장소에 들어가서 투표의 결과가 나올 때까지 외부와 접촉을 차단하고, 교황이 뽑힐 때까지 투표를 거듭한다. 그런데 교황이 비록 추기경들의 투표 형식을 빌려 선발되지만, 그것은 하나님의 뜻이라고 믿는다. 그러니까 하나님의 뜻으로 교황이 된 사람이 임명하는 신부도 하나님의 뜻으로 된 것이고, 그렇게 하나님의 뜻으로 된 신부의 말은 무조건 따라야 하게 되어 있다. 종교개혁 때 천주교가 타락한 원인 중 하나는 바로 성직에 대한 이런 생각 때문이었다. 교황과 사제들의 권위에 무조건 복종한 것이 그들의 부패를 낳았다. 그러나 개신교는 우리에게 권위가 있는 것은 성경이 유일하다고 믿는다. 성경 외에는 교황이고 목사고 아무도 절대적 권위가 없다. 그것이 종교개혁의 핵심이었다. 인위적 질서에 대한 생각도 우리가 넓게 사용하는 표현으로는 세속화했다고 할 수 있다. 인위적 질서가 가지고 있던 신비롭고 신성한 성격이 점점 세속화되어 '이것도 사람들이 약속해서 만든 것이다'란 생각이 지배하기 시작했다.

그러나 인간은 무질서를 매우 두려워한다. 그래서 질서에 신성한 의미가 있다고 믿으면, 사람들이 그 질서를 무조건 순종하게 하는 데 도움이 된다. 하나님의 명령이라 하면 사람들이 항거하지 못하고 순종한다. 그런데 하나님의 권위가 아닌데도 그것을 신격화한 후에 그것이 그렇게 대단한 것이 아니라는 것이 판명되면, 사람들이 속았다고 생각하고 실망한다. 어제까지는 하나님의 명령인 줄 알았는데 이제 와보니까 아니라고 한다면, 신앙도 심한 손상을 입는다. 미국의 무디 바이블 인스티튜트(Moody Bible Institute)에서 만든 전도 영화를 본 일이 있다. 꽃이 아름다워서 나비를 유혹하고, 나비가 날아와서 꽃가루를 수정해 주고, 벌은 거기서 꿀을 따고, 꽃은 그 덕으로 열매를 맺는 이 모든 것이 얼마나 조화로운가, 누가 이런 아름다운 조화를 만들어냈겠느냐, 하나님이 하신 것이다 하는 식의 내용이었다.

그런데 어떤 사람이 비판하기를 자연에 어디 그런 것만 있느냐? 잔인한 것, 무질서한 것도 얼마나 많으냐고 항의한다. 머리가 둘이 달린 아이가 태어나기도 하고, 지진, 폭풍, 흉년 등 자연재해는 얼마나 심각한가? 그러므로 너무 쉽게 하나님이 만든 질서라고 규정하고, 긍정적 면만 강조하는 것은 그렇게 지혜로운 일이 아니다. 인간이 만든 질서, 인위적 질서는 하나님의 뜻에 맞도록 만들어야 한다고 주장할 수 있다. 즉 가능한 한 합리적이고, 공정하게 만들어야 그것이 하나님의 뜻과 일치한다고 주장하는 것은 옳다. 모든 인위적 질서는 공정이 그 핵심이다. 그러나 모든 질서가 다 하나님이 만드셨다는 주장은 위험하다.

리스본 대지진의 해석

유럽에서 일어난 큰 재난 가운데 자주 언급되는 것이 1755년에 포르투갈 리스본에서 발생한 대지진이다. 그때 최대 5만 명이 사망했다. 수십만 명이 죽은 큰 지진들도 있었다. 지진은 사람에게 대단한 공포감을 주지만, 아직까지는 과학자들도 지진을 정확하게 예측하지 못한다. 날씨는 꽤 정확하게 예측할 수 있지만, 미국에서도 지진 예측을 위해 많은 노력을 하지만 별로 성공하지 못했다. 그러자 한때 다른 것은 우리가 다 과학적으로 설명할 수 있지만, 지진만큼은 하나님의 뜻에 따라 일어난다는 주장도 있었다.

지진 같은 것에 신적인 요소를 부여하면 어떤 문제가 생길까? 리스본 대지진 소식을 접한 프랑스의 계몽주의자 볼테르(Voltaire, 1694~1778)는 깡디드(Candide)란 풍자소설과 풍자시를 썼다. 하나님이 계시면 어떻게 이렇게 많은 사람을 죽일 수가 있느냐? 어른들이야 못된 짓을 많이 했으니까 벌을 받았다 할 수 있지만, 왜 갓난아이들조차 죽어야 하느냐는 식으로 비난했다. 당시는 기독교에 대한 반발이 매우 컸던 계몽주의 사조가 팽배한 시대였다. 이때 사회 계약설을 주장한 루소(Jean Jacques Rousseau, 1712~1778)가 볼테르를 비판했다. "그렇게 하나님의 권위를 떨어뜨림으로 볼테르는 사실상 가난한 사람의 위로를 다 빼앗아 갔다. 무식한 사람, 가난한 사람의 위로를 다 빼앗아 갔다"라고 했다. 무식하고 가난한 사람은 하나님이 모든 것을 다 지배하신다는 것을 믿음으로 위로받고 사는데, 볼테르는 지진 같은 재앙이 다 우연히 이루어진다고 하니, 이 무식한 사람들은 모두 겁에 질려서 앞으로 살기 어렵게 될 것이라고 볼테르를 비판했다. 우리가 루소의 반박을 좋아해야 할지 싫어해야 할지 난감하다.

내가 어렸을 때는 사람들이 번개를 불칼이라 불렀다. 때때로 하늘에 불칼이 돌아다니며 사람을 친다는 것이다. 그래서 벼락이 치면 사람들이 모두 겁을 냈다. 그런데 요즘은 지붕 위에 피뢰침 하나 세워놓고는 눈도 깜짝하지 않는다. 벼락이 별것 아니고 구름 속 전기의 음극과 양극이 부닥쳐서 생기는 것에 불과하다는 것을 알기 때문이다. 그러나 그런 것을 몰랐던 옛날 사람들은 그것이 불칼인 줄 알았다.

지진과 같이 큰 재앙이 그저 우연히 이루어진다고 해서 하나님의 권위를 떨어뜨림으로써 무식한 사람이 더 두려워하게 되었으므로, 볼테르는 무식한 사람의 위로를 빼앗아 버렸다고 루소가 비판했다. 그리고 그 문제를 훨씬 이성적으로 접근해서 문제점들을 지적했다. 그렇게 많은 사람이 죽은 것이 어디 하나님의 책임인가? 오히려 인간이 잘못해서 그렇게 된 것이라고 했다. 1755년인데도 리스본에는 5, 6층짜리 집들이 많았다. 집이 단층으로 지어졌더라면, 또 사람들이 재물을 하나라도 더 가져 나오려고 지체하지 않았더라면, 그리 많은 사람이 죽지 않았을 텐데, 사람들이 잘못해 놓고 하나님을 욕한다고 비판했다. 자연 재앙이 아니라 인간 문화가 재앙의 원인이었다는 것이다.

우리나라에도 1987년 셀마란 태풍이 345명의 생명을 앗아갔고, 1989년 홍수에는 384명이 희생되었다. 그런데 1995년에 일어난 삼풍백화점 붕괴 사고에는 502명이 희생되었다. 우리나라에서 일어난 어떤 자연재해보다 더 많은 희생자가 생겨났다. 사람들이 그렇게 큰 건물을 짓고, 그것도 잘못 지어서, 그렇게 엄청난 수의 생명이 희생되었다. 루소는 바로 그런 것을 지적한 것이다.

기술 발달과 인간의 책임

문화가 발전함에 따라 그만큼 인간의 책임이 커져 버렸는데, 그 책임을 다 감당하지 못하면 결국 더 큰 재앙이 오는 것을, 그런 사건에서 분명히 볼 수 있다. 자연의 질서는 인간에게 상당한 심리적 안정감을 제공해 준다. 오히려 인간이 만든 문화가 우리를 불안하게 만드는 결과를 가져온다. 1977년 11월 이리역(지금은 익산역)에서 폭발 사고가 일어났다. 화약을 잔뜩 실은 기차가 이리역에 정차하고 있었는데, 그것을 지켜야 하는 사람이 밖에 나가 술을 마시고 들어와서, 사과 상자 위에 촛불을 켜놓은 채 잠이 들었다. 그 초가 다 타서 상자에 불이 붙었고, 그것이 화약에 옮겨붙어 결국 이리시 전체가 크게 파괴되고 말았다.

사과 상자에 촛불을 켜놓고 잠이 든 그 사람은, 자기가 책임져야 할 힘이 어느 정도인지, 즉 자기가 잘못해서 발생할 수 있는 재앙이 어느 정도인지 인식이 전혀 없었다. 달구지 끄는 의식 수준으로 버스를 몰고 다니는 것과 같았다. 달구지 끌고 다니는 사람들은 달구지에 걸터앉아 꾸벅꾸벅 졸아도 별문제가 없다. 그러나 버스를 몰고 가면서 꾸벅꾸벅 졸면 큰 사고가 난다. 우리나라의 대형 사고들이 대개 그렇게 해서 일어난다. 대구 지하철 화재 사고도 그렇다. 심신 상태가 온전치 못한 사람이 전동차에 불을 질러서 일어난 사고이지만, 기관사는 자기가 취한 행동이 얼마나 큰 문제를 가져올지에 대한 인식이 거의 없었다. 인명 손실을 크게 줄일 수 있는 사고였는데 200여 명이 죽고 말았다. 이런 것을 안전불감증이라 한다. 과학기술의 발달로 물리적 힘은 엄청나게 커졌는데, 책임 의식은 그에 상응할 만큼 자라지 않았기 때문에 매우 심각한 문제가 일어나고 있다.

이탈리아 철학자 비코(Giambattista Vico, 1668~1744)는 "자연법은 하나님이 만든 것이고, 사회법은 인간이 만든 것이다"라고 했다. 어느 정도 맞는 말이다. 그렇다면 자연에 대한 책임은 하나님이 지시고, 인간 사회에 대한 책임은 인간이 져야 한다고 할 수 있다. 자연 질서에서 아주 상세한 법칙은 몰라도, 우리가 모두 잘 알고 있는 법칙은 변하지 않는다. 물의 질과 기압에 따라서 조금씩 다르기는 하지만, 물은 대개 0도 전후에 어는 것이 사실이다. 그래서 물이 어는 것에 대해 예측이 가능하고, 그것은 우리에게 상당한 안정감을 준다.

그런데 이런 것에 대한 심리적 안전감을 자연법칙에 두느냐 아니면 하나님의 사랑에 두느냐는 것은 아주 중요하다. 이제까지는 사람들이 자연법칙을 확실하다고 생각해 왔기에 그것이 우리에게 안전을 제공해 준다고 믿는다. 하나님이 자연법칙을 통해 우리를 보호하신다고 생각할 수 있다. 그러나 그것은 성경적이라고 할 수는 없다. 하나님의 법칙이 우리를 보호하는 것이 아니라 하나님의 사랑이 우리를 보호하는 것이다. 참새 한 마리가 땅에 떨어지는 것은, 자연의 법칙에 따라 일어난다. 참새가 날아다니다가 무슨 병이 들었거나 기운이 약해져 떨어졌다면, 틀림없이 그 이유가 있다. 그런데도 성경은 그것이 다 하나님이 하시는 일이라고 한다. 그러니깐 자연법칙 그 자체를 객관적인 것으로 볼 것이 아니라, 그 모든 법칙과 하나하나의 사건 안에 하나님의 뜻이 함께 작용한다고 믿는 것이 성경적이다.

서양에서 한때 이신론(Deism)이란 사상이 유행했는데, 영국 철학자 존 로크(John Locke, 1632~1704)도 이신론자 중 한 사람이다. 계몽주의 사상가들은 '하나님이 질서를 만들어 그 질서에 모든 것을 다 맡겨 버리고, 하나님은 그 이상 간섭을 안 한다'는 식의 입장을 취했다. 스트라스부르에 큰 시계가 있었는데 이신론자들은 그 시계를 많이 예로 들었다. 시계공이 시계를 만들어 태엽을 감아놓으면 시계가 스스로 작동하는 것 같이, 하나님이 천지를 창조하시고 자연법칙을 만들어 그 법칙에 따라 자연이 운행하도록 하시고는 손을 놓아버렸다는 생각이다.

그런데 그것이 과연 성경적인 태도일까? 조금 극단적인 태도인지 모르지만, 사실 하나님은 시계 초침 하나 짤깍 짤깍하는 것까지 간섭하신다고 하는 것이 더 올바른 생각이라고 본다.

안전 보장과 하나님의 사랑

과거에 그리스도인들, 특히 기독교 신학자들 일부가 자연과학에 너무 큰 인상을 받아서 과학 이론에 입각해서 성경을 조사해 성경을 전혀 권위가 없는 책으로 만들어 버린 경우가 있었다. 그런데 이제 와서는 그들이 그렇게 중요시했던 과학이 다시 상대화되고 있다. 물론 자연법칙 그 자체를 하나님이 만드셨다는 사실을 부인하지는 않는다. 그것은 어떤 형식으로든 하나님이 만드신 것이다. 그러나 지금 우리가 아는 법칙들이 그대로 하나님이 내신 것이라고 장담할 할 수는 없다. 따라서 자연법칙에 우리의 안전 보장을 위탁하는 것은 성경적이라 할 수는 없다.

이런 입장은 기독교 안에서 그렇게 널리 수용되는 것은 아니다. 아직까지 많은 신학자는 과학에 대해 단순한 생각을 갖고 있다. 자연과학을 상당히 신봉하고, 과학자들이 발견한 법칙이 하나님이 주신 법칙 그 자체라고 생각하는 경향이 강하다. 그러나 최근의 과학철학자들은 과학적 이론들이 모두 그렇게 객관적이고 확실하다고 보지는 않는다.

많은 그리스도인은 의사가 수술해주거나 약을 먹고 병이 나으면, 하나님께 별로 감사하지 않는다. 그러나 약도 먹지 않고 수술도 안 했는데 기도해서 병이 나으면, 그것은 하나님이 하셨다고 생각한다. 그런 태도는 아주 잘못되었다. 기적을 통해서 고쳤든 의술을 이용해서 고쳤든, 병이 나은 것은 모두 다 하나님이 하시는 것이다. 대개 의술도 하나님의 통치 하에 있다는 일반적인 사실은 인정하면서도, 실제로 적용되었을 때는 하나님과 직접 관계가 없는 것처럼 본다. 하나님이 개입하신 것이 아니라, 의사가 약과 수술로만 고쳤다고 생각하는 경향이 강하다.

여기서 주장하려는 것은 자연 질서 그 자체에 우리의 안전 보장을 걸 것이 아니라 하나님의 사랑에 걸어야 한다는 것이다. 자연 질서 혹은 자연법칙은 확실하니까 그것에 의해 설명하거나 그것에 의해 예측하면 틀림없다는 것에 우리의 믿음을 두지 말고, 우리 한 사람 한 사람을 순간순간 보호하시는 하나님의 사랑에 우리의 믿음을 두자는 것이다. 초자연적 현상들, 예를 들어 히스기야 때 해그림자를 뒤로 물린 일영표 사건이라든가(왕하 20:9~12), 예수님이 물 위를 걷는 사건도(마 14:22~33, 막 6:45~52, 요 6:19), 하나님의 관점에서 보면 전혀 이상할 것이 없다. 하나님이 어떤 법칙을 만드셨다고 해서 하나님이 반드시 거기에 매여야 할 이유는 없다. 네덜란드 신학자 베르카워(Gerrit C. Berkouwer, 1903~1995)는 '기적을 너무 강조하는 것은 불신앙의 표현이다'라고 이야기한 적이 있다. 기적의 현상만을 대단하다고 떠들면, 결국 하나님은 그 기적을 베풀 때만 간섭하시고 평소에는 자연법칙에 맡겨 버린다는 것인데, 그런 이신론적 입장은 불신앙과 다름이 없다. 예수님이 물 위를 걸으시는 것이나 태양이 조금 천천히 도는 것에 대해서 우리로서는 그런 게 어떻게 가능하냐고 생각하겠지만, 하나님의 창조를 믿는다면 그런 것들이 전혀 이상할 것이 없다.

성경은 과학책이 아니고 우주를 설명하는 책도 아니다. 성경은 어디까지나 우리의 올바른 삶과 구원을 위해서 쓰인 책이다. 과거에 성경을 과학 교과서로 생각해서 문제를 많이 일으켰다. 갈릴레오(Galileo Galilei, 1564~1642) 사건이 바로 그렇다. 성경은 과학적 언어로 기록되지 않았고, 자연현상을 설명하는 책도 아니다. 일상용어로 쓰여 있으며, 우리가 구원받고 하나님 앞에서 올바로 살면서 하나님의 영광을 드러내고 그분을 찬양하게 하도록 쓰인 책이다.

법칙의 문제와 관련해 욥의 경우를 생각해 보는 것이 좋다. 성경에서 욥기는 참으로 이해하기 어려운 책이다. 욥이 엄청난 벌을 받고는, 도대체 왜 그렇게 큰 벌을 받는가 하고 항의했다. 욥의 세 친구가 와서 욥과 논쟁했는데, 결국은 나쁜 짓을 했기 때문에 그렇게 큰 벌을 받는 것 아니냐는 것이 그들의 논지였다. 욥은 "나는 이 정도의 벌을 받을 만큼 그렇게 나쁜 짓은 안 했다"라고 주장했지만, 욥의 세 친구는 "그럴 수가 없다. 하나님은 공정하신 분이기에 나쁜 짓 안 한 사람을 벌주는 법이 없다. 네가 벌을 받는 것은 틀림없이 나쁜 짓을 했기 때문이다"라고 주장했다. 그 문제로 욥과 친구들은 계속 실랑이를 벌였다.

그러다 끝에 가서 보면, 하나님이 욥에게 나타나셔서 양쪽 주장을 모두 잠재우신다. 한마디로 말해서 욥과 친구들이 모두 글러 먹었다는 꾸지람이었다. "너희들은 모두 인간적인 논리로 하나님을 설명하려고 하느냐?" 하고 꾸짖으셨다. 쉽게 말하면, 하나님은 인과보응의 법칙에 반드시 매여야 할 이유가 없다는 것이다. 그러니 아무것도 모르면서 아는 체하지 말라는 것이 욥기의 결론이다. 이 세상에서 우리가 절대적이라고 생각하는 것들이 하나님 앞에서는 모두 그렇게 대단하지 않을 수 있다.

고통을 통해 인식하는 악

하나님은 만물을 멋있고 아름답고 조화롭게 만드
셨다. 그 가운데 가장 중요한 피조물로 인간을 하
나님의 형상대로 만드셨는데, 그 인간이 아프고
괴롭고 슬프고 불행하게 되었다. 도대체 그렇게
만드는 것이 무엇인가 할 때 우리가 일반적으로
악이라고 말한다. 그래서 어느 종교, 어느 철학도
악이란 문제를 무시할 수 없다.

창조와 존재

지금까지 주로 창조에 관해 생각했다. 가장 기본적인 것은 무엇이 존재한다는 것이다. 간단하게 개를 예로 들어보자. 집에 개가 한 마리 있는데 가장 좁은 범위로는 우리 집 진돗개다. 우리 집 개는 상당히 많은 종류의 개 가운데 진돗개 종류에 속한다. 그보다 조금 넓은 범위는 개과이고, 그보다 더 넓은 범위는 포유류인데, 거기에는 송아지, 말, 범이 다 들어간다. 그보다 좀 넓은 범위는 동물이다. 거기에는 물고기, 개구리, 참새도 들어간다. 그리고 그보다 더 넓은 것은 생물이라 해서 풀이나 나무도 포함된다. 그러면 그보다 더 넓은 것은 무엇이겠는가? 있는 것 혹은 존재라고 한다.

존재란 말이 거창하게 들리지만, 사실상 우리가 볼 수 있는 것, 경험할 수 있는 것의 가장 넓은 범위를 말한다. 그런데 "도무지 왜 무엇이 존재하며 오히려 무(無)가 존재하지 않는가?" (Warum gibt es uberhaupt etwas und nicht vielmehr nichts?)란 17세기 독일 철학자 라이프니츠(Gottfried W. Leibnz, 1646~1716)의 질문은, 모든 질문 가운데 가장 기본적인 질문이다. 그런데 창조는 바로 존재에 관한 것이다. 있는 것, 그것이 어떻게 가능하게 되었는가에 대한 것이다. 기독교는 그 질문에 창조라고 답한다. 하나님이 온 세상을 다 창조하시고, 보시기에 심히 좋았다고 되어 있다(창 1:31). 본래 하나님이 이 세상을 창조하셨을 때 세상은 아주 멋지고 아름답고 조화롭게 되어 있었다.

　영국 시인 로버트 브라우닝(Robert Browning, 1812~1889)은, 언덕에 이슬 맺히고 종달새 날아오르는 화창한 봄날 아침을 노래한 시를 썼다. 거기 보면 하나님은 하늘에, 달팽이는 가시덤불에 있어 세상만사가 제자리를 차지하는 완벽한 질서와 평화를 그렸다. 하나님은 저 하늘에 계시고, 사람과 다른 피조물들은 땅에서 창조된 본래의 그 모습대로 있으면 참 아름답고 멋지겠다. 그런데 이 세상은 그렇지 못하다는 데서 문제가 생긴다. 하나님이 아름답게 멋지게 조화롭게 창조하셨는데 문제가 생겼다.

　다시 조금 철학적으로 따져보겠다. 문제가 생겼다는 말이 무엇이겠는가? 문제가 생겼다는 것은, 원칙으로 이렇게 되어야 하는데 그렇게 안 됐다는 것을 뜻한다. 가령 종달새가 공중에 있어야 하는데 바다에 들어간다든가, 달팽이가 덤불 속에 있어야 할 텐데 시멘트 바닥에 있다든가, 하나님이 하늘에 계셔야 하는데 땅 위에 오시고 십자가에 못 박혀야 한다든가, 하여튼 뭐가 뒤죽박죽됐다는 것이다. 물론 뒤죽박죽이 되면 좀 어떤가? 문제가 된 것이 뭐 그리 큰 문젠가? 문제가 생겼다는 것이 왜 나쁜가 하고 반문할 수도 있다. 문제를 문제라고 느끼게 하는 게 무엇이겠는가? 당장 사람에게 문제를 문제로 만드는 것은 무엇보다 고통이다. 아프다는 사실이 우리가 "뒤죽박죽이 되면 어떤가?"라고 생각하지 못하게 한다. 아픈 사람에게 "아프면 어때? 그게 뭐 문제야?"라고 할 수는 없다. "당신이 좀 세게 아파 봐라!"라고 하면 그렇게 하겠다고 하겠는가?

원초적인 경험, 고통

고통만 없으면 문제가 문제 될 것이 별로 없다. 누가 나에게 칼로 찔러도 아프지 않고, 배가 고프고 목이 말라도 참을 만하고, 누가 온갖 욕을 하면서 나를 모욕하고 내 명예를 다 훼손해도 조금도 괴롭지 않고, 누가 내가 사랑하는 사람을 때리고 죽여도 전혀 마음이 괴롭지 않다면, 세상에 문제 될 것이 없다. 그런데 왜 아픈 것이 문제인가 하고 물으면, 거기에는 더 설명할 것이 없다. 사람이 행복을 추구하고 고통을 피하는 것은 증명이 필요 없다고, 프랑스 철학자요 과학자인 파스칼(Blaise Pascal, 1623~1662)이 말한 바 있다. 행복과 고통, 이 두 가지는 우리가 그냥 바로 느낀다. 네가 행복하기를 원하고 고통을 피하는 이유를 대라고 요구하는 것은 무의미하다. 어떤 사람한테 몽둥이로 때려놓고 네가 왜 아픈 것을 싫어하느냐고 묻는 것은 쓸데없다. "너도 몽둥이로 맞아봐라"가 가장 좋은 대답이다.

사실 다른 사람이 아프다는 것을 확인하는 것이 얼마나 어려운지 의사들 이야기를 들어보면 안다. 특히 소아청소년과

의사들에게 어려움이 많다. 애기가 막 울어대는데 어디가, 얼마나, 어떻게 아픈지 물을 수가 없다. 수의사도 비슷하다. 간호학 박사학위 논문에 류마티스 환자들이 느끼는 아픔을 표현하는 단어들을 열거해 놓은 것을 보았다. 쑤신다, 쓰리다, 아린다 등 수십 가지였다. 환자가 의사에게 "이 부분이 아린다" 하면, 아리다는 말이 무슨 말인지 그 환자가 되어 보아야 정확하게 알 수 있다. 이 사람은 쑤시는 것을, 저 사람은 아린다고 말할 수 있다. 그러나 그것을 증명할 길이 없다. 아프다는 것은 그렇게 철저히 주관적이다. 그런데도 아픔은 심각하고 절실하다.

아픔만큼 현실적인 것은 없다. 좋은 것은 환상일 수 있다. 그러나 환상으로 아픈 법은 없다. 그래서 우리가 매우 좋은 일이 생기면 '한 번 꼬집어' 본다. 꿈에서는 행복할 수 있다. 그러나 꿈에서 아플 수는 없다. 아프면 깨어버린다. 그만큼 아픔은 부인할 수 없는 현실이다. 그리고 우리가 절대 부인할 수 없는 것은, 아무도 아픈 것을 원하지 않는다는 사실이다. 고통이 즐거우면 문제될 것이 없다. 그런데 고통은 한결같이 고통스럽다. 그것이 문제다. 왜 인간에게는 아픔이 있는지, 육체적 아픔과 정신적 괴로움이 왜 있느냐 하는 것은 우리 모두에게 매우 심각한 문제다. 이 문제만 없었다면 종교도, 철학도 없지 않나한다. 나아가서 정치도, 문명도 생겨나지 않았을 것이다. 사람이 아프고 괴롭고 불편하기 때문에 그것을 극복하기 위해 과학을 연구하고 기술을 개발해 자연을 극복하려 한다. 고통에서 벗어나기 위한 시도의 결과로 문화란 것이 생겨났다. 그러니 아프다는 것이 얼마나 심각하고 동시에 중요한 문제인가?

내가 고통의 문제에 대해 책을 하나 썼다.《고통받는 인간》이란 책이다. 철학하는 사람으로 사람에게 제일 기본적인 문제를 건드려 보려 했다. 고통이 인간 경험에서 가장 기본적인 것이라 생각해서 고통을 '원초적인 경험'이라고 불렀다. 고통은 더이상 다른 경험으로 설명할 수 없는, 가장 기본적인 경험이고 느낌이다. 우리가 모두 싫어하는데도 사람은 아프고 고통을 겪고 괴로워한다. 고통(苦痛)은 한자로 '쓸 고', '아플 통'자를 쓴다. 사람을 괴롭게 하고 아프게 하고 슬프게 하는 것, 사람이 싫어하는 것을 당하게 하는 원인은 어디서 오는가 하는 문제 때문에 소위 악이란 개념이 생겨났다. 우리에게 아픔을 주고 괴롭게 하고 싫은 것을 하도록 하는 모든 것, 인간을 불행하게 만드는 것이 바로 악이다.

하나님은 만물을 멋있고 아름답고 조화롭게 만드셨다. 그 가운데 가장 중요한 피조물로 인간을 하나님의 형상대로 만드셨는데, 그 인간이 아프고 괴롭고 슬프고 불행하게 되었다. 도대체 그렇게 만드는 것이 무엇인가 할 때 우리가 일반적으로 악이라고 말한다. 그래서 어느 종교, 어느 철학도 악이란 문제를 무시할 수 없다. 우리 삶이 고통스럽지 않으면 문제될 게 아무것도 없는데, 고통이 있고 그 고통을 일으키는 악이 있기 때문에 문제가 된다.

그러면 악은 무엇일까? 성경은 타락과 관계해서 악을 설명한다. 인간에게는 물론 즐거움도 있다. 그런데 불행하게도 아픔이 있다. 어떤 고통은 참 엄청나다. 물론 큰 즐거움을 얻기 위해서 약간의 고통을 당해야 하는 경우가 더러 있다. 조금 힘들게 노력해서 큰 성공을 거두면 기쁨이 커지는 경우다. 예방주사를 맞을 때 바늘이 몸에 들어가는 것이 징그럽고 아프다. 얼굴을 찌푸리고 참는다. 그러나 그것은 더 큰 고통을 피하고자 작은 고통을 감수하는 것이지 고통을 택하는 것은 아니다. 신앙의 지조를 지키기 위해 순교의 고통을 택하는 사람들도 있지만, 이 역시 하늘나라의 더 큰 기쁨을 위한 투자라 할 수 있다. 고통 그 자체를 원해서 당하는 것은 아니다.

고통의 두 가지 원인

사람에게 고통을 주는 것을 악이라 했다. 악이 무엇인가를 객관적으로 정의하기보다는 고통을 통해서 악을 인식한다는 것이 더 적절할 것이다. 사실 악이라는 것을 이론적으로 아무리 정확하게 정의하더라도 그 본질을 올바로 이해하는 것은 쉽지 않다. 악의 결과, 즉 고통을 겪어야 악을 알 수 있다. 이론적으로 사랑이 어떻다고 정의하더라도 사랑을 경험해 보지 않은 사람은 사랑을 모르는 것과 같다.

고통은 우리 삶에서 매우 중요한 기능을 한다. 병이 났을 때 고통스럽지 않으면 병을 고치지 않는다. 그런 점에서 고통은 아주 긍정적 역할을 한다고 할 수 있다. 문화도 고통 때문에 생겨났다.

악한 것과 나쁜 것이 같은 것이냐는 질문이 가능하다. 영어로 굿 앤 배드(good and bad)란 표현은 사실 매우 애매하다. 굿이라 했을 때는 단순히 도덕적으로 선한 것 외에도, 자동차가 좋다고 할 때나 경치가 좋다고 할 때는 도덕적인 것과는 관계가 없다. 도덕적으로 선한 것은, 좋은 것 중 하나이지 같다고 할 수는 없다. 악이란 말은 그저 나쁜 것이 아니라, 주로 도덕적으로 나쁠 때 사용한다. 가령 자동차가 아주 나쁘면, 그 자동차가 악하다고 하지 않는다. 우리에게 문제가 되는 것은 도덕적인 악이다.

고통도 하나의 감정이긴 하지만, 좀 특이한 성질이 있다. 단순히 행복과 대조되는 감정이라고 할 수 없다. 행복은 항상 계속되지 않는 특성이 있다. 예를 들어 배가 고플 때 음식을 먹으면 기분이 좋다. 그러나 조금 먹고 나면 그때부터는 처음만큼 즐겁지 않다. 그래서 어떤 사람은 먹는 즐거움을 계속 누리기 위해서 먹고 먹어도 계속 배가 고플 수 없나 궁리한다. 어떤 이가 시어머니 흉을 봤는데, 시어머니는 다른 사람이 먹고 남은 음식을 다 먹어 버린다는 것이다. "배고픈 게 얼마나 좋은 건데 그걸 그렇게 가치 없이 채워 버리느냐"고 흥을 봤다. 어릴 때 먹을 것이 없어서 굶어 본 경험이 있는 나에게는 "배고픈 게 얼마나 좋은 건데"라는 말이 충격적으로 들렸다. 그러나 따져보면 배고프지 않으면 음식을 즐길 수가 없다. 그러니까 배고픈 것이 참 좋다는 것이다. 북한 사람이 들었으면 미친 소리라 할 만큼 호강에 겨운 소리이지만, 부인하기 어려운 사실이기도 하다. 독신으로 지나다가 결혼하면 한참 동안 행복하다. 그러나 얼마 지나면 곧 시들해진다. 집 없이 돌아다니다가 새집을 짓고 입주하면, 처음에는 기분이 좋지만 몇 달 안 가서 곧 당연한 것으로 느낀다. 이 세상의 행복이란 것이 대부분 그렇다.

그런데 불행하게도 고통은 그렇지 않다. 암도 처음에 아프다가 그것에 익숙해지면 아프지 않게 된다면 좋을 텐데 계속해서 아프다. 한때 철학자들은 고통과 행복을 대칭적으로(symmetrically) 이해했다. 영국의 공리주의 철학자 벤덤(J. Bentham, 1748~1832)이 그중 한 명이다. 가운데 선을 그어 놓고 이쪽은 행복, 저쪽은 고통, 그렇게 이해했다. 그러나 좀 따져보면, 행복과 고통이 그렇게 대칭적이지 않다는 것이 드러난다. 행복감은 얼마 지나면 사라져 버리지만, 고통은 시간이 지나도 계속되기 때문에 서로 균형을 이루면서 대조되는 것이라고 할 수 없다. 고통이 행복보다 훨씬 더 심각하고 중요하다. 이 사실을 처음으로 지적한 사람은 앞에 소개한 바 있는 철학자 포퍼였다.

고통의 원인은 크게 두 가지로 나눌 수 있다. 하나는 자연에 의해 주어지는 고통이다. 지진이 일어나서 집이 무너지고 그 때문에 가족이 다치고 죽는 엄청난 고통이 있다. 2008년 5월 중국 사천에서 일어난 지진 때문에 8만여 명이 사망했다. 흉년이 들어 사람들이 먹을 것이 없게 되는 것은 큰 고통이다. 홍수도 마찬가지다. 코로나19 전염병도 사람들이 백신과 치료제를 개발하고 마스크를 끼는 등. 거리두기를 실행하는 불편을 가져다주었고, 세계에서 수백만 명의 목숨을 앗아갔다. 이런 자연에 의한 고통을 옛날 사람들은 자연의 악이라 불렀다.

그런데 옛날에는 이 자연의 악이 훨씬 더 심각했다. 사람의 수가 많지 않고 문명이 그렇게 발달하지 않았을 때 사람을 괴롭히던 것은 주로 천재지변이었다. 그 외에도 뱀에게 물린다든가 맹수에게 잡아먹힌다든가 등 자연에 의한 고통을 많이 겪었다. 그러나 시간이 지날수록 자연 대신 사람들이 사람을 더 괴롭히게 되었다. 사람들이 문화를 건설한다는 것은 자연이 주는 고통을 줄이는 것을 함축한다. 가뭄을 막기 위해 댐을 막는다. 우리나라도 여름에 비가 많이 오지 않아야 풍년이 든다는 말이 있다. 물은 댐에 다 있으니까 햇빛이 많이 비춰야 농사가 잘된다는 말이다. 완전히 하늘에만 의존하던 시대에는 비가 많이 와야 풍년이 들었는데 이제 상황이 바뀐 것이다.

아직 화산이나 지진 같은 것은 사람들이 잘 통제하지 못하지만, 요즘은 건물을 지을 때 지진이 일어나도 무너지지 않도록 내진(耐震) 설계를 해 상당한 정도로 피해를 막을 수 있다. 맹수의 피해 같은 것도 이제 별로 문제가 안 된다. 자연이 인간에게 주는 고통은 이렇게 많이 줄었는데, 인간이 인간에게 주는 고통이 훨씬 많이 늘어난다. 세계 제2차 대전에만 2,700만 명이 희생되었고, 독일 나치 정권은 유대인 600만 명을 재판도 거치지 않고 살육했다. 지난 수 세기 동안 어떤 자연 재난도 이렇게 많은 사람의 생명을 앗아가지 않았다. 물론 다 사라지거나 전혀 없는 것은 아니지만, 오늘날 우리가 주로 걱정하는 것은 자연의 악이 아니다.

오늘날 인간이 당하는 고통의 대부분은 사람이 가하는 것이다. 영국 기독교 문필가 루이스(C. S. Lewis, 1898~1963)는《고통의 문제》(*The Problem of Pain*)라는 책에서 인간이 당하는 고통의 5분의 4는 다른 사람이 가한다고 했다. 인간이 왜 이렇게 못될까? 여중생을 강간하고 살해해서 그 시체를 하수구에 집어넣는 짓을 왜 하는가? 왜 어린 초등학생을 유괴하여 죽이는가? 그런 일들은 일어나지 않을 수는 없는가? 인간이 왜 그렇게 악한가?

인간의 만행과 죄악

도스토옙스키(Fyodor Dostoevsky, 1821~1881)의 소설《카라마조
프의 형제들》에 보면 이런 이야기가 나온다. 가난한 농노의 아
이가 아주 권세가 큰 장군의 개를 놀린 것에 장군이 화가 나서
농노의 아이를 발가벗겨 겨울 들판에서 뛰게 하고 사나운 개
들을 풀어 놓는다. 그 아이의 아버지가 보는 앞에서 개들이 아
이를 물어뜯어 죽게 한다. 소설 속 이야기이지만, 실제로 그런
일이 과거에 있었다고 한다. 어떻게 그럴 수가 있는가? 사람이
왜 그렇게 악한가? 히틀러(Adolf Hitler, 1889~1945)가 유대인 육
백만 명을 죽였는데, 그렇게 하는 것도 쉽지 않았을 것이다.

폴란드에 있는 나치 정권의 유대인 수용소 아우슈비츠를 방
문했는데, 나치 군인들이 죽인 유대인 시체가 너무 많아 옮기
는데 손이 많이 가고 시간이 오래 걸린다고 해서, 유대인들을
질식시킨 가스실 바닥에 아예 기차 레일을 깔아 놓은 것을 보
았다. 큰 수레로 레일을 따라 시체를 운반해서 구덩이에 집어
넣도록 한 것이다. 큰 홀에 수많은 사람을 샤워시킨다고 옷을
벗겨 집어넣고는, 샤워 꼭지에서 가스를 분사해 수백 명씩 한
꺼번에 죽였다. 다른 방에 가면 어린아이들이 입은 옷, 인형 같
은 것들이 잔뜩 쌓여 있었다. 그런 어린아이들까지 다 죽었다.
또 다른 방에는 장애인들이 사용하는 목발이 무더기로 쌓여
있었다. 장애인들도 그렇게 많이 죽었다. 나치 정권은 장애인

을 쓸모없는 열등 인간으로 취급했고 모조리 죽이려 했다. 어떻게 인간이 그렇게 악할 수 있을까?

독일 철학자 칼 야스퍼스(Karl Jaspers, 1883~1969)는 2차 대전 이후 나치의 만행을 보고도, 인간이 착할 수 있고 인간에게 선이 남아 있다고 기대할 수가 있느냐고 물은 바 있다. 그의 아내가 유대인이라서 2차 대전 동안에 고생을 많이 했고, 대학 교수직에서도 쫓겨났다. 2차 대전 후 죄를 지은 독일에서는 절대 강의하지 않겠다고 스위스로 가서 죽을 때까지 거기에 머물렀다. 스탈린(Joseph Stalin, 1879~1953)의 만행, 모택동(毛澤東, 1893~1976)의 살육도 그에 못지않다. 캄보디아 폴포트는 킬링필드 학살(1975~1979)에서 지식인 200만 명을 죽였고, 캄보디아는 그 때문에 지금까지도 지도층 부족이란 후유증을 앓고 있다. 국제 테러리스트조직인 알카에다의 지도자 빈 라덴, 북한의 김일성 삼부자 등. 만행을 저지른 사람들은 수없이 많다.

물론 슈바이처(Albert Schweitzer, 1875~1965), 테레사(Mother Teresa, 1910~1997), 우리나라의 장기려(張起呂, 1911~1995) 같은 성자들도 있다. 그러나 성자들의 수는 너무 적고, 악한들의 수는 너무 많다. 인간 전체로 보면, 악이 너무 커 보이는데 이것이 우리에게 가장 큰 숙제이고 신비다. 인간 사회는 고통으로 가득 차 있다. 사람이 사람에게 고통을 가하는 문제가 심각하지만, 너무 많이 일어나니까 우리가 그것을 당연하게 여기는 경향이 있다. 운전하면서 자동차들이 순서대로 가면 좋을 텐데, 끼어들다가 사고를 낸다. 정직하게 일해서 살면 좋을 텐데, 꼭 도둑질해서 문제를 일으킨다. 하다가 안 되면 그만두어야지, 꼭 그렇게 비자금을 모아 로비를 해야 하는가? 정직할 수는 없는가? 맑은 정신으로는 도무지 이해할 수 없는 일들이 너무나 많이 벌어진다. 다른 사람들만 그런 것이 아니라, 우리 자신도 때로는 비양심적이고 위선적으로 행동하고, 그리스도인이란 위상에 어긋나게 행동한다. 이 세상은 고통과 죄악으로 가득 차 있고, 우리 자신도 거기에 동참하고 있다.

개인의 악과 집단의 악

그런데 성경은 이런 것을 세상이란 말로 표현한다. 성경에서 세상이라 할 때 그리스어로 코스모스(κόσμος, 영어로 cosmos)라고 한다. 보통 그리스 철학에서는 코스모스란 '질서 있는 우주'란 뜻이 있다. 무질서를 뜻하는 카오스(κάος, 영어로 chaos)와 정반대의 상태를 뜻한다. 그런데 성경에는 중립적 의미로 세상을 뜻하는 말로도 사용되지만, 대부분 죄로 가득 찬 세상이란 의미다. 그리스 철학이 말하는 코스모스와 전혀 다른 의미로 사용된다. 요한1서 2장 15~16절에 보면 "여러분은 세상이나 세상에 있는 것들을 사랑하지 마십시오. 누가 세상을 사랑하면, 그 사람 속에는 하늘 아버지에 대한 사랑이 없습니다. 세상에 있는 모든 것, 곧 육체의 욕망과 눈의 욕망과 세상 살림에 대한 자랑은 모두 하늘 아버지에게서 온 것이 아니라, 세상에서 온 것이기 때문입니다"라고 한다. 요한1서 5장 19절에 보면 "우리가 하나님에게서 났다는 것을 우리는 압니다. 그런데, 온 세상은 악마의 세력 아래 놓여 있습니다"라고 한다. 그래서 네덜란드 신학자 리더보스(Herman Ridderbos, 1909~2007)는 세상을 그리스도 바깥에 있는, 죄에 의해 지배되는 구원받지 못한 삶의 총체라고 정의했다. 이 세상의 독재, 제국주의, 억울함, 복수, 테러, 잔인함, 빈부 격차, 국제 관계의 약육강식, 환경오염 등 열거하자면 끝이 없다.

로마 제국이 기독교를 받아들였을 때 영원한 로마(Roma Aeterna)라는 표현이 나왔다. 로마 크리스티아나(Roma Christiana), 즉 로마 제국이 기독교화되었으니 로마는 영원하다는 것이었다. 그런데 갑자기 흉노족의 일파인 고트족(Goths)이 로마를 침공해 한때 로마가 외적에 의해 점령당했다. 칭기즈칸의 특징이라고 하는데, 흉노족은 어느 도시든지 공격해서 약탈하고는 물러가 버린다. 거기에 눌러앉아 계속 지배하는 일을 하지 않았다. 로마도 그렇게 됐는데 그때 기독교를 반대하는 사람들이 그것은 기독교 때문이라고 비난했다. 로마는 본래 영원한데 기독교가 들어와서 로마가 그만 약해졌다는 것이다. 그때 신학자 아우구스티누스는 그의 제자로 하여금 기독교가 들어오기 전에도 로마와 그 역사에 얼마나 많은 재앙이 있었는지 악의 카탈로그를 만들게 했다. 역사상 인간이 얼마나 악한 짓을 했는지 정리한 목록인데, 오늘날 우리가 그런 목록을 만들면, 아마 끝이 없을 것이다. 인간이 얼마나 악하고 얼마나 못됐으며, 그로 인해 얼마나 많은 사람이 고통을 당했는지는 헤아리기도 어렵다.

인간은 단순히 개인이 다른 개인에게 고통을 가할 뿐만 아니라 집단이 개인들과 다른 집단에도 고통을 가한다. 요즘은 이런 집단적 가해가 점점 더 잦고 커지고 있다. 미국 신학자 라인홀드 니버(Reinhold Niebuhr, 1892~1971)가 《도덕적인 인간과 비도덕적인 사회》(*Moral Man and Immoral Society*)라는 아주 유명한 책을 썼다. 나는 그 책을 통해 나의 사회관을 크게 바꾸었다. 저자가 반농담으로, 본래 자기는 책 이름을 '비도덕적인 인간과 좀 더 비도덕적인 사회'(Immoral Man and the More Immoral Society)로 붙이려고 했는데 책 이름이 너무 길 것 같아 '도덕적인 인간과 비도덕적인 사회'로 했다고 한다. 인간도 별로 도덕적이지 않다는 말이다. 아무튼 그는 개인보다 사회, 즉 공동체가 더 악하다는 것을 아주 설득력 있게 보여준다.

니버의 주장으로는, 개인은 그래도 염치, 합리성, 양심, 동정심, 자존심 같은 것이 있어서 못된 짓을 하려 하다가도 그 악을 억제하는 능력이 어느 정도 있다. 사실 그렇다. 다른 사람의 이목도 있고, 나의 자존심도 있고, 게다가 종교도 제어 장치

로 작용한다. 그런데 사람들이 모여서 집단을 이루면, 그런 것
이 없어지거나 약해져 버린다. 가령 과거에 한국을 점령한 일
본을 생각해보자. 일본이 우리나라를 압제했을 때 일본인들
가운데는 그것이 옳지 않다고 생각하는 사람들이 있었다. 그
러나 일본이란 '나라'는 양심도, 체면도, 합리성도 없었다. 그
러니까 개개인의 못된 면만 공동체를 통해서 그대로 적나라하
게 드러나 버린다. 개인 같으면 하지 못할 짓을 집단의 이름으
로 무자비하게 한다. 독일의 나치 정권에서 활동했던 사람들
도 마찬가지다. 개인으로는 절대 하지 못할 잔인한 짓을 정권
의 하수인으로는 감행했다.

인간의 위선과 이중성

현재 우리 인류가 당하는 고통의 상당 부분은 집단에 의해
서 가해진다. 물론 못된 개인이 못된 짓 할 때가 많지만, 더 많
은 경우 집단의 악이 사람들에게 고통을 가한다. 그런 예는 얼
마든지 찾아볼 수가 있다. 내가 네덜란드에서 유학할 때 학생
들이 저개발국가를 원조해야 한다고 시위하는 것을 보았다.
나 같이 저개발국가에서 온 사람들의 눈에는 그 학생들이야말
로 성자들처럼 보였다. 그런데 그들은 공부도 노동이기에 대

학생들에게 임금을 지불하라고 했다. 말하자면, 자신들에게는 월급을 지불하고 저개발국에는 원조를 많이 하라는 것이다. 정부는 무슨 돈으로 그렇게 할 수 있겠는가? 다른 사람들 주머니에서 돈 받아다가 주라는 말 아닌가? 그것은 곧 세금을 올리는 것을 뜻하는데 그건 또 안 된다는 것이다. 바로 그런 것이 집단이기주의의 한 모습이다.

그때 네덜란드 정부에는 저개발국가원조부라는 부처가 있었다. 그 나라는 세계에서 저개발국가 원조를 잘하는 나라로 널리 알려져 있다. 그 부처가 주최하는 세미나의 초청을 받아가서 토론 시간에 말했다. "당신들이 저개발국가를 어떻게 돕느냐에 대해서 연구하고 토론하기보다는, 우리 한국 같은 나라가 당신 나라에 상품을 수출할 때 관세를 줄여주면 좋겠다. 그러면 당신들이 도와주지 않아도 우리는 물건을 여기서 팔 수가 있고, 우리 경제가 훨씬 더 빨리 발전할 수 있다. 괜히 관세는 잔뜩 붙여서 우리 상품 수입은 못하게 해놓고 저개발국가 원조하겠다고 나서는 것이 좀 이중적인 것 아닌가?" 그들에게 좀 난처한 소리를 했다. 그런데 아무도 아무 말을 안 하더니 세미나가 끝나고 난 뒤에 정부 관료 한 사람이 "사실 당신 말이 맞다"라고 했다. 그것이 국가의 위선이다. 장관은 "나 개인 같으면 그렇게 했으면 좋겠는데, 우리 국가의 이익을 위해서 그렇게 할 수가 없다. 만일 내가 국가의 이익을 위해서 일하지 않으면, 다음 선거에서 우리 당은 다수당이 될 수 없다"라고 할 것이다. 그러니까 실제로는 국민 개개인들이 위선적이다. 좋은 것은 자기 얼굴로 하고, 좀 나쁜 것은 집단의 이름으로 한다. 우리 인간의 교묘한 위선이요, 우리 모두가 가진 얄팍한 이중성이다.

어쨌든 개인의 악보다 집단의 악이 훨씬 더 무섭고, 그 집단의 악 뒤에는 개인의 악이 작용한다는 것은 부인할 수 없다. 가난한 나라와 부한 나라의 관계에서도 그런 현상을 볼 수 있다. 아프리카나 남미에서는 아무리 커피를 많이 생산해도 수지가 맞지 않는다. 북쪽 부유한 나라들에서 너무 값싸게 수입하기 때문이다. 시장 경쟁상 어쩔 수 없다고 핑계를 댄다. 사실 우리가 커피를 더 비싸게 마시면, 그 사람들이 그렇게 가난하지 않을 것이다. 그런데 돈 많은 북쪽 업자들이 그들의 우월적 지위를 이용해 경쟁적으로 원두 가격을 낮추므로 가난한 생산자들은 손해만 본다. 결과적으로 커피 생산국 사람들이 아무리 열심히 커피를 재배해도 수익이 별로 남지 않는다. 아마 북쪽 커피 수입업자들도 개인적으로는 그렇게 해서는 안 된다는 것을 잘 알 것이다. 그러나 회사를 운영하고, 종업원들을 먹여 살려야 하고, 주주들의 이익을 보장하려면, 어쩔 수 없다고 핑계를 댈 것이다.

우리나라 농촌 상황도 비슷하다. 도시 소비자들이 지불하는 가격은 농부들이 도매업자들로부터 받는 가격보다 훨씬 비싸다. 이런 것들이 바로 집단의 악과 관계되어 있다.

집단의 악을 더욱 가증스럽게 만드는 것은 관계자들의 위선이다. 집단의 악이란 집단에서 처음으로 생겨나는 것이 아니다. 집단은 인격체가 아니고, 의지가 없기 때문에 악도, 선도 저지를 수 없다. 궁극적으로는 그 집단을 이루고 있는 개인들의 악이 위선적으로 나타나는 것이다.

"예수께서 말씀하셨다. 너희도 아직 깨닫지 못하느냐? 입으로 들어가는 것은 무엇이든지, 뱃속으로 들어가서 뒤로 나가는 줄 모르느냐? 그러나 입에서 나오는 것들은 마음에서 나오는데, 그것들이 사람을 더럽힌다. 마음에서 악한 생각들이 나온다. 곧 살인과 간음과 음행과 도둑질과 거짓 증언과 비방이다. 이런 것들이 사람을 더럽힌다. 그러나 손을 씻지 않고서 먹는 것은, 사람을 더럽히지 않는다"(마 15:16~20).

10
CHAPTER

피조물의
고통

이렇게 고통당하는 사람들은 주로 약자라는 것이
매우 심각한 문제다. 약자란 단순히 경제적으로
가난한 사람들뿐이 아니다. 성적, 사회적, 정치
적, 인종적, 지역적 약자들도 있다. 그들은 세속화
로 말미암아 과거보다 더 큰 고통을 당하고, 강자
는 과거보다 더 즐길 수 있다. 물론 문화 수준이
높아진 사회에서는 다른 변화들이 강자와 약자의
양극화를 줄일 수 있다.

비참한 인간의 현실

창조의 질서를 다루면서, 하나님이 세상을 아름답게 지으셨으나 실제로는 그렇게 아름답지 못한 면 가운데 가장 중요한 것이 사람이 고통을 당한다는 사실이란 것을 지적했다. 나도 부정맥이 있어서 어려움을 겪는다. 부정맥이 잠깐만 가슴을 답답하게 하다가 말면 좋겠는데 계속되는 날은 견디기가 매우 힘들다. 이렇게 고통을 당하면 사람들은 왜 이런 일이 일어나느냐 하고 반문하게 된다. 다른 사람으로부터 억울함을 당할 때도 마찬가지다. 왜 아무 잘못도 저지르지 않은 사람들이 그렇게 무참하게 고통을 당해야 하는가? 폭설로 비닐하우스가 다 망가져서 그 앞에 주저앉아 우는 부인을 보았다. 열심히 일하며 정직하게 살려는 이들이 무슨 죄를 지었기에 비참하게 좌절감에 빠져야 하는가? 이런 것들이 우리의 현실이다. 이것에 대한 설명이 있어야 하는데, 기독교는 타락, 곧 죄 때문이라고 한다.

자연이 주는 고통은 과학 기술로 많이 제거되거나 감소할 수 있다. 그러나 인간의 악은 현대 과학 기술의 발달로 그 힘이 오히려 더 확대되어 나타날 수 있다. 내가 주먹으로 다른 사람을 때릴 때 주는 고통보다 총으로 주는 고통은 훨씬 더 크다. 주먹으로 사람을 죽이기는 쉽지 않지만, 총으로 사람을 죽이는 것은 간단하다. 비행기가 개발되지 않았더라면, 알카에다 테러리스트들이 여객기를 납치해 뉴욕 세계 무역센터와 워싱턴 국방부에 자살 충돌한 9·11 테러(2001년)는 발생하지 않았을 것이다. 우리나라의 삼풍백화점 붕괴 사고(1995년 6월)도 역시 마찬가지다. 행정 관료의 부패와 부실시공의 탓도 있지만, 그렇게 큰 건물을 짓지 않았더라면 그렇게 많은 사람이 죽지 않았을 것이다. 그래서 과학과 기술이 우리의 악을 훨씬 더 확대했다고 말할 수 있다. 물론 다른 사람에게 줄 수 있는 선의지(善意志)도 훨씬 크게 작용할 수 있지만, 다른 사람에게 끼칠 수 있는 고통이 훨씬 더 커져 버렸다는 사실을 현대인은 철저히 인식해야 한다. 이것을 충분하게 인식하지 않으니까 그에 따른 책임의식이 제대로 자라나지 못한다.

앞에서 예로 이야기했듯이 달구지 끌고 다니는 사람은 꾸벅꾸벅 졸아도 괜찮지만, 버스 기사가 졸면 절대로 안 된다. 버스 기사가 달구지 끄는 사람 정도의 책임의식을 가지고 운전하면 심각한 문제가 일어난다. 현대인들은 다른 사람에게 얼마나 큰 악을 끼칠 수 있는지 더 제대로 인식해야 한다. 하지만 현실은 그렇지 않다. 힘은 커졌지만, 책임의식은 그만큼 자라지 않았다. 철없는 아이가 총을 가지고 뛰어다니는 상황이 벌어지니까 사람이 당하는 고통은 훨씬 더 커지고 삶은 그만큼 더 불안하게 되고 있다.

인간관계의 유기적 특성과 익명성

지금은 과거보다 인간관계가 훨씬 더 유기적이라는 것을 분명하게 인식해야 한다. 한 사람이 다른 사람에게 줄 수 있는 고통의 정도가 단순히 확대된 물리적 힘 때문만이 아니라 확대된 인간관계 때문에도 매우 커졌다. 옛날처럼 마을과 마을 사이 길이 하나밖에 없고 전화도 텔레비전도 없다면, 한 마을에서 터진 사건은 그 마을 안에서 끝나고 말 가능성이 크다. 그러나 요즘은 한 지역에서 일어나는 것이 전 세계에 영향을 끼칠 수가 있다. 당장 텔레비전으로 전 세계에 방송되고, 전화나 인터넷으로 삽시간에 전 세계로 퍼져 나간다. 요즘 문제가 되는 음란물만 해도 그렇다. 음란한 그림을 옛날처럼 손으로 그렸다고 하자, 얼마나 퍼질까? 인쇄술이 발달하고 사진술이 발달하니까 훨씬 더 못된 사진을 수없이 만들 수 있고, 인터넷이란 매체가 있으니 수많은 사람에게 못된 영향을 끼칠 수 있다.

전에는 인간과 인간의 관계가 느슨하고 밀접하지 않았는데, 지금은 모두 서로, 그리고 매우 밀접하게 연결되어 있다. 과학기술이 발달하고 인간관계가 유기적으로 되었기 때문에, 우리의 착한 의도도 다른 사람에게 긍정적 영향을 더 크게 미칠 수 있지만, 다른 사람에게 악한 영향을 끼칠 가능성도 훨씬 커졌다. 이처럼 현대인은 과거 어느 때보다 더 고통을 당할 위험에

노출되어 있다. 아프리카 같은 지역에는 옛날에도 부족 간의 전쟁과 죽음, 가난 등이 있었다. 하지만 지금은 과거보다 훨씬 더 많은 사람이 굶고 더 많은 고통을 당한다.

게다가 인간관계가 익명화된 것도 상황을 악화한다. 서로 아는 사람끼리는 그래도 체면, 동정심 같은 것이 있어서 지나치게 해롭게 하지는 못한다. 그런데 관계가 익명화되고 피해자가 눈에 보이지 않으면, 마음 놓고 못된 짓을 할 수 있다. 폭탄을 가진 사람이 그로 인해 자기 친구가 죽게 된다는 것을 안다면, 그 폭탄을 쉽게 던질 수 없다. 그런데 익명의 관계에서는 피해자가 하나의 숫자(數字)에 불과하다. 그러니까 맘 놓고 못된 짓을 할 수 있다. 이처럼 인간관계가 익명화된 것도 고통을 더 심각하게 만든다.

여러 가지 이유가 더 있지만, 마지막으로 지적하면, 과거 사람들이 믿었던 하나님의 보응 혹은 인과보응의 법칙 같은 것에 대한 믿음이 약해져 버린 것도 인간의 악을 강화하는 결과를 가져왔다. 초자연적인 존재에 대한 믿음과 더불어 내세에 대한 믿음도 약해졌다. 명심보감 첫 문장이 "위선자(爲善者)는 천보지이복(天報之以福)하고 위불선자(爲不善者)는 천보지이화(天報之以禍)니라"로 되어있다. 즉 "착한 일을 하는 사람에게는 하늘이 복으로 갚아주고, 악한 일을 하는 사람에게는 하늘이 재앙으로 보응하느니라"라는 것이다. 기독교가 아니더라도 동양에서도 '하늘' 하면 나쁜 사람은 벌주고 착한 사람은 상주는 힘이란 막연한 믿음과 그에 대한 두려움이 있었다. 내가 어렸을 때는 그런 믿음이나 두려움이 작용했다. 그때 모두 가난해서 우리 마을에도 아침에 쪽박을 들고 밥 얻으러 오는 사람들이 있었다. 그런데도 우리 마을에 대문이나 자물쇠가 있는 집은 하나도 없었다. 들에는 추수한 벼가 그대로 쌓여 있었고, 소는 제 마음대로 산에 돌아다녔다. 그래도 그것들을 훔쳐 가는 사람은 없었다. 왜 그랬을까? 그런 짓을 하면 반드시 벌을 받는다는 생각이 막연하게 존재했기 때문이다. '그런 짓은 인간이 할 짓이 아니다'라는 생각도 강했다.

현대인은 초자연적인 인과보응을 믿지 않는다. 사람들은 눈에 보이는 물질세계가 전부라고 생각한다. 그래서 정신세계는 점점 더 빈약해지고, 육체적 쾌락은 훨씬 더 중요하게 되었다. 그래서 인과보응보다는 당장 나에게 유리한 것, 즐거운 것에 더 큰 관심을 쓴다. 즐거움조차도 정신적인 것은 점점 더 무시하고, 육체적 쾌락에 훨씬 더 관심을 기울인다.

옛날 선비들은 모여 앉아 시를 짓는 것이 큰 즐거움이었지만, 요즘 사람들은 술 마시고 노름하고 성적 쾌락에 탐닉한다. 정신적 즐거움은 다른 사람에게 별로 해를 끼치지 않는다. 선비들이 시를 짓는다고 해서 그것 때문에 농부들이 불편할 필요도 없고, 다른 선비들이 고통을 당할 이유가 없다. 내가 아주 정직하거나 자연을 즐기고 아름다운 음악을 즐긴다고 해서 그것 때문에 다른 사람이 손해를 보기는커녕 오히려 간접적으로 이익을 볼 수 있다. 그러나 육체적 쾌락은 대부분 다른 사람에게 해를 끼친다. 소위 제로섬(zero-sum) 관계에 빠진다. 한쪽이 득을 보면 다른 쪽이 그만큼 손해를 본다. 내가 돈을 많이 가지면, 하는 수 없이 다른 사람의 돈이 줄어들어야 한다. 이런 상황에서는 인간의 악, 죄가 훨씬 더 심각하게 우리에게 고통을 가한다.

그런데 이렇게 고통당하는 사람들은 주로 약자라는 것이 매우 심각한 문제다. 약자란 단순히 경제적으로 가난한 사람들뿐이 아니다. 성적, 사회적, 정치적, 인종적, 지역적 약자들도 있다. 그들은 세속화로 말미암아 과거보다 더 큰 고통을 당하고, 강자는 과거보다 더 즐길 수 있다. 물론 문화 수준이 높아진 사회에서는 다른 변화들이 강자와 약자의 양극화를 줄일 수 있다. 그러나 그런 긍정적 변화를 누리지 못하는 사회에서는 세속화가 양극화를 더 심각하게 만든다.

우리 하나님은 놀랍게도 약자에 관한 관심이 많으시다. 구약에는 고아, 과부, 객(이스라엘 백성 가운데 사는 이방인)을 보호하라는 명령이 무수하고, 하나님은 그들의 권리를 보호하지 않는 사람들이 드리는 제물은 받지 않겠다고 하셨다.

"다시는 헛된 제물을 가져오지 말아라. 다 쓸모없는 것들이다. 분향하는 것도 나에게는 역겹고, 초하루와 안식일과 대회로 모이는 것도 참을 수 없으며, 거룩한 집회를 열어 놓고 못된 짓도 함께 하는 것을 내가 더이상 견딜 수 없다. 나는 정말로 너희의 초하루 행사와 정한 절기들이 싫다. 그것들은 오히려 나에게 짐이 될 뿐이다. 그것들을 짊어지기에는 내가 너무 지쳤다. 너희가 팔을 벌리고 기도한다 하더라도, 나는 거들떠보지도 않겠다. 너희가 아무리 많이 기도를 한다 하여도 나는 듣지 않겠다. 너희의 손에는 피가 가득하다. 너희는 씻어라. 스스로 정결하게 하여라. 내가 보는 앞에서 너희의 악한 행실을 버려라. 악한 일을 그치고, 옳은 일을 하는 것을 배워라. 정의를 찾아라. 억압받는 사람을 도와주어라. 고아의 송사를 변호하여 주고 과부의 송사를 변론하여 주어라"(사 1:13~17).

예수님도 가난한 자, 병든 자, 소외된 자들에 특별한 관심을 보이셨다. 세례 요한이 제자들을 보내 예수님이 바로 구약 성경이 예언한 그 메시아인지 물었을 때, 자신이 바로 그 메시아임을 증명하는 것으로 "가서, 너희가 듣고 본 것을 요한에게 알려라. 눈먼 사람이 보고, 다리 저는 사람이 걸으며, 나병 환자가 깨끗하게 되며, 듣지 못하는 사람이 들으며, 죽은 사람이 살아나며, 가난한 사람이 복음을 듣는다"라고 하셨다(마 11:4~6). 즉 약자들에게 관심을 기울이는 사실이 그가 메시아임을 증명한다.

약자를 보호하는 것이 바로 성경이 가르치는 정의다. 역사적으로 정의 문제를 최초로 이론적으로 다룬 그리스 철학자 아리스토텔레스(Aristoteles, BC 384~322)는 '자격에 따라 보응하는 것'(To treat like cases alike)으로 정의했다. 8시간 일한 사람에게는 8시간에 해당하는 임금을 지불하고 4시간 일한 사람에게는 4시간에 해당하는 임금을 지불하면 공정하다. 그런데 그는 노예는 생명을 가졌으나 도구와 같기에 노예를 사람으로 취급하는 것은 정의에 어긋난다고 가르쳤다. 반면, 성경은 모든 사람이 하나님의 형상으로 창조되었기에 모든 사람은 동등하지만, 구체적 사회에서는 약자가 불이익을 당하고 억울하게 고통을 당하기 쉬우므로 약자를 보호하는 것이 결과적으로 공정을 이룩하는 것으로 본다.

하버드대학 정치철학자 롤스(John Rawls, 1921~2002)는《정의론》(A Theory of Justice)이란 책에서 최근 정의 논의에 가장 큰 영향을 끼쳤다. 그는 모든 사람을 동등하게 취급해야 한다는 평등의 원칙(equality principle)과 함께 '최소 수혜자의 최대이익'(the greatest benefits of the least advantaged)을 보장하는 '차등의 원칙'(difference principle)도 정의의 원칙으로 적합하다고 주장했다. 가장 불리한 위치에 있는 사람에게 가장 많은 이익을 주면 결과적으로 비슷해지지 않겠는가? 성경의 정의관과 비슷하다. 롤스는 프린스턴대학에 다닐 때 목회자가 되려 했고, 기독교 관계 논문도 발표했다. 그러나 군 복무 중에 군목이 기도하면서 "아군은 다 살게 해 주시고 적군은 다 죽게 해 주옵소서"라고 한 것에 화가 나서 목회자의 꿈을 포기했고, 나중에 기독교 신앙까지 버렸다. 성경의 가르침과 정의에 어긋난 군목의 어리석은 기도가 위대한 학자를 신앙에서 떠나게 했다.

마태복음 20장에서 예수님은 특이한 비유를 하신다. 포도원 주인이 일꾼들을 고용해서 일을 시키는데, 온종일 일한 사람과 마지막 몇 시간만 일한 사람에게 같은 임금을 지불한다. 아리스 토텔레스의 정의관에 의하면 전혀 공정하지 못한 처사고, 아침 부터 일한 사람들이 불평한 것도 당연하다. 그런데 왜 예수님은 포도원 주인의 처사를 정당한 것으로 가르치셨을까? 가장 손쉬 운 설명은 구원은 우리의 공로로 받는 것이 아니라 하나님(주인) 의 뜻대로 이뤄진다는 것을 보이고자 함이라 할 수 있다. 그러 나 또 다른 설명도 가능하다. 마지막까지 고용되지 못한 사람에 게 주인이 왜 놀고 있느냐고 물으니 자신들을 고용해 주는 사람 이 없어서라고 대답했다. 왜 그들은 그때까지 고용되지 못했을 까? 몸도 약하고 능력도 없는 등 생산성이 없었기 때문일 것이 다. 약자였다. 그런 사람은 그 전날에도 일을 하지 못했을 것이 고, 제대로 먹지도 못했을 것이다. 그날에도 일을 하지 못하면, 그와 가족은 그날에도 또 굶어야 할 것이고 악순환이 거듭될 것 이다. 포도원 주인은 그런 사람도 먹어야 했기 때문에 하루치 임금을 주었을 것이다. 이런 해석은 성경 전체에서 볼 수 있는 하나님의 사랑과 정의에 걸맞다고 주장한다.

이 세상의 강자는 다른 사람으로부터 고통도 당하지 않고, 다른 사람의 도움도 많이 필요하지 않다. 그러나 약자는 그대 로 두면 억울하게 고통을 당하는 것이 이 세상의 구체적인 상황이다. 그러므로 정의롭게 행동하기 위해서 우리는 많은 이론이 필요하지 않다. 약한 사람들을 도우면 그것이 성경이 가르치는 정의를 실천하는 것이다.

신사 숙녀의 도

영어 숙어에 '불확실함의 이익'(the benefit of the doubt)이란 표현이 있다. 신사 숙녀가 따라야 할 중요한 판단 원칙 중 하나다. 어떤 사람에 대해서 나쁜 이야기를 들었을 때 확실한 증거가 없는 한 그렇지 않을 것으로 추정하는 것이다. 법학에서 말하는 무죄추정의 원칙과 비슷하다. 억측하는 것은 성숙한 사람의 태도가 아니다. 기독교인들은 모두 이렇게 성숙한 태도를 취했으면 좋겠다. 어떤 때는 말도 안 되는 소리가 들린다. 그것에 대한 확실한 증거가 있으면 믿을 수밖에 없지만, 그렇지 않은 한 오해를 하지 않는 것이 좋다.

나는 노무현 대통령 탄핵 사건(2004년 3월)과 관련해 우리가 공정해야 한다는 소리를 했기 때문에 양쪽으로부터 욕을 많이 먹었다. 모두가 다 자기편을 들어주기를 바랐기 때문이다. 그러나 우리 사회에서 어느 정도 영향력이 있는 사람이라면, 감정에 휩쓸리지 않고 중심을 잡아줄 수 있어야 하고, 그리스도인들이 그런 역할을 해야 한다.

과거에 언론기관이 많지 않았을 때는 소위 정론(正論)이란 것이 있었다. 가장 신임받는 신문의 주장을 대부분 사람이 믿고 따랐다. 그러나 요즘은 소위 SNS란 것이 우후죽순처럼 생겨나서 온갖 의견이 난무하므로 도무지 어느 것을 믿어야 할지 모르게 되었다. 물론 모두가 다 거짓이고 일방적이라고 할 수는 없지만, 전혀 근거 없는 소리를 격한 감정으로 내뱉는 사람들이 너무 많다. 그리스도인들은 그런 무책임한 말들을 하지 말아야 할 뿐 아니라, 듣지도 말아야 하고, 옳은 것과 그른 것을 제대로 판단하는 분별력을 가지려고 의식적으로 노력해야 할 때가 되었다.

특히 다른 사람에 대한 부정적인 소문에 대해서는 주위 사람에게 옮기지 않도록 주의해야 한다. 우리는 다른 사람의 흉을 보거나 나쁜 것에 즐거움을 느끼는 못된 습성이 있다. 그런 것들이 우리 인간의 죄성의 특징이라는 사실을 알고, 그런 말을 하는 것을 부끄럽게 생각해야 한다. 예수님은 "너희는 무엇이든지, 남에게 대접을 받고자 하는 대로, 너희도 남을 대접하여라. 이것이 율법과 예언서의 본뜻이다"라고 하셨다(마 7:12). 이것이 동서고금에 잘 알려진 윤리적 판단의 기본 원칙인 황금률이고, 모든 율법과 예언서의 본뜻이다. 억울하게 욕을 먹으면 정말 괴롭다. 그런데 내가 괴롭다면 다른 사람도 마찬가지란 사실을 명심해야 한다. 성경은 '수군거리는 것'을 경계하여 지적하는데(롬 1:29, 고후 12:20), 귀에 대고 너만 알라는 식의 말을 교회에서는 금하고 또한 조심해야 한다. 그런 사소한 것들이 우리 공동체에 해를 끼치고 사람을 고통스럽고 불행하게 만든다.

피조물들의 탄식과 고통

로마서 8장 19절 이하에 보면, 인간의 악이 단순히 인간 사회에만 국한되는 것이 아니라 자연에도 영향을 미치는 것으로 되어있다. "피조물은 하나님의 자녀들이 나타나기를 간절히 기다리고 있다. 피조물이 허무에 굴복했지만, 그것은 자의로 그렇게 한 것이 아니라, 굴복하게 하신 그분이 그렇게 하신 것이다." 피조물이 허무한 데 굴복한다는 것은, 다른 말로, 자연 그 자체가 죄를 짓는 것이 아닌데도 인간이 범죄했기 때문에 신음한다는 것이다.

창세기 1장에 보면, 하나님이 모든 것을 다 창조하신 다음에 인간이 그것을 관리하도록 만드셨다. 여기에는 언약의 관계가 작용한다. 언약의 관계란 아버지가 누구와 계약을 맺으면 그 가족이 다 그 계약에 매이는 것을 말한다. 대통령이나 국회가 다른 나라와 조약을 맺으면 국민이 다 그 조약에 매인다. 우리나라가 칠레와 자유무역협정(FTA)을 맺고 나니까(2003년) 우리 농부들이 당장 고통을 당했다. 우리 농부들 한 사람 한 사람이 다 그런 조약을 맺은 것은 아니다. 외무부 장관이 가서 약속하고 국회가 비준하고 대통령이 서명함으로써 발효되는 것이다. 성경은 그런 언약에 대해서 많이 언급한다. 아담이 전 인류의 대표로 하나님과의 계약을 파기했고, 그로써 모든 인류가 아담의 죄 아래 신음을 한다.

하나님은 사람을 창조하시고 자연도 사람의 통치 아래 두셨다. 그런데 인간이 죄를 범함으로 그 인간의 관리 아래 있는 자연도 역시 신음한다는 것이 로마서 8장 19절의 가르침이다. 인간과 인간 사회가 비정상적이 되니까, 인간의 지배 아래에 있는 자연도 비정상적인 상태가 되었다는 것이다.

이사야서에 보면 평화의 나라, 하나님의 나라가 도래했을 때 어떤 현상이 일어나겠냐 하는 것이 상징적으로 표현되어 있다. 이사야서 65장 25절은 "이리와 어린 양이 함께 풀을 먹으며, 사자가 소처럼 여물을 먹으며, 뱀이 흙을 먹이로 삼을 것이다. 나의 거룩한 산에서는 서로 해치거나 상하게 하는 일이 전혀 없을 것이다"라고 말하고 있다. 이 말을 문자적으로 받아들여야 할지 상징적으로 받아들여야 할지는 모르지만, 어쨌든 짐승의 세계에 작용하는 약육강식이 사라진다는 말이다. 짐승의 세계에는 먹이의 사슬이 있다. 연못에서 개구리가 물벌레를 잡아먹고 뱀이 그 개구리를 잡아먹고 돼지가 또 뱀을 잡아

먹고 사람은 돼지를 잡아먹고 뱀은 또 사람을 문다. 어떤 면에서는 이놈이 약자고 어떤 면에서는 저놈이 약자인데, 어쨌든 약육강식의 먹이사슬이 우리 자연계에 있다. 그런데 이사야서 65장을 보면 그런 것이 전부 없어진다는 것이다. 이리와 어린 양이 함께 먹고, 사자가 소처럼 짚을 먹는다. 사자가 구태여 짐승을 잡아먹을 필요가 없는 것으로 되어있다. 또 뱀은 흙으로 식물을 삼을 것이라 했다. 이 구절에서 유추하면 아담이 범죄하기 이전에는 정말로 사자가 짚을 먹고 뱀이 흙을 먹었을 수 있다. 상상하기는 어렵지만, 하나님 나라에서는 자연의 질서까지 달라질 것이라는 사실은 분명하다.

기독교는 다른 종교처럼 순환적 역사관을 갖고 있지 않다. 타락했다가 다시 옛날의 좋은 상태로 복귀하는 것이 순환적 역사관이다. 앞으로 올 천국이 범죄 이전과 똑같다고 한다면, 그것은 완전히 순환이다. 기독교가 가르치는 천국은 그렇지는 않다. 그러므로 이리와 어린 양이 함께 먹을 것이라는 말을, 타락 이전에는 이랬으니 죄가 극복된 천국에서도 그럴 것이라는 식으로 간단히 해석할 수만은 없다. 다만 여기서 우리가 명확히 알 수 있는 것은 약육강식의 먹이사슬이 정상적인 것은 아니고, 인간의 범죄와 관계가 있다는 것이다. 즉 사자가 약한 짐승을 잡아먹고, 약한 짐승이 그보다 약한 짐승을 잡아먹는 것이, 가장 이상적인 상황은 아니라는 것이다.

자연이 인간의 죄 때문에 신음하는 것의 최근 형태는 환경오염 문제가 아닌가 한다. 과거에 과학 기술이 현재처럼 발달하기 이전에는 비록 인간이 자연을 이용하긴 했지만, 자연이 오늘날처럼 착취당하지는 않았다. 자연이 그 자정 능력을 상실해 버릴 정도로 악화하지는 않았다. 요즈음은 종달새처럼 새나 짐승이 완전히 멸종해버리는 상태까지 되었다. 얼마 전에 여우가 한 마리 잡혔다 해서 온 나라가 떠들썩했다. 어릴 적 우리 집은 아주 깊은 산골짜기에 있었는데, 여우가 앞산에 뛰어다니는 것을 볼 수 있었고 여우 우는 소리를 자주 들었다. 그리고 가장 많이 들은 것이 호랑이 이야기였다. 그런데 지금 호랑이는 우리나라에선 완전히 사라져 버렸다. 냇물이 썩고, 많은 물고기가 죽어서 떠오르는 이런 일들이 무엇 때문일까? 분명히 인간의 잘못 때문이다.

환경오염 문제와 기독교

앞에서도 지적했지만, 학자들은 환경오염이 이렇게 심각해진 것은 기독교 때문이라고 했다. 일리 있는 주장이다. 기독교가 자연을 신성하게 보지 않고, 하나님의 피조물이라 가르쳤기 때문에 인간이 마음대로 자연을 정복할 수 있었고, 이용할 수 있게 되었다. 기독교가 들어오기 이전에는 거의 모든 문화에서 자연을 신성한 것으로 취급했다. 지금도 원시적인 부족들은 총과 같은 무기가 없으니까 짐승을 마구 잡을 수 없지만, 설령 그럴 수 있다고 해도 한꺼번에 다 잡지 않고 적당히 잡고 나머지는 놓아둔다. 그런데 기독교는 모든 것이 다 하나님의 피조물이고, 사람은 그 모든 것을 정복하고 지배할 수 있다고 가르치므로 짐승도 마음대로 잡아도 괜찮다고 생각하게 되었다. 옛날에는 사람들이 자연에 손을 대는 것을 매우 두려워했다. 큰 재앙이 일어난다고 생각했다. 자연도 다 살아있다고 생각했다.

이런 세계관을 갖고 있으면 산에 굴을 뚫지 못한다. 조그만 냇물에는 다리를 놓았지만, 낙동강이나 한강같이 큰 강에는 다리를 놓을 수 없었다. 강을 자르는 것은 생각도 할 수 없었다. 최초로 삼랑진에 낙동강을 건너는 다리를 놓았을 때 마을에서 예쁜 처녀를 하나 사다가 물귀신한테 바쳤다는 말이 전해 온다. 사실일 가능성이 있는 이야기이다. 이기풍 목사(1865~1942)에 대한 영화를 보면, 당시 제주도에 여자아이를 사다가 동굴에 사는 뱀에게 바치는 장면이 나오는데, 그것이 그리 오래된 일이 아니다.

그러나 아무리 기독교가 그렇게 자연을 세속화시켰다고 하더라도 인간이 욕망을 절제했더라면 이렇게까지 되지는 않았을 것이다. 인간이 너무 잘 먹고 너무 잘 입고 너무 편하게 살려고 하니까 이 모양이 된 것이다. 겨울에 너무 따뜻하게 살고 여름에는 너무 시원하게 지내려 하니까 전기가 많이 들고 기름이 많이 들어 결국은 환경이 크게 오염되고 있지 않은가? 조금 가까운 거리는 걸어 다녀도 된다. 그러면 자동차를 이렇게 많이 몰지 않아도 된다. 자연을 이렇게 오염시킨 것은 단순히 기독교적 세계관 때문만이 아니라 인간의 쾌락, 욕심, 과도한 편리 추구 때문이다. 로마서 8장의 "피조물이 허무한 데 굴복한다"라는 구절은 이렇게 설명할 수 있을 것이다.

11
CHAPTER

악의
근원

육체가 악의 근원이란 생각과 욕망이 악의 근원
이란 관점은 서로 연결되어 있다. 우리가 욕심을
부려야 하는 이유는 몸 때문이라고 생각할 수 있
다. 몸이 있으니까 먹고 입어야 하고, 그 때문에
욕심이 생기고 욕심 때문에 온갖 죄악이 일어난
다 할 수 있다.

죄와 악

인간과 자연에 고통을 가하는 죄와 악의 근원이 무엇인지 한번 따져보자. 악은 다른 사람에게 해를 끼치게 하는 경향이나 특성을 가리키고, 죄란 구체적으로 원칙을 어기거나 권위자의 명령을 불순종하는 것을 가리킨다. 그러니까 죄는 관계에서 나오고, 악은 경향이나 특성이라 할 수 있다. 그러므로 하나님을 염두에 두지 않고 법을 전제하지 않아도 인간은 악할 수 있다. 그러나 죄를 짓는다고 하거나 죄가 있다고 할 때는, 그 행위가 죄가 되게 하는 명령이나 법칙이 있음을 전제로 한다.

죄도 하나님의 명령을 어기는 것과 세상의 법을 어기는 것으로 구분할 수 있다. 우리말로는 둘 다 죄라고 하지만, 영어에서 죄를 가리킬 때는 씬(sin)과 크라임(crime)을 구분한다. 씬은 종교적인 죄, 즉 하나님 앞에 범죄하는 것을 뜻하고, 나라의 법을 어겼을 때는 크라임을 쓴다. 요즘 일상 영어에서는 sin은 거의 사라지고 crime만 통용된다. 기독교의 영향력이 줄어드니까 '하나님 앞의 범죄'라는 말은 별로 쓰지 않는다.

엄마가 된 제자가 다섯 살짜리 아들과 함께 방문했는데 아이가 참 귀여웠다. 그런데 이 녀석이 꼭 하지 말라는 것만 골라서 한다. 참 신기했다. 가령 통에 들어 있는 화장지를 한 장씩 하나씩 빼낸다. "그러면 안 돼!"라고 하니까 더 열심히 뺀

다. 방에 냄새를 없애려고 촛불을 켜놓았는데 그것을 또 자꾸 흔든다. 촛농이 튀면 손을 델까 싶어 황급하게 붙잡았는데, 기회만 있으면 흔들려고 한다. 그것 참 이상하다. 왜 그럴까. 그러지 말라고 하는데도 꼭 하고 싶어 하는 이런 경향, 우리 모두에게 익숙한 일들이다. 단순히 어린이의 호기심으로 설명하기는 어렵다. 시키면 꼭 반대로 하니까. 우리 인간에게는 근본적으로 권위에 반항하고 싶은 경향이 있는 것이다.

현대 심리학자들의 다양한 설명

요즘은 사람의 심리 상태나 행동을 가능한 한 심리학, 의학, 생물학적으로 설명하려고 애쓴다. 그런데 학자들이 주장하는 바가 시대마다 달랐다. 제임스(William James, 1842~1910)란 심리학자는 인간에게 신비로운 요소가 있음을 조금 인정했다. 그러나 뒤를 이은 스키너(B. F. Skinner, 1904~1990)는 인간의 행동은 전적으로 외부로부터 들어온 자극에 의해 결정된다는 행동주의를 주장했다. 인간의 두뇌를 컴퓨터와 비교해 인간이 태어날 때는 정보가 하나도 없는 빈 디스크라고 상정해 보자. 거기에 정보를 넣으면 정보를 갖는 컴퓨터가 된다. 그러나 또 다른 철학자는 인간의 두뇌가 완전히 빈 디스크가 아니고, 프로

그램은 들어있는 디스크라고 주장한다. 프로그램은 있는데, 거기에다 정보를 입력하면 프로그램의 구조에 따라 정보가 입력된다. 데이터는 바깥에서 들어오지만, 프로그램은 태어날 때 만들어진다는 주장을 새로 했다. 타임지가 온 세계를 움직이는 100명을 소개하는데, 그중에 핑커(Steven Pinker)라는 사람이 그렇게 주장한다.

그런데, 어른이 시키는 것과 정반대로 행동하는 어린아이 마음에는 무엇이 들어있어, 그렇게 행동할까? 다른 사람에게 친절하게 대하고 도우면서 살면 좋을 텐데 왜 시기하고 미워하며 도둑질까지 할까? 심리학자들은 주로 객관적 지식만을 언급한다. 가령 책을 읽으면 우리가 그것을 어떤 방식으로 이해하느냐 하는 것만 다루지 왜 사람이 그렇게 못된 생각을 하는지, 왜 다른 사람에게 해를 끼치는지 등의 것들은 심각하게 연구하지 않는다. 사실 옛날에는 사람이 어떻게 지식을 얻는가에 크게 관심을 쓰지 않았다. 그리스 사람들은 철학의 시대에 들어와서 그런 것에 관심을 기울였지만, 아주 옛날에는 사람의 악이나 선같이 근본적인 것에 주로 관심을 쏟았다. 인간 사회에 가장 심각한 문제는 지식의 문제이기보다 선악의 문제인데도, 요즘은 선과 악 같은 것은 별로 중요하지 않은 것처럼 생각하는 경향이 있다. 물론 요즘 우리는 법이란 제도를 만들어서 극악한 짓은 하지 못하게 한다. 그런데도 살인, 강간, 절도 등 무서운 범죄는 별로 줄어지지 않는다.

몸과 영혼의 이원론

옛날 법이 없었을 때를 생각해보자. 그때는 사람이 아주 선했을까? 그렇지 않았을 것이다. 옛날에도 못된 짓을 하는 사람이 있었기에 모든 종교가 악이 어떻게 해서 생겼는지 설명하려고 애를 썼다. 가장 많이 알려진 것은 배화교(拜火敎)라고도 하는 조로아스터교다. 예수님이 오시기 600여 년 전, 지금의 이란인 페르시아에 퍼져 있었던 종교인데, 현재도 추종자들이 남아 있다. 철저한 이원론에 따라 본래부터 전혀 다른 두 신, 즉 착한 신과 악한 신이 서로 공존했다고 가르친다. 그래서 악한 신의 영향을 받으면 악해지고, 선한 신의 영향을 받으면 선해진다고 주장한다. 후에 기독교 초대 교회에까지 영향을 미쳤는데, 영지주의자들(Gnostics)은 선악의 문제와 관련해 구약성경의 하나님은 악한 신이고 신약성경의 하나님은 착한 신이라고까지 주장했다. 구약성경은 이는 이로 갚고 눈은 눈으로 갚으라 하는데, 그것은 복수의 신이요 따라서 악한 신이라고 생각한 것이다. 신약성경에는 원수를 사랑하라고 가르치니까 신약의 하나님은 선한 신이라고 본 것이다.

이것은 종교적 설명이지만, 철학의 시대에 들어와서도 이런 설명을 하려고 한 사람들이 많았다. 특별히 인간에게는 몸이 있기 때문에 악이 생긴다는 생각을 많이 했다. 주로 그리스 사람들이 그렇게 생각했다. 인간은 영혼과 몸으로 이루어졌는데 영혼은 고귀하고 육체는 악하다는 것이다. 그래서 성경에 나오는 표현 "마음은 원하지만 육신이 약하구나"(마 26:41, 막 14:28)란 말을 그렇게 해석하기도 했다. 그런 영향을 받아 우리도 '썩을 육신을 위하여 살지 말라'는 식의 말을 자주 쓴다.

그런데 성경에서 육신이라 했을 때는 그리스 사람들이 말한 몸뚱이만을 뜻하는 것이 아니다. 그리스인들처럼 우리의 이 살과 피를 육신이라고 말하지 않았다. 물질적인 것, 세속적인 것을 모두 합쳐서 육신이라고 표현한다. 그러나 어쨌든 성경이 그때의 용어들을 사용한 것은 사실이다. 신약성경이 쓰인 시대가 헬레니즘이 지배하던 시대였고, 더군다나 신약성경은 헬라어로 기록됐다. 자연스럽게 그 시대 사람들이 사용하는 용어를 많이 사용했고, 그 시대 사람들의 언어 관행을 도입할 수밖에 없었다.

그리스 철학자들의 설명

신약성경은 육신이란 말을 상당히 부정적으로 사용하는데, 그리스 사람들도 그렇게 보았다. 아리스토텔레스도 물질과 정신의 이원론에 따라서 그의 철학사상을 전개했다. 물질은 하급 존재로 보고 정신은 고급 존재로 보았다. 수학을 중요하게 취급한 것도 수학에는 물질적 요소가 없기 때문이었다.

그의 스승 플라톤(Platon, BC 428~348)은 우리가 이 세상에 태어나기 전에 우리의 영혼은 이상(理想)의 세계, 즉 이데아의 세계에 존재했다고 한다. 거기서 정신은 모든 기본적인 지식을 다 알고 있었는데, 그 정신이 이 세상에 태어남으로, 즉 육체 속으로 들어옴으로 그 모든 지식을 다 잊어버렸다는 것이다. 그래서 그리스인들은 육체 속으로 들어오는 것을 가리켜 망각의 강을 건넌다고 표현했다. 사람들이 얻는 지식이란 그렇게 잊어버렸던 것을 다시 기억하는 것일 뿐이다. 오늘날은 바깥에 있는 정보를 내 것으로 만들면 지식이 생긴다고 보지만, 플라톤은 과거에 가지고 있었다가 잊어버렸던 것들을 다시 기억하는 것을 지식이라고 가르쳤다.

많이 논의되는 소크라테스(Socrates, BC 469~399)의 교육 방법도 바로 그런 관점에 기초해 있다. 요즘 우리도 아이들에게 주입식 교육하지 말고 스스로 깨닫게 하라는 소리를 많이 한다. 그런데 스스로 깨닫게 하려면, 이미 사람에게 무엇이 있어야 한다. 가능성이 잠재적으로 들어있기에 그것을 제대로 자극해서 일깨우면 바로 지식이 된다. 그래서 플라톤의 글에 보면 어떤 노예 소년이 이전에 전혀 교육받지 않았는데도, 소크라테스와 대화하는 가운데 정사각형의 넓이를 배로 늘리려면 그 대각선을 변으로 하는 정사각형을 만들면 된다는 기하학적 문제를 스스로 발견한다. 답을 가르쳐 주지도 않았는데 대화를 통해서 스스로 깨닫는다. 아무튼 그리스인들은 그렇게 육체를 입는 것이 사람을 타락하고 무식하게 만든다고 생각했다.

물질과 정신 이원론은 비관주의와 연결되어 있다. 고대 그리스 세계관은 근본적으로 비관주의였다. 이 세상은 물질로 이루어져 있고, 인간은 육체를 입었기 때문에 선할 수가 없다. 그래서 유명한 비극작가 소포클레스(Sophocles, 496(?)~406)는 "가장 좋은 것은 태어나지 않는 것이고, 둘째로 좋은 것은 일찍 죽는 것이다"라고 했다. 이것은 보통 우리가 말하는 염세주의와는 그 배경이 좀 다르다. 사람이 죽는다는 것은 육체를 벗어남을 뜻하는데, 육체를 벗어남은 그리스 사상에 의하면 해방을 뜻한다. 아예 육체를 입지 않았으면, 즉 태어나지 않았으면 좋았겠지만, 이미 육체를 입었으면 가급적 빨리 육체를 벗어나는 것이 그다음으로 좋은 것으로 생각했다.

라이프니츠의 변신론

육체가 악의 근원이란 생각과 욕망이 악의 근원이란 관점은 서로 연결되어 있다. 우리가 욕심을 부려야 하는 이유는 몸 때문이라고 생각할 수 있다. 몸이 있으니까 먹고 입어야 하고, 그 때문에 욕심이 생기고 욕심 때문에 온갖 죄악이 일어난다 할 수 있다. "목구멍이 포도청이다"란 표현이 있다. 먹어야 하기에 욕심을 부리고 도둑질하게 되어 그 때문에 감옥에 갈 수도 있다는 말이다.

그런데 먹고 입고 써야 하되, 음식, 옷, 돈이 한없이 있으면 모두가 다 잘 먹고, 잘 입고, 풍족하게 쓸 수 있다. 그런데 문제는 모든 사람이 그렇게 할 수 있을 만큼 음식, 옷, 돈 등이 없다는 것이다. 경제학적 용어로, 수요는 많고 공급은 한정되어 있는 것이 문제다. 공급이 한정되어 있기에 서로 가지려고 경쟁할 수밖에 없고, 욕심이 생겨서 서로 미워하게 된다고 설명할 수 있다. 인간의 악에 대한 이런 설명을 존재론적 설명이라 할 수 있다.

그것을 존재론적 설명이라고 부르는 까닭은, 인간이 육체를 가지고 있다는 사실에서, 불가피하게 온갖 못된 생각들이 생겨난다고 보기 때문이다. 17세기 독일 철학자 라이프니츠(Leibniz, 1646~1716)는 그런 식으로 악을 설명했다. 그는 기독교인이었고, 종교개혁 이후 활동했던 수학자요 철학자였다. 우리가 고등학교에서 배우는 미분, 적분은 바로 라이프니츠가 처음으로 개발한 것이다. 그는 독일의 한 군주의 명을 받아 외교관으로도 활동했는데, 개신교와 천주교를 다시 하나로 만들자는 운동도 벌였다.

라이프니츠가 쓴 책 가운데 하나가《변신론》(辯神論)인데, 변신론(Theodicee)이란 하나님을 변호한다는 뜻이다. 하나님을 정당화한다는 말이 좀 우습게 들린다. 말하자면 하나님이 피고가 된 상태에서 그가 하나님을 변호한다는 것이다. 그 책이 다루는 문제는, 왜 전지전능하시고 선하신 하나님이 창조한 세상에 악, 불행, 고통이 있느냐 하는 것이다.

그의 설명은 다음과 같다. "하나님은 물론 완전하시다. 그런 하나님이 세상을 창조하셨는데, 창조된 세상이 완전할 수는 없지 않은가? 만약 세상도 완전하다면, 하나님과 세상이 동일하게 완전해야 하는데 그럴 수는 없다. 하나님이 세상을 창조하셨다는 사실 그 자체가 이미 세상은 불완전하다는 것을 함축한다"라는 것이다. 그리고 죄는 바로 그 불완전성에서 나온다고 주장했다. 피조 세계가 불완전하다는 사실에서 죄를 설명하므로 그것을 존재론적 설명이라 한다.

그러나 사실 불완전한 것이 도덕적 잘못은 아니다. 가령 내가 다른 사람보다 힘이 없으므로 힘이 센 사람에 비하면 더 불완전하다 할 수 있다. 그러나 내가 힘이 세지 않다고 해서 나보고 나쁜 놈이라고 하는 건 이상하다. 불완전하다는 것과 나쁘다고 하는 것은 서로 다른 차원에 속한다. 그런데도 라이프니츠는 나쁘다고 하는 윤리적 사실이 불완전하다는 존재적 사실로부터 불가피하게 나온다고 주장했다.

희소성에 근거한 설명

또 하나의 존재론적 설명은 악을 희소성으로부터 설명하는 것이다. 경제학에서 사용하는 중요한 개념 중 하나가 희소성(稀少性, scarcity)이다. 사람은 열인데 열 사람의 수요를 충분히 만족할만한 자원이 있으면 희소가 문제 되지 않는다. 그러나 수요는 많은데 공급은 한정되어 있기에 경제적 문제가 생긴다.

앞에서 육체 이야기를 할 때 언급했지만, 인간의 욕심이란 희소성에서 나온다. 그것을 가장 잘 이용한 사람은 공산주의 이론가 카를 마르크스다. 그는 경제적 문제와 그에 근거한 온갖 부조리가 생기는 것은 자원이 부족해서가 아니라 자본주의 때문에 사람들이 너무 많이 차지하려고 하기 때문이라고 보았다. 일리 있는 생각이다. 어떤 사람의 주장으로는, 인류가 현재 생산하는 식량으로 세계 인구 전체가 충분히 먹고도 남는다. 우리 남한에서 버리는 음식의 양이 엄청나 그것만으로도 북한 사람들 상당수를 먹여 살릴 수 있다. 미국 사람들이 버리는 음식으로 아프리카 사람들이 다 먹고 살 수 있을 정도라는 말까지 있다.

희소성이란 정말로 부족해서 생기는 것이 아니라 일부 사람들이 너무 많이 가지기 때문에 그렇다는 생각에서 마르크스는 특정한 사람들이 너무 많이 못 가지도록 하면 될 것 아니냐는 것에 착안했다. 필요한 만큼만 갖게 하면 욕심도 없어지고 죄도 없어질 것이란 생각이다. 많이 못 가지게 하는 적절한 방법은 바로 사유 재산 제도를 없애 버리는 것으로 생각했다. 사유재산 제도 때문에 모두가 더 많이 가지려고 하니까, 아예 네 것, 내 것 따로 가질 수 없게 해 버리면 욕심부릴 필요가 없지 않겠느냐는 논리다. 어떤 의미에서 매우 논리적이고 간단한 이론이다. 가령 우리가 모두 월급을 받아 공용 단지(common pot)에 집어넣고 필요한 만큼 가져다 쓰게 하면 욕심낼 필요가 없지 않겠느냐 하는 것이다. 그래서 마르크스는 이 세상의 악이 사유재산 때문이라고 주장하게 되었다. 따라서 사유 재산 제도만 없애버리면, 이 세상은 천국으로 변할 것으로 본 것 같다. 이런 관점도 존재론적 설명이다. 즉 도덕적으로 비양심적으로 행동해서가 아니라, 사람에게 육체가 있거나 제도가 잘못되었기 때문에, 혹은 인간에게 비합리적인 요소가 있기 때문이라고 보는 것이다.

이와 관계해 영국 철학자 존 로크(John Locke, 1632~1704)도 재미있는 주장을 했다. 만약 돈이 없었더라면, 지금의 많은 문제가 생기지 않았을 것으로 주장한다. 아주 원시적인 사회를 상상해 보자. 어떤 사람에게 땅이 많아 농사를 짓는다. 수확을 많이 해도 자기가 다 먹지 못하면, 곡식은 오래 보관할 수 없어서 나머지는 썩어 버린다. 그러니 농부가 아무리 기운이 세고 능력이 있어도 필요 이상 곡식을 수확할 필요가 없고, 땅도 그렇게 넓게 차지할 필요가 없다. 빈익빈 부익부 문제도 생기지 않을 것이고, 욕심이 많이 생길 이유도 없다.

그런데 그가 표현한 대로 '썩지 않는 재산'(property without spoiling or decaying)이 생겼다. 그것이 돈이다. 곡식을 많이 추수해서 그것을 팔아 돈으로 보관하면, 얼마든지 오래, 그리고 많이 보관할 수 있다. 식량은 1년 이상 보관하기가 어렵지만, 돈으로는 한없이 보관할 수 있다. 그래서 돈이 생긴 후로 욕심이 생기고 빈부의 문제가 생겼다는 것이 존 로크의 설명인데, 상당히 설득력이 있다.

과거에는 금이나 은처럼 썩지 않는 것이 돈이었지만, 요즘은 지폐조차도 필요 없는 시대가 되었다. 전산으로 수자(數字)만 왔다 갔다 한다. 국가 간 돈거래는 특별인출권(SDR, Special Drawing Right)을 이용하기에 실제로는 돈이 필요 없다. 세계 유동성 공급을 위해 IMF에 의해 창출된 준비자산(reserve asset)을 말하는데, 종이 금(paper gold)이라고도 한다. 금이나 달러와 같이 대외 지급에 사용되는 것이 아니라 IMF를 통해 외국으로부터 외국 통화를 인출할 수 있는 한도를 정할 때 사용되는 계산 단위다. 가령 저 나라에서 우리가 백만 달러를 가져온다면, 서류상으로만 백만 달러를 가져오고, 그다음에 다시 한 50만 달러를 도로 가져간다면, 이쪽저쪽에서 더하고 빼면 된다. 기호만 가지고 나라와 나라 사이에 교환이 가능하다. 이렇게 되면 썩을 게 있을 리 없다. 하여튼 이런 설명을 들으면, 그럴듯하다고 여기지 않을 수 없다. 물론 로크 자신은, 돈 그 자체를 빈부 격차나 욕심의 원인으로 주장하지는 않았다. 금과 은이

변하지 않아도 그것에 가치를 부여하는 것은 인간의 약속이고, 후대의 비판도 받았지만, 그는 아담과 하와의 타락이 모든 죄의 원인으로 인정했다.

어떤 사람은 죄(crime), 즉 법을 어기는 것도 특별히 그 사람이 못돼서가 아니라 합리성이 좀 결여되었기 때문이라고 설명한다. 앞뒤로 잘 따져보면 자기에게 손해라는 것을 뻔히 알 수 있는데도, 합리적이 되지 못해서 그렇게 어리석은 짓을 한다고 설명한다. 쉽게 말해서 다른 사람을 해롭게 하는 것이 무슨 심보가 나빠서가 아니라 머리가 나빠서 그렇게 한다고 본다. 이것도 존재론적 설명이다. 머리가 나쁘다는 사실은 그 자체로 비도덕적인 것이 아니다. 그런데 그렇게 머리 나쁜 것이 비도덕적인 행위를 하는 원인이 된다고 본다. 이렇게 되면, 기독교에서 말하는 죄란 신화적이고 원시적인 설명으로 치부될 수밖에 없다. 오늘의 많은 학자들은 아담의 원죄를 인정한 로크도 그런 잘못을 저질렀다고 비판한다. 그러나 성경은 전혀 다르게 본다. 성경은 아담과 하와의 불순종 때문에 악이 생겨나고 죄가 생겨났다고 설명한다.

존재론적 설명이란

존재론이란 쉽게 말하자면 이렇다. "김 군은 키가 160cm이다"라고 하면, 그것은 김 군의 상태를 서술하는 것으로 존재론적이다. 사실을 그대로 표현한 것이다. 그러나 가령 "김 군이 못됐다"라고 하면 그것은 도덕적 평가가 된다. 못됐다는 것은 자로 잴 수도 없고 무게로 달 수도 없다. 못됐다는 것에는 가치의 요소가 들어있다. 물론 가치에도 여러 가지가 있다. '아름답다, 추하다'는 것도 있고, '거룩하다, 속되다'는 것도 있다. 다양한 가치가 있지만, '착하다, 악하다'고 판단할 때 우리는 그것을 도덕적 가치 판단이라고 한다.

많은 학자들은 비도덕적인 것과 제도의 결함을 연결한다. 합리적이지 못한 제도가 결국은 비도덕적 결과를 낳는다고 본다. 그렇게 되면 그것도 존재론적 설명이다. 제도를 비합리적으로 만드는 것은 머리가 나빠서일 수 있다. 그런데 그 결과로 도덕적인 악이 생겨난다고 보는 것이다.

그런데 문제는 과연 제도가 비합리적이기 때문에 없던 악이 생겨나는 것인가 하는 것이다. 근본적으로 악이 있기에, 그 악이 드러나는 것으로 보아야 하지 않을까? 얼른 보면 존재론적 설명도 적절해 보이는 경우가 많다. 대학입시제도가 좋은 예다. 입시제도가 잘못되었기에 과외 수업이 불가피하고, 과외가 불가피하게 되면 어떤 사람이 과외시키기 위해서 도둑질하지 않을 수 없는 경우가 생길 수 있다. 만약 대학 입시제도가 그렇게 비합리적이지 않았더라면, 도둑질을 안 했을 텐데 제도가 잘못되었기 때문에 도둑질했다고 할 수 있다. 역시 제도가 잘못된 것은 머리가 나쁜 탓인데 결과는 도둑질하는 것으로 나타난다는 설명이 된다. 그러나 그래도 도둑질은 인간의 심성에 악이 있기 때문에 한 것이지, 아예 없던 악이 제도가 잘못됐기 때문에 툭 튀어나온다고 말할 수 없지 않느냐는 것이다.

어쨌든 제도를 잘 만들어야 한다는 것은 사실이다. 대학입시제도가 잘못되었기에 많은 부정이 생겨나고, 정부의 감사제도가 잘못되면 부정부패가 생기는 것은 사실이다. 금융실명제가 없었을 때와 그것이 생긴 이후 부패의 정도가 많이 달라졌다. 그러니까 제도를 무시하자는 것은 절대 아니다. 그러나 제도가 원인의 전부라고 말하는 것은 옳지 않다.

도덕적 선과 악을 존재론적으로 설명하는 것에 대해 근본적 비판을 가한 사람은 독일의 철학자 칸트였다. 그는 존재(Sein)에서 당위(當爲, Sollen)가 도출될 수 없다고 매우 설득력 있게 주장했다. 머리가 총명하지 않다는 존재론적 사실에서 그 사람이 도덕적으로 나쁜 것을 설명하는 것은 잘못이란 것이다. 그렇게 되면 머리가 총명하지 못한 사람은 모두 비도덕적이 되고, 머리가 나쁜 사람은 감옥에 갇히든 벌금을 내든 벌을 받아야 한다. 머리가 나쁜 것이 그 사람의 책임이 아닌데 벌을 받아야 하는 것은 억울하다. 사실 도덕적 선과 악은 의지의 결정 문제이지, 그 사람이 타고난 상황의 문제가 아니다. 사람의 모든 악을 사람에게 몸이 있기 때문이라든가, 인간이 피조물이기 때문이라든가, 제도가 잘못되었기 때문이란 존재론적 설명은 타당하지 않다. 그렇다면 궁극적으로 인간의 모든 악과 고통의 최후 책임은 인간을 유한하도록 만드신 하나님이 져야할 것이다.

자유의지에 의한 불순종

존재론적 설명이 옳지 않다면, 왜 사람은 악한 짓을 하고 죄를 짓는가? 정통 기독교에서는 '원죄'란 것을 주장한다. 아담과 하와가 죄를 범하므로 인류에게는 원죄가 생겨났고, 모든 사람은 죄를 지을 경향을 갖게 되었다. 이런 주장을 최초로 제시한 신학자는 아우구스티누스였다. 그는 인간의 죄와 관계해서 네 가지 단계를 제시했다. 첫 번째 단계는 아담의 타락 이전의 순진성의 단계로 죄를 범할 수도(posse peccare), 죄를 범하지 않을 수도 있는(posse non peccare) 상태이고, 두 번째는 타락 이후 자연인의 상태로 죄를 범하지 않을 수 없는(non posse non pecccare) 단계이며, 세 번째는 거듭난 사람의 상태로 죄를 범하지 않을 수 있는(posse non peccare) 단계이며, 마지막은 영광에 이른 사람의 상태로 죄를 범할 수 없는(non posse peccre) 단계라 했다. 아담은 자유의지가 있어서 죄를 범하지 않을 수도 있었는데도 죄를 범했고, 그 때문에 인류는 죄를 범하지 않을 수 없는 상태에 빠졌다. 이것을 원죄라 부른다. 아담은 인류의 대표로 그의 범죄는 모든 인류의 범죄로 간주되고 동시에 범죄 성향이 인류에게 생겨났다.

물론 우리는 그런 성향이 어떤 형태로 전해지는지 모른다. 어떤 신학자는 범죄 성향이 유전된다고 주장하지만, 그것을 증명할 방법은 없다. 그러나 우리가 부인하기 어려운 것은, 우리 모두는 하나님의 계명이나 우리의 양심에 어긋나게 행동할 유혹을 받고 실제로 그런 행동을 한다는 사실이다. 아주 어려서 죽은 아기 외에는 아직 아무도 일생 한 번도 다른 사람에게 해로운 거짓말을 하지 않거나 다른 사람을 억울하게 하지 않는 사람은 없었고, 하나님 앞에 죄를 범하지 않은 사람은 없다고 감히 단언할 수 있다.

그러나 그런 경향이 우리에게 있기에 우리가 죄를 범한다고 하면, 이도 역시 악에 대한 존재론적 설명이 되어버린다. 그러므로 원죄를 강조해서 아무도 실제로 죄를 짓지 않을 수 없다고 주장하는 것은, 범죄를 방조하는 것과 다름이 없다. 우리에게 악을 저지를 경향과 유혹이 있는 것은 부인할 수 없지만, 악을 저지르지 않을 수 없도록 결정되어 있다고 해서는 안 될 것이고, 실제로 그렇지 않다. 아무도 악행에서 완벽하게 자유로울 수는 없지만, 아무도 악행만 하도록 운명되어 있지는 않다. 성경에서는 그것을 하나님의 사랑에 의한 은혜로 본다. 비록 완전히 타락해서 아우구스티누스가 말한 것처럼 죄를 범하지 않을 수 없는데도, 하나님이 사랑으로 인류에게 회개하고 죄를 범하지 않을 가능성과 기회를 주신다. 그러므로 우리는 악이 어디서 오는가에 대한 존재론적 설명에 관심을 기울일 것이 아니라, 악을 저질러서는 안 된다는 의무를 실천하는 것이 중요하다. 왜 내가 죄를 짓고 비도덕적인 행위를 하는지를 따지는 것이 중요한 것이 아니라, 죄를 범하지 않고 범한 죄를 회개하고 이웃에게 해를 가하지 않는 것이 중요하다. 하나님은 우리가 잘못 생겨서가 아니라 죄를 짓지 않을 수도 있는데도 죄를 지을 때 진노하신다.

12
CHAPTER

현대의
우상 숭배

예수님은 "아무도 두 주인을 섬기지 못한다. 한 쪽을 미워하고 다른 쪽을 사랑하거나, 한쪽을 중히 여기고 다른 쪽을 업신여길 것이다. 너희는 하나님과 재물을 아울러 섬길 수 없다"라고 말씀하셨다(마 6:24, 눅 16:13). 하나님과 재물이 경쟁자가 될 수 있음을 보여 주신다. '하나님보다 우선 돈이 있어야 산다'고 생각하면 돈이 우상이 된다. 어떤 사람에게는 정치권력도 우상이 될 수 있다.

고대의 우상 숭배

인간의 죄는 자신의 욕망을 채우기 위해서 다른 사람에게 고통을 가하는 형태로도 나타나지만, 그와 못지않게 더 심각한 것은 우상 숭배로 하나님을 진노하게 하는 것이다. 그래서 십계명에도 이웃에 대한 계명들보다 먼저 하나님과 관계해서 지켜야 할 계명이 언급되고, 그 가운데 가장 중요한 것이 우상에 대한 계명이다. 그러므로 인간의 죄에 대해 논의할 때 빼놓을 수 없는 것이 우상 숭배다.

사람들이 섬기는 우상에는 여러 가지가 있다. 원시시대로 거슬러 올라갈수록 사람들은 눈에 보이는 것을 신으로 생각하는 경향이 있었다. 짐승을 신으로 생각하는 경우가 많았다. 이집트나 인도에서는 소를 신성하게 생각했다. 염소, 뱀, 혹은 특별한 새를 신성하게 생각하는 경우도 있었다. 돌과 나무도 신성하게 여겼다. 내가 어렸을 때는 동네의 큰 느티나무에다 어린아이를 판다는 소리를 들었다. 아이들이 자꾸 죽으니까 나무에 팔아 놓으면 그 나무가 잘 지켜줄 것으로 생각했다. 천체인 해와 달과 별을 신으로 생각하는 경향도 있었다. 집안에서 쓰는 물건을 신성하게 생각하는 종교도 있다. 어떤 지역이 신성하다고 생각하는 경우도 있다. 몽골 어떤 산 주변에는 나무가 하나도 없는데도, 한 지역에는 나무가 무성했다. 거기에는 사람이 들어가면 안 되는 신성한 곳이기 때문이라 했다. 심지어 집안에서도 어떤 구역은 신성하다고 생각한 경우가 있다. 로마 사람들은 화덕이 있는 곳을 신성한 장소로 생각했다. 우리나라에도 시주 단지란 것이 있었다.

그다음에는 무엇을 만들어 신으로 섬겼다. 엄청나게 큰 물건으로부터 품에 품고 다니는 작은 물건에 이르기까지 나무나 돌로 조각을 만들거나 흙으로 빚은 다음 거기다가 금이나 은을 입혀서 섬기는 경우도 있었다. 그런데 시간이 지남에 따라서 우상에 대한 생각이 조금씩 달라졌다. 옛날에는 물건 자체가 우리를 도와주고 보호해준다고 생각하다가, 시간이 지나면서 그 속에 신이 있는 것이 아니고 그 물건이 신을 상징한다고 보기 시작했다. 신은 따로 있고 그 신이 우리에게 나타날 때 이런 식으로 나타난다고 해서, 신과 신의 상징을 분리하는 경향이 생겼다.

성경에 등장하는 우상 숭배

구약성경에서는 우상숭배가 심각한 문제로 등장한다. 우선 아브라함 집안이 우상을 섬기는 사람들이었다고 여호수아 24장 2절에 기록되어 있다. 아브라함 가족이 갈대아 우르를 떠나기 전까지는 그 지역의 종교에 따라서 우상을 섬겼다. 또 야

곱이 라반의 집을 떠날 때 라헬이 그 아비의 드라빔을 훔친 사건이 있었다(창 31:19). 드라빔도 일종의 우상이었다. 우리나라에서 쓰던 부적과 비슷한 것이었다. 또 여호수아 24장에 보면, 이스라엘 백성이 이집트에서 이집트 사람들이 섬기는 우상을 섬겼다고 되어 있다(14절). 출애굽 직후 모세가 율법과 계시를 받는 동안 이스라엘 백성은 시내산 밑에서 금송아지 신상을 만들어 섬겼고(출 32:1~6), 광야에서 방황할 때 우상 숭배가 금지되어 있는데도, 계속 우상 숭배의 유혹에 빠졌다.

이스라엘 백성이 정식으로 가나안 땅에 들어간 뒤에도, 공식적으로 우상을 섬기는 경우가 있었다. 북쪽 이스라엘의 여로보암 1세 때 벧엘과 단에 금송아지를 세워 놓고 그것이 이집트에서 인도하여 낸 신이라고 했다(왕상 12:28). 정치적인 목적으로 이용되기도 했다. 당시 유다와 이스라엘은 분리되어 있었는데, 예루살렘 성전은 유다에 있었다. 그러니 북쪽 이스라엘 주민들은 절기 때 하나님 앞에 제사를 드리기 위해서 예루살렘으로 가야 했다. 여로보암은 왕권 확보 차원에서 백성들이 예루살렘 성전으로 가는 것을 허락할 수 없어서, 예루살렘 성전 대신 벧엘과 단에다 산당을 세우고, "여기에 하나님이 계신다"라고 하며 공식적으로 우상숭배를 시행했다.

악한 왕으로 유명한 아합은 여로보암의 죄를 오히려 가볍게 여기고, 악마적인 여자 이세벨을 아내로 삼아서 바알을 공식 종교로 채택했다(왕상 16:31). 아하스, 므낫세 등 다른 여러 왕도 우상을 섬겼다. 그보다 앞서 솔로몬도, 여러 이방인 아내를 맞아 그 아내들이 섬기던 우상을 섬겼다(왕상 11:8). 예레미야 2장 28절에는 예레미야 시대에 우상 숭배가 엄청나게 많이 이루어진 것으로 기록되어 있다.

우상에 관한 성경의 가르침 가운데 '우상은 헛것이다'라는 말이 레위기 19장 4절에 나온다. '헛것'이란 말에 재미있는 의미가 있다. 아무 소용이 없다는 뜻도 있지만, 실제로 아무것도 아니라는 의미로 많이 쓰인다. 실제로 없는 것인데 있는 것으로 생각하는 것을 헛것이라고 한다. 귀신이 아닌데 귀신으로 잘못 보면 헛것을 본 것이다. 우리나라에서는 그것을 '허깨비 본다'고 했다. 이사야나 다른 성경에서도 '우상은 사람이 만든 신'이란 사실을 분명히 한다. 그러므로 우상은 헛것이고 사람이 만든 신이라고 정의할 수 있다.

이사야 40장 19절에 보면, 우상 숭배를 조롱하는 이야기가 나온다. "우상이란 대장장이가 부어 만들고, 도금장이가 금으로 입히고, 은사슬을 만들어 걸친 것이다." 대장장이가 쇠를 녹여 만든 것에 도금장이가 금을 입히고 은사슬을 만들어 걸친 것이다. 그런데 "금이나 은을 구할 형편이 못 되는 사람은 썩지 않는 나무를 골라서 구하여 놓고, 넘어지지 않을 우상을 만들려고 숙련된 기술자를 찾는다"라고 덧붙인다(사 40:20). 우상에 대한 이사야의 조롱은 44장에도 계속된다.

그런데 신약성경에는 우상에 관한 언급이 많지 않다. 왜 사복음서에서 예수님은 우상에 관해 별로 언급하지 않으셨을까? 학자들은 대개 그 시대에는 이스라엘에 우상 숭배가 그렇게 심각하지 않았기 때문이라고 생각한다.

성경에 기록되어 있지는 않지만, 한 폭군이 이스라엘을 점령해서 성전에 우상을 세워놓은 일이 있다. 폭군 안티오쿠스 에피파네스(Antiochus IV Epiphanes, BC 215~164)는 예루살렘 성전을 더럽혔는데, 제단에 돼지를 바치고 성전 제사를 금하고 성전에 우상을 세웠다. 성전 한가운데 우상을 세워놓았으니 이스라엘 백성에게 그보다 더 큰 모독은 없었다. 이스라엘 사람들에게 철천지한(徹天之恨)으로 남았다. 그러나 예수님 시대에는 적어도 우상과 관련해 큰 문제가 없었다.

그러나 후에 사도들이 지중해 연안의 다른 민족들 사이에 복음을 전하기 시작하면서 다시 우상의 문제가 발생한다. 그래서 사도행전에는 우상 이야기가 더러 나오고, 로마서 이후 서신들에서도 우상이 언급된다. 이스라엘 백성들 사이에는 우상이 없었지만, 이방인들에게는 우상이 있었다. 바울이 아테네에 가서 보니 그 도시가 우상으로 가득한데 심지어는 '알지 못하는 신에게' 바치는 제단도 있었다(행 17:16, 23). 바울 사도는 그 상황을 이용해서 복음을 전하기도 했다. 우상 문제는 시대적 배경에 따라서 많이 언급되기도 하고 적게 언급되기도 한다.

우상에 대한 바울의 설명

"우상은 헛것이다"라는 것과 관련해 고린도전서 8장에 기록된 말씀이 큰 의미가 있다. 4절에 "그런데 우상에게 바친 고기를 먹는 일을 두고 말하면, 우리가 알기로는, 세상에 우상이란 것은 아무것도 아니고, 오직 하나님 한 분 밖에는 신이 없습니다"라고 했다. "아무것도 아니"라는 말이 무슨 뜻이겠는가? 신이라 하는데 실제로는 신이 아니라는 말이다. 전부 엉터리란 말이다. 그런 우상에게 제물을 바쳤을 때 그 제물에 무엇이 일어나겠는가? 그 앞에다 고기와 떡을 얹어 놓고 절을 했다고 해서 그 고기와 떡이 변질하는가? 그 고기 속에 우상의 기운이라도 스며드는가? 하는 것이 바울의 생각이었다. 따라서 우상에게 바친 제물을 먹지 말아야 할 이유가 전혀 없다는 것이다.

그런데 7절에 보면 "그러나 누구에게나 다 지식이 있는 것은 아닙니다"라고 한다. 이 지식은 '우상은 아무것도 아니므로 거기에 제물을 바쳤다고 해서 그 제물이 변하는 것이 아니니 먹어도 괜찮다'는 사실을 말한다. 그런데 "어떤 사람들은 지금까지 우상을 섬기던 관습에 젖어 있어서, 그들이 먹는 고기가 우상의 것인 줄로 여기면서 먹습니다. 그들의 양심이 약하므로 더럽혀지는 것입니다"(고전 8:7)라고 한다. 말하자면 뭘 아는 사람, 혹은 믿음이 강한 사람은 그것이 아무것도 아니라는 것을 알기에 우상에게 바친 음식이라도 아무 거리낌 없이 먹을 수 있다. 그런데 어떤 사람은 그런 지식이 없어서 우상에게 바쳤던 음식을 먹으면 양심에 거리낌을 받는다. 정말 그것이 귀신이라고 생각하면 그 신에게 바쳤던 음식을 먹을 때 양심에 가책받는다. 본인이 가책받지 않더라도 다른 사람이 그것을 보고 '저 사람이 귀신에게 바친 음식을 먹다니 좀 이상하다'라고 하거나, 저 사람이 기독교인이라 하는데 우상에게 바친 제물을 먹으니 하나님 이외에 다른 신도 인정하는 모양이구나 하고 마음이 약해질 수 있다.

바울은 그래서 "그러면 그 약한 사람은 당신의 지식 때문에 망하는 것입니다. 그리스도께서는 그 약한 신도를 위하여 죽으셨습니다. 이렇게 여러분이 형제자매들에게 죄를 짓고, 그들의 약한 양심을 상하게 하는 것은 그리스도께 죄를 짓는 것입니다. 그러므로 음식이 내 형제를 걸어서 넘어지게 하는 것이라면, 그가 걸려서 넘어지지 않게 하기 위해서, 나는 평생 고기를 먹지 않겠습니다"라고 했다(고전 4:11~13). 그러므로 일단 우상에게 바쳤던 제물을 먹지 않는 것이 좋다는 결론을 내린다. 실제로는 아무 문제가 없지만, 믿음이 약한 형제가 그것을 보고 더 믿음이 약해지면 안 된다는 것이다. '야, 저 사람 좀 봐. 우상에게 바친 제물을 먹다니. 저 사람 우상을 섬기는구나'라고 생각하게 되면 그 사람의 믿음이 약해질 것이다. 그럴 바에는 자기는 영원히 고기를 먹지 않겠다는 것이다. 아무도 보는 사람 없이 혼자 있다면 얼마든지 먹어도 괜찮다. 다른 사람 때문에 고기를 못 먹는 것이지 우상에게 바친 것이기 때문에 못 먹는 것은 아니라는 것이 바울의 생각이었다. 우상이란 실제로 아무것도 아닌데, 사람들이 신이라고 생각하기 때문에 우상이 된다. 실제로는 그저 돌이며 나무에 불과한데 사람들이 그것을 신이라고 생각하기 때문에 그들이 우상이 된다.

우상 숭배 금지들

앞서 본 바울 사도의 말과 이사야의 말에서 어떤 결론을 내릴 수 있을까? 예를 들어, 어떤 사람이 아무도 보지 않는 데서 우상이란 사실 아무것도 아니라고 하면서 어떤 형상 앞에 절을 했다면 어떻겠는가. 아무도 보지 않는 데서, 믿지도 않으면서 절을 해야 할 이유도 없겠지만, 가령 절을 했다고 가정해 보자. 그러면 그것이 우상 숭배이겠는가? 그런 것을 우상 숭배라 할 수 없다.

사실 우리가 십계명의 제2계명, 즉 무슨 형상이든지 만들지 말며 그 앞에 절하지 말라는 말을 너무 문자적으로만 따져서 절하는 것 그 자체가 우상 숭배라고 생각하는 경우가 많다. 그러나 그것은 너무 형식적인 해석이다. 그러나 만약 누가 그 광경을 보고 "저 사람 봐라. 우상에게 절을 한다!"라고 하고, 그 사람의 믿음이 약해졌다면 문제는 다르다. 또 6 · 25 때 공산 당원이 그리스도인의 믿음을 시험하기 위해 어떤 형상에게 절하라고 했다면, 그것은 전혀 다른 문제다. 압력에 못 이겨 절을 했다고 해도 그것은 심각한 죄가 된다. 과거 신사참배를 강요할 때 일본 사람들의 압력에 못 이겨 신사에 가서 절했다면, 그것은 우상 숭배라고 할 수 있다. 요구하는 사람이 어떤 전제로 요구하느냐가 중요하다. 만약 누가 '당신이 절한다는 것은 배교하는 거다. 하나님을 부인하고 예수님을 부인하는 거다'라고 이해하면, 그때는 목숨을 걸고 절하지 말아야 한다. 절하는 그 사람이 '이건 아무것도 아니다'라고 생각했다면 엄격한 의미에서 우상 숭배라고 할 수 없지만, 그것이 다른 사람에게 우상 숭배로 비친다면 우상 숭배가 될 수 있다.

과거에, 교단에서 태극기 앞에 경례하지 말라고 해서 나도 중고등학교 때 고생을 좀 했다. 국기에 대한 경례 문제로 퇴학당한 학생들도 꽤 있었다. 복학도 못 해서 공부를 계속하지 못한 사람들도 있었다. 그 사람들은 아마 지금 많이 후회하고 있을 것이다. "우상을 만들지 말고 절하지도 말라"라는 명령을 너무 문자적으로 해석해서 불필요한 부담을 주지 않았나 생각한다.

꼭 보여야만 우상인가? 보이지 않는 것들도 우상이 될 수 있다. 하나님 이외의 그 무엇을 하나님의 자리에 앉히면 우상이 된다. 조상이 우리에게 복을 주고 우리를 보호한다고 믿으면, 제사상에 절을 하거나 하지 않거나 관계없이 그 자체로 이미 우상 숭배가 된다. 국기에 대한 경례도 마찬가지다. 국기가 무슨 신적인 힘을 가져서 우리나라를 보호해준다는 게 아니지 않는가? 나라에 대한 사랑 표시 정도로 이해해야 한다. 물론 국가가 신성시될 때도 있었다. 옛날에는 국가를 위하여 목숨을 바친다고 하지 않았는가? 왜 나라를 위해서 귀한 목숨을 바쳐야 하는가? 국민의 생명과 안전을 위하여 목숨을 바친다고 하는 것이 더 좋을 것이다.

제사도 그렇다. 조상신이 우리를 보호해 준다고 믿고 제사를 지내면, 우상 숭배다. 다른 사람이 그것을 보고 우리가 조상신을 믿는다고 생각한다면, 바울의 정신에 따라 제사를 안 지내는 것이 옳다. 그러나 부모님을 존경한다는 의미로, 부모를 생각하면서 절을 했다면, 그것을 우상 숭배라고 비판하고 싶지는 않다. 형식적인 제한에 너무 매일 필요는 없다.

물론 제사의 본래 의도는 사실 우상 숭배였다. 옛날에는 중국에서 소위 천자(天子), 즉 왕이 하늘의 신에 제사를 지냈다. 그러다가 조금 후에 왕의 선조들을 위해서 왕가만 제사를 지냈다. 시간이 좀 지난 뒤에 유명한 사람, 고급 관리들까지 제사를 지냈다. 우리나라에서도 성종 때까지는 왕들과 대신들만 제사를 지냈다. 그런데 성종 이후로, 너희 조상만 중요하냐? 우리 조상도 훌륭하다는 생각으로 제사가 일반화되었다. 요즘은 대부분 사람이 조상신이 있는지 없는지 같은 것은 따지지 않고, 제사를 계기로 친척들이 같이 한번 모이는 것이란 정도로 생각한다. 내용은 없어지고 형식만 남아 있는 상태다.

우상을 섬기는 이유

그런데 사람들은 왜 우상을 만들고 섬길까? 이것에 관해 로마서 1장이 잘 설명한다. 22~23절에 보면, "사람들은 스스로 지혜가 있다고 주장하지만, 실상은 어리석은 사람이 되었습니다. 그들은 썩지 않는 하나님의 영광을, 썩어 없어질 사람이나 새나 네 발 짐승이나 기어 다니는 동물의 형상으로 바꾸어 놓았습니다." 19절에는 "하나님을 알 만한 일이 사람에게 환히 드러나 있습니다. 하나님께서 그것을 환히 드러내 주셨습니다." 앞에서도 소개했지만, 이것이 바로 칼뱅이 말하는 '하나님에 대한 느낌'이다. 그 느낌에 따라 참 하나님을 섬기면 문제 될 것이 전혀 없는데 "하나님을 알면서도, 하나님을 하나님으로 영화롭게 해드리거나 감사를 드리기는커녕, 오히려 생각이 허망해져서, 그들의 지각없는 마음이 어두워졌습니다"(롬 1:21).

그런데 왜 사람들은 그 하나님을 섬기지 않는가? 그 이유는

22절이 말하는 것처럼, 스스로 지혜 있다고 하나 그 생각이 허망해져서 참 하나님을 섬기지 않고 가짜 하나님을 섬긴다는 것이다. 이렇게 허망해지는 것은 자신의 지식을 과대평가하기 때문이다. 참 하나님은 섬기기 힘드니까, 자기 마음대로 하나님을 하나 만들고 싶기 때문이다. 진짜 하나님은 우리에게 요구하는 것도 많고 우리 자존심도 건드리고, 심지어는 말이 안 되어 보이는 것조차도 가르치기 때문이다.

예를 들어, 기독교 교리 가운데 삼위일체 같은 것은 논리적으로 말이 안 된다. 어떻게 하나님은 한 분이신데 3위가 계시는지 아무도 설명하지 못한다. 예수님이 하나님이요 사람이라는 것도 논리적이지 않다. 하나님이면 하나님, 사람이면 사람이라야지, 동시에 한 분이 하나님도 되고 사람도 된다는 것을 믿어야 한다고 요구한다. 말이 안 되는 것을 어떻게 믿겠는가? 성경보다는 자신이 더 똑똑하고 자신의 판단이 더 옳다고 생각하면 수용할 수 없다. 그렇다고 하여 신을 완전히 부정하기는 어렵다. 하나님에 대한 느낌이 주어졌기 때문이다. 한편으로는 하나님에 대한 느낌이 있고, 다른 한편으로는 자기의 논리에 맞아야 하는 문제가 생긴다. 양자를 타협해서 자기 마음에 드는 신을 하나 만들면, 그것이 우상이 된다. 우상은 바로 사람이 만든 신이다. 전능하신 참 하나님을 믿지 못하는 것은, 바로 타락의 아주 중요한 한 요소며 우상의 뿌리다.

우상의 특징을 요약하면, 다음과 같다. 가장 중요한 것은 가짜 신이란 것이다. 다음으로 중요한 것은 우상은 사람이 만든 것이란 사실이다. 지혜와 능력이 있고 우리를 구해 줄 수 있다고 만들어서 믿는 것이다. 적어도 신이라면 마땅히 갖추어야 할 요소들이 무엇일까를 생각해서 그것을 집어넣는다. 비록 사람의 생각에 맞는 신이기는 하지만, 그것을 섬기려면 사람보다는 더 큰 힘을 갖고 있다고 믿어야 종교가 된다. '이것은 내가 만든 거다'라고 해서는 섬길 마음이 생겨나지 않는다. 그래서 객관적으로 보았을 때는 사람이 만들었지만, 그 만드는 사람 입장에서는 자기가 만들었다고 생각할 수가 없어야 한다. 도리어 자신을 구원하기도 하고 도와주고 보호해준다고 믿을 수 있어야 한다. 가짜이지만 절대 신인 셈이다.

탐심이 곧 우상 숭배

우상을 이렇게 이해하면 우상의 폭은 넓어진다. 돈이 우상이 될 수 있는 것이 그 좋은 예다. 눈에 보이는 형상이 아니면서도 우상으로 등장하는 최초의 후보자는 돈이다. 예수님은 "아무도 두 주인을 섬기지 못한다. 한쪽을 미워하고 다른 쪽을 사랑하거나, 한쪽을 중히 여기고 다른 쪽을 업신여길 것이다. 너희는 하나님과 재물을 아울러 섬길 수 없다"라고 말씀하셨다(마 6:24, 눅 16:13). 하나님과 재물이 경쟁자가 될 수 있음을 보여 주신다. '하나님보다 우선 돈이 있어야 산다'고 생각하면 돈이 우상이 된다. 어떤 사람에게는 정치권력도 우상이 될 수 있다. 정치가가 권력을 얻기 위해서 수단과 방법을 가리지 않는다면, 그에게는 정치권력이 우상이 된다. 양심에 어긋나는 일을 해서라도 권력을 얻겠다고 한다면, 그것이 우상이 아니고 무엇이겠는가? 명예도 마찬가지다. 눈에 보이는 것뿐만 아니라 사람이 절대적이라고 생각하는 것은 모두 우상이 된다.

신약성경에 아주 특이한 구절이 있다. 에베소서 5장 5절이다. "여러분은 이것을 확실히 알아두십시오. 음행하는 자나 행실이 더러운 자나 탐욕을 부리는 자는 우상 숭배자여서, 그리스도와 하나님의 나라를 상속받을 몫이 없습니다"라는 구절이다. 탐욕을 부리는 자는 곧 우상 숭배자라고 못 박아 놓았다. 같은 내용이 골로새서 3장 5절에 다시 나온다. "그러므로 땅에 속한 지체의 일들, 곧 음행과 더러움과 정욕과 악한 욕망과 탐욕을 죽이십시오. 탐욕은 우상 숭배입니다." 왜 탐욕이 우상 숭배일까? 무엇을 갖고 싶어 하는 것을 탐욕이라 하는데, 그것을 갖고 싶어 하는 이유는 그것이 나를 보호해주고 나를 이끌어 주고 나를 구원해 준다고 믿기 때문이다. 돈을 무시하는 사람이 돈에 대한 탐욕을 가질 수 없고, 권력이 아무것도 아니라고 생각하는 사람이 권력에 대한 탐욕이 생길 수가 없다. 무엇을 탐하는 것은 그것이 대단한 가치가 있다고 생각하기 때문이다. 그래서 탐욕이 우상 숭배라는 것이다. 주석가들은 이 구절들이 경고하는 탐욕은 바로 배금주의(拜金主義, mammonism)라고 해석한다. 다른 탐욕도 위험하지만, 현대인 대부분이 거의 예외 없이 가진 탐욕이 바로 돈에 관한 것이다. 그 말은, 현대인 대부분이 돈을 우상으로 섬기고 있다는 것이다.

'성전을 사랑하자'는 신학 수준

하비 콕스(Harvey Cox)는 창세기는 자연을 비신격화 하고 출애굽기는 정치권력을 비신격화했다고 주장했다. 창세기는 해와 별, 동물, 식물 등 모든 자연이 다 하나님의 피조물이지 그 자체가 신이 아니라는 것을 가르친다. 따라서 땅 위의 어떤 장소나 물건도 그 자체로 신성할 수 없음을 보여 준다. 나는 "예배당이라고 해서 특별히 더 신성한 것이라 할 수 없다"라고 가르치다가 이단으로 몰릴 뻔한 적이 있다. 모든 곳에 다 하나님이 계시므로 모든 곳에서 우리가 조심해야지 예배당에서는 조심하고 시장바닥에서는 아무렇게나 해도 괜찮다는 생각은 비성경적이고 원시적인 사고라고 주장했는데, 마침 그 해에 그 교단의 어린이 여름 성경학교 주제가 "성전을 사랑하자"였다. 그 자체로 이미 잘못된 주제였다. 그 교단의 다음 총회 때 그 노회에서 내 주장이 이단적이므로 치리해야한다고 총회 안건으로 올렸다. 그것이 총회 안건이 되느냐를심사하는 위원회에서 위원들이 그때 신학교 총장이었던 박윤선(1905~1988) 박사에게 "손봉호의 주장이 이단이 아닙니까?"라고 물었는데, 박 박사가 이단이 아니라고 했기에 안건으로 채택되지 않았다.

그런데 여전히 그렇게 생각하는 사람들이 없지 않다. 예배당은 예배드리는 것 외에 다른 목적으로 쓰면 안 된다고 생각하는 사람들이 많은데, 이것은 성경이 말하는 우상 숭배의 위험을 가지고 있다. 구약 시대의 이스라엘 백성들도 처음에는그와 비슷하게 생각했다. 이집트에 들어가기 전 족장 시대에는 상수리나무 밑에 제단을 쌓았다. 그 시대에는 이 상수리나무에 하나님이 계신다고 생각했을 것이다. 그렇지 않다면 구태여 왜 그 나무 밑에 제단을 쌓았겠는가? 그리고 야곱도 벧엘에서 천사가 사닥다리를 오르락내리락하는 것을 꿈에 보고,그곳이 거룩한 곳이라 생각하고 베개로 삼았던 돌로 기둥을세우고 거기에 기름을 붓고 서원했다. 훨씬 뒤 이스라엘 백성이 성전 건축을 완공했을 때 솔로몬이 드린 기도에 보면, "그러나 하나님, 하나님께서 땅 위에 계시기를, 우리가 어찌 바라겠습니까? 저 하늘, 저 하늘 위의 하늘이라도 주님을 모시기에부족할 터인데, 제가 지은 이 성전이야 더 말하여 무엇하겠습니까?"란 구절이 있다(왕상 8:27). 솔로몬은 천지를 지으신 하나님은 자기 손으로 지은 그 성전에 계실 수 없다고 분명하게 말한다. 그런데도 어린 백성들을 위해서는 건물과 같이 눈에 보이는 것이 필요했다. 천주교에서 마리아상을 세우고 그 앞에서 기도하는 것 역시 그와 비슷한 이유로 생기는 것이라 할 수 있다. 유럽에 있는 천주교 성당에는 마리아상이 거의 보이지 않는데 남미에는 도처에 마리아상이 세워져 있다. 멕시코에는 교통사고에서 사망자가 생긴 곳마다 시멘트로 보기도 흉한 마리아상을 하나씩 세워 놓았다. 홍콩에 가면 그런 곳마다 남무아미타불(南無阿彌陀佛)이라고 새긴 돌기둥이 서 있다. 비슷하게 어떤 땅을 다른 땅과 다르게 취급한다. 좀 미숙한 사고방식의 반영이라 할 수 있다.

예수님이 십자가에 못 박히신 이후로 건물인 성전은 없어졌다. 이 세상의 어떤 땅, 어떤 건물, 어떤 피조물도 그 자체로 신성하지 않다. 물건이 신성한 것이 아니고 하나님만 신성하시다. 그 외의 것을 신성시하는 것은 우상 숭배의 흔적이다. 교회 직책도 마찬가지다. 어떤 사람이 '기독교윤리실천운동'을 상대로 소송을 했는데 대표인 나를 빼고 엉뚱하게 다른 사람을 피고로 만들었다. 왜 손봉호를 고소하지 않았느냐고 물으니 그가 장로인데 장로를 상대로 소송하면 하나님이 벌을 줄까 싶어 그랬다고 했다. 장로, 목사인 사람이 신성한 것이 아니다. 단순히 신성한 직분을 수행하는 사람이지 그 사람이 신성한 것은 아니다.

옛날에 담배 피우는 사람들 가운데 예배당 안에서 피우면 안 된다고 생각하는 사람들이 있었다. 예배당 바깥에서는 담배를 피울 수 있다고 생각하는 태도는, 시장에 가면 거짓말해도 괜찮다는 사고로 연결된다. 예배당 안에서는 거짓말하거나 욕하면 안 되지만, 예배당 바깥에서는 할 수 있다고 생각하는 것과 비슷하다. 마찬가지로 강대상이 서 있는 강단에서는 신을 벗는 전통도 비슷한 오류를 범하고 있다. 신을 벗는가 아닌가가 중요한 것이 아니라 강단이든 아니든 모든 곳에서 조심하고 경건하게 행동해야 한다. 장소뿐 아니라 어떤 시간, 어떤 직책도 그 자체로 신성한 것은 없다.

개혁을
가능하게 하는 조건,
구속

성경이 요구하는바 사회개혁은 거의 불가능하다.
불가능하다면 왜 시도해야 하는가? 시간과 에너
지의 낭비가 아닌가? 그런데도 우리는 노력해야
한다. 할 수 있기 때문이 아니라, 해야 하기 때문
이다. 나는 이런 태도를 '선지자적 비관주의'라고
부른다.

창조 상태의 회복

　기독교 세계관에서 가장 기본적인 것을 창조, 타락, 구속, 세 가지 요소로 구분했는데, 구속에 대해서 생각해보겠다.

　타락과 범죄는 우리의 삶과 피조 세계 전체의 건강과 조화를 파괴하고 인간에게 고통을 가져오며 영혼을 파멸로 이끈다. 거기에는 인간의 허망한 욕심, 교만, 미움, 거짓, 불의 등이 적나라하게 나타난다. 예수님의 십자가는 그 악이 얼마나 심각한가를 보여 주었다. 만약 그런 세상이 전부라면, 우리에게는 아무 소망도 없을 것이다. 그러나 기독교는 십자가의 종교이면서 동시에 소망의 종교다. 잘못된 것이 회복될 수 있음을 보여 주는 미래지향적 종교다. 예수님의 부활이 그것을 대변한다. 우리에게는 회복과 개혁이 가능하다.

　우선 개혁이 가능하게 되는 조건부터 생각해보겠다. 개혁이란 말은 적어도 두 가지를 전제로 한다. 하나는 지금 상태가 잘못되었다는 것이다. 잘못되지 않았으면 개혁할 필요가 없다. 그러나 동시에 잘못된 것을 고칠 가능성이 있어야 개혁할 수 있다. 이제까지는 타락 쪽에 주로 관심을 모았는데, 개혁이 필요할 수밖에 없는 상황을 만든 것이 타락이다. 그리고 개혁은 그 타락한 상태를 고칠 가능성이 있어야 하는데, 긍정적인 상태로의 회복을 우리는 구원 혹은 구속(救贖)이라고 말한다.

　구속은 먼저 창조의 상태로 다시 돌아가는 것, 즉 회복(回復)

을 말한다. 원래 하나님이 세상을 보기 좋게, 인간을 아름답게 창조하셨는데 그것이 타락으로 말미암아 완전히 파괴되고 병든 상태가 되었다. 그런데 구속은 그렇게 망가지고 일그러진 상태에서 창조 본래의 상태로 다시 돌아간다는 것을 함축한다. 그러나 여기서 회복이란 아담과 하와가 죄를 범하기 전 에덴동산의 상황으로 돌아감을 뜻하지 않는다. 그렇게 되면 어떤 역사철학자가 주장한 것처럼 기독교도 순환적 역사관을 가지고 있는 것처럼 여겨질 것이다. 불교에서처럼 동일한 것이 반복되는 순환이 아니라 한 번의 커다란 순환을 인정하는 것이 될 것이다. 여기서 말하는 회복이란 하나님이 원하시는 상태로 돌아감을 뜻한다.

우리의 세계관과 관계해서 중요한 것은 구속이란 단순히 개개인의 영혼, 즉 죽은 영혼이 다시 살아나는 것 혹은 범죄로 말미암아 멸망 받을 영혼들이 구원받는 것에 국한되지 아니하고, 그 영향을 전 우주에 미친다는 사실이다. 예수 그리스도의 구속은 개인 영혼에만 국한된 것이 아니라, 사회와 문화 모든 것에 다 영향을 끼친다는 것을 특별히 강조한다.

이것은 개혁주의 신학이 가장 강력하게 강조하는 것이다. 일반적으로 복음주의에서는 개인의 영혼 구원에만 관심을 기울이고, 그것이 사회나 문화나 역사 전체에 미치는 영향에 대해서는 관심을 기울이지 않는다. 우리나라 교회에서 부르고 있는 찬송가들은 주로 복음주의자들이 작사하고 작곡한 것인데, 대부분 영혼 구원에 집중되어 있다. 사회, 문화, 정치 등에 드러나는 하나님의 뜻이라든가, 예수 그리스도의 구속이 그런 분야에 미치는 영향에 관한 찬송은 거의 없다. 우리 찬송가가 상당히 좁은 의미의 복음주의적 세계관을 대변하고 있음을 보여 주는데, 그것은 우리나라에 들어온 미국 선교사들이 주로 그런 신학적 배경을 가진 분들이었기 때문이다. 개혁주의는 지금 우리가 사용하고 있는 찬송가를 만든 분들의 신학과는 좀 거리가 있다. 물론 한국에서는 개혁주의를 표방하고 있는 교단들조차도 개혁주의 원칙에 그렇게 충실하지는 못했다. 아직도 상당할 정도로 복음주의적인 색채를 띠고 있다.

구속과 운명

구속은 노예로 잡혀 있는 상태에서 해방되는 것을 뜻한다. 고대 사회에서 어떤 사람이 빚을 많이 져서 그 빚을 갚을 수가 없을 때는, 자신과 가족이 모두 채권자의 노예가 되었다. 그리고 그 빚을 다 갚기 전에는 노예의 상태에서 벗어날 수 없었다. 상식적으로 생각하면 '빚을 진 정도만큼만 일해주고 나오면 될 것 아니냐'라고 하겠지만, 그것은 오늘의 상황을 전제로 한 생각이다. 고대 사회의 노예는 이미 주인의 소유이므로 그의 노동 대가는 노예가 아니라 주인의 몫이므로, 아무리 열심히 일해도 빚을 갚을 수가 없다. 단순히 품삯을 받는 머슴의 상태가 아니라, 자기 힘으로는 벗어날 수 없는 상태로 떨어지는 것이다. 그래서 자기가 아닌 다른 사람이 그 빚을 대신 갚아주어야, 비로소 노예 상태에서 벗어날 수 있었다. 그런 노예 상태에서 해방되는 것을 구속이라 한다.

물에 빠진 사람은 자기가 자기 머리를 아무리 끄집어 올려도 올라가지 못한다. 누가 바깥에서 잡아 올려주어야 물에서 올라올 수 있다. 인간이 죄를 범해서 타락했다는 것은, 바로 물에 빠진 것과 같은 상태에 처해 있는 것을 뜻한다. 그래서 구속을 말할 때 우리가 전제하는 것은 우리가 완전히 무력하게 되어서 그 상태에서 벗어날 가능성이 전혀 없게 됐다는 것이다. 만약 완전히 타락한 것은 아니고 일부 성한 데가 남아 있다고 한다면, 기독교가 말하는 구속은 필요가 없어진다.

불교나 유교 같은 종교는 사람이 자기 힘으로 구원받는 것을 전제로 한다. 스스로 수양하고 부지런히 도를 닦아서 자신의 약점을 극복할 가능성이 있다고 믿기 때문에 욕심을 버리고 도를 닦고 수양하면 되는 것이다. 유교에는 물론 구원이란 개념 자체가 없지만, 공자의 사상에서는 君子(군자)가 되는 것이 사람이 추구하는 목적이라 할 수 있는데, 자기가 열심히 노력하고 수양하여 인격적으로 원만해지면 군자가 되는 것이다. 그러나 기독교만은 절대적인 타락을 전제로 한다. 사람이 죄를 범하여 완전히 무력하게 되었다는 것이다.

기독교에서는 그런 상태를 죄의 노예가 됐다고 한다. 그러면 그 죄란 무엇인가? 흔히 죄를 지으면 마귀의 노예가 되는 것으로 생각하기가 쉽다. 죄를 지었기 때문에 마귀의 지배하에 들어가고, 그러므로 예수 그리스도의 죽음은 마귀에게 그 값을 지불하고 우리의 영혼을 마귀의 손아귀로부터 빼앗아 나오는 것으로 상정할 수 있다. 그러나 그것은 성경의 가르침에 어긋난다. 죄라는 것도 역시 하나님이 결정하시는 것이다. 일반 사회에서 죄란 법을 어기는 것 아닌가? 기독교에서는 그 법은 물론 하나님의 법이다. 결국 우리가 죄의 노예가 되는 것은 하나님의 법을 거슬렀기 때문이다. 따라서 타락하면 마귀가 우리를 지배하는 것이 아니라 죄가 지배한다고 말할 수 있다.

엄격하게 논리적으로 말하자면, 하나님이 우리를 죄인으로 만드셨다고 할 수 있고, 그것은 또한 하나님이 법을 만드셨기 때문에 우리가 죄인이 되었다고까지 말할 수 있다. 만약에 하나님의 법이 없다면 죄는 성립되지 않는다. 우리나라도 법이 없었다면 죄가 성립될 수 없었다. 법을 어기면 반드시 거기 상응하는 벌을 받아야 한다는 법칙도, 하나님의 법칙이다. 잘못을 저지르면 벌을 받는 것을 인과보응의 법칙이라고 한다. 인과보응의 법칙은 불교에서 매우 강조한다. 그것을 카르마(Karma)라고 하는데, 거의 운명과 같은 것이다. 선을 많이 행하면 선이 쌓이고(積善) 악을 많이 행하면 악이 쌓인다고 한다,

그래서 선을 많이 행하면 악이 조금씩 줄어지고 선이 점점 쌓이면 다음 순회 때 좋은 삶을 잘살게 된다고 가르친다. 카르마는 아무도 고치거나 바꿀 수 없는 영원한 운명의 법칙이다.

그리스의 사상에도 운명이란 것이 있다. 매우 무서운 복수 혹은 정의(Δικη, dike)다. 그리스 신화에서 가장 큰 신이라 할 수 있는 제우스도, 그 운명 앞에서는 꼼짝 못 한다. 아무도 어길 수가 없는 철칙이다. 천주교 신학에도 이런 법칙이 하나님과 관계없이 본래 주어진 것인 것처럼 생각하는 경향이 있다. 그 때문에 개신교와 천주교 신학 사이에 중요한 차이가 생겨난다. 개신교는 인과보응의 법칙은 하나님도 어쩔 수 없는 것이 아니라 하나님의 뜻에 따라 결정한 것이라고 믿는다. 그렇게 전제해야 성경의 여러 가르침을 올바로 이해할 수 있다. 하나님은 인과보응의 법칙도 얼마든지 무시할 수 있음을 전제한다. 하나님이 만드신 것이기 때문에 하나님이 바꿀 수 있다.

가장 전형적인 예를 욥기에서 찾아볼 수 있다. 앞에서도 언급했지만, 욥기에서는 인과보응의 법칙이 적용되지 않는다. 욥이 그렇게 많은 죄를 짓지 않았는데도 엄청나게 무서운 벌을 받는다. 욥은 자신이 그렇게 큰 죄를 짓지 않았는데도 하나님이 그렇게 무서운 벌을 내리시냐고 인과보응의 법칙에 따라 하나님을 원망한다. 욥의 세 친구도 마찬가지로 인과보응의 법칙에 따라 욥이 죄를 지었기 때문에 그런 벌을 받는다고 계속 비판한다. 욥기 끝에 보면, 욥이나 그 친구들 모두가 다 잘못 생각한 것으로 나타난다. 하나님은 인과보응의 법칙에 얽매일 필요가 없으므로 그가 원하신다면 벌을 줄 수도 있고 복을 줄 수도 있다.

사형 폐지론

이와 관계해 논의해 볼 것이 요즘 많이 논의되는 사형제 폐지론이다. 많은 무고한 생명을 잔혹하게 죽인 사람도 사형에 처해서는 안 된다는 주장이다. 어떤 경우에도 사람을 죽여서는 안 된다고 주장한다. 사형 폐지론 주장에는 몇 가지 이유가 있다. 하나는 아무리 법적 절차를 거치더라도 결국은 사람이 판단해서 사람을 죽이는 것인데 사람이 어떻게 사람의 생명을 좌지우지할 수 있느냐는 것인데, 아주 강력한 이유다. 여기에 함축되어 있는 것은 사람이 잘못 판단할 수 있다는 사실이다. 어떤 사람이 죽어야 할 만큼 나쁜 짓을 하지 않았는데도 판사가 잘못 판단해서 죽일 수도 있고, 또 법이 잘못되어서 죽어야 할 만큼 나쁜 사람이 아닌데도 죽일 수도 있다는 것이다. 사람의 판단은 불완전하기에 항상 오류의 위험이 있는데, 생명을 죽이는 오류는 회복 불가능하기에 사형제도 자체를 없애야 한다는 것이다. 일리가 있다. 과거에 그런 실수들이 많았고, 독재정치 하에서는 매우 많았다.

또는 사형제도가 있다고 해도 범죄가 줄어들지 않더라는 실증적인 이유로 사형제 폐지를 주장한다. 유럽에는 모든 나라가 사형제도를 없애 버렸다. 미국은 많이 줄어들긴 했지만, 사형제도가 남아 있고 가끔 집행되고 있다. 그런데 미국보다 유럽에 범죄가 더 많지 않다. 전반적으로 말하자면 흉악범들은 미국에 훨씬 더 많다. 그렇다면 사형제도가 있다고 해서 범죄가 줄어드는 것도 아니지 않느냐고 할 수 있다.

한 걸음 더 나아가서, 어떤 사람이 못된 짓을 했다고 해도 꼭 거기에 복수해야 하느냐는 주장이다. 복수란 아주 원시적인 풍속이 아닌가 반문한다. 나쁜 짓을 했더라도 용서하는 것이 고상하지, 사람을 죽였다고 해서 그 사람을 죽이는 것은 결국 미개한 사회에나 있을 법한 복수제도가 아니냐는 것이다. 어떤 사람에게 벌을 주더라도, 다시 회복이 불가능한 사형에 처하는 것은 옳지 않다고 주장한다.

이런 몇 가지 주장을 하면서 사형제 폐지 운동이 우리나라에서도 활발하게 일어나고 있다. 특별히 기독교 지도자들과 천주교 신부들 사이에 사형 폐지론이 심심치 않게 일어나고 있다. 그런데 나는 사형 폐지를 반대한다. 사형제도를 두어야 범죄가 줄어든다는 것 때문이 아니라 원칙 때문에 반대한다. 잘못을 저지르는 사람은 그에 상응하는 벌을 받는 것이 하나님의 뜻이라고 생각한다. 인과보응의 원칙을 하나님은 어길 수 있지만, 사람은 그런 권한이 없다.

그리고 특별히 다른 사람의 생명을 끊은 사람에게 그에 상응하는 벌을 주지 아니하는 것은 살해당한 사람의 인격을 모독하는 것이며 그 사람의 가장 중요한 권리를 무시하는 것이다. 생물학적 생명보다도 더 중요한 인간의 기본 권리와 인간의 존엄성이라고 생각하기 때문에 사형제도를 존치해야 한다고 주장한다.

복수와 정의

사형제 폐지를 주장하는 사람들은 아주 극악한 살인자는 사형 대신 종신형에 처해야 한다고 주장한다. 그러나 종신형이 사형보다 더 인간적이며 더 자비로운지 의문이 있다. 종신형에 처해 있다가 나중에 풀려나간다는 것을 전제로 하면 모르되, 평생 감옥에 있는 것이라면 그것이 죽는 것과 얼마나 큰 차이가 있는지 의문이다. 그래도 생명이 중요하기 때문에 종신형이 낫다고 주장한다면, 그 사람이 죽인 다른 사람의 생명도 그만큼 중요하게 취급해야 하지 않겠는가? 악을 저지른 사람의 생명이 중요하기 때문에 억울하게 죽임을 당한 사람의 생명은 좀 무시해도 된다는 것은 모순이다. 사람의 생명을 크게 존중하기 때문에 사형제도를 폐지해야 한다는 것은 논리에 맞지 않는다. 사형제 폐지를 주장하는 사람은 살인자를 죽인다고 하여 그가 죽인 사람이 다시 살아나는 것이 아니므로 한 사람이라도 살려야 한다고 주장한다. 물론 수학적으로나 실용적으로는 옳은 주장이다. 그러나 그 때문에 생겨나는 억울함은 어떻게 해결하겠는가?

물론 살인 이외의 죄에 대해서는 사형을 적용해서는 안 될 것이다. 아무리 나쁜 짓을 많이 했다 하더라도, 사람을 죽이지 않은 한 사람을 사형에 처하는 것은 옳지 않다. 인간의 생명은 그만큼 중요하다. 사형은 매우 신중하게 집행해야지 적당히 쉽게 해서는 안 된다. 가능하면 사형을 집행하지 않아야 한다는 것에 동의한다. 다만 원칙적으로 사형을 폐지하는 것은 반대한다. 무고한 사람을 수십 명씩이나 죽였는데도, 그 죽은 사람들은 별로 중요하지 않고 그 악질적인 사람의 생명은 그렇게 중요한가?

나쁜 짓을 한 사람을 덮어놓고 용서하는 것은 그 사람의 인격을 존중하는 것이 아니다. 잘못을 저질렀으면 그것에 대해 정당한 벌을 주는 것이 그 사람의 인격을 존중하는 것이다. 그 사람이 로봇이 아니고 자기 행위에 대해 책임질 수 있는 인격체임을 인정하는 것이기에 살인자에 대해 사형 제도를 존치하는 것이 그의 인격을 존중하는 것이다. 그리고 그보다 더 기본적인 것은, 하나님의 정의는 존중되어야 한다는 것이다.

물론 원수를 용서하고 사랑하라고 주님이 명령하셨고, 기독교는 사랑의 종교로서 용서를 중요하게 취급해야 한다. 그러나 용서는 다음과 같은 원칙에서 이뤄져야 한다. 즉 누가 나에게 악을 행했을 때는 나는 용서할 권리도 있고 또 마땅히 용서해야 한다. 그러나 다른 사람에게 나쁜 짓을 한 사람을 내가 용서할 권리는 없다. '갑'이 아무 잘못도 저지르지 않은 '을'의 재산을 불법적으로 빼앗고 폭행하고 심지어 죽였을 때 우리가 어떻게 해야 하겠는가? 제삼자가 과연 '갑'을 용서할 권리가 있는가? 사형제도를 폐지하는 것은 무고한 시민을 살해한 사람을 사회가 용서하는 것이다. 다른 사람에게 해를 가한 사람에 대해 우리가 화해, 사랑, 용서를 일반화해서 적용할 수 있는지 의문이다. 가해자에 대한 용서는 피해자나 피해자를 실제로 대신할 수 있는 사람만이 할 수 있다.

손양원 목사는 자기 아들 둘을 살해한 청년이 사형받지 않도록 탄원하여 구해내고, 그를 양자로 삼았다. 손 목사는 죽임을 당한 아들이 아니지만 그 아들들보다 더 큰 고통을 당했기에 살인자를 용서할 권리가 있었고, 그렇게 했기에 그의 용서를 위대한 사랑이라 칭찬하고 존경한다. 그러나 제삼자가 나서서 그 사람을 용서하고 사형시키지 말라고 요구할 권리가 있겠는가? 그것은 대단한 월권이고, 그런 월권은 국가도 행사할 수 없다. 우리는 우리 자신의 원수만 용서할 권리가 있고, 예수님도 "너희" 원수를 사랑하라고 명령하셨지, 다른 사람의 원수까지 용서하라고 하시지 않았다. 기독교인도 자기의 원수만 용서할 권리가 있다.

다른 사람의 원수에 대한 문제는 복수의 문제가 아니고 정의의 문제다. 만약에 하나님이 정의를 완전히 무시하셨다면, 예수 그리스도가 십자가에 못 박힐 필요도 없었을 것이다. 인과보응의 법칙을 송두리째 무시해버리고, 오늘부터 죄지은 모든 사람은 범행에 대한 대가를 전혀 지불하지 않아도 얼마든지 용서받을 수 있다고 해버렸다면, 십자가는 필요 없었을 것이다. 하나님의 아들이 십자가에 못 박혔다는 것은 엄청난 사건이다. 하나님이 자신이 만드신 인과보응의 법칙을 얼마나 중요시하셨기에 그렇게 했겠는가? 하나님이 정의와 공의를 얼마나 존중하셨기에 십자가 사건이 일어났겠는가? 욥의 경우를 보면 하나님은 인과보응의 법칙을 얼마든지 무시할 수도 있었다. 그렇지만 예수님의 경우에는 그 법을 무시하지 아니하셨다. 하나님의 공의 때문에 십자가가 필요했다. 죄는 반드시 벌을 받아야 하므로 예수님이 대신 벌을 받으심으로, 즉 죗값을 대신 지불하심으로 우리를 그 벌에서 해방시키신 것이다. 그것을 우리는 구속이라 말로 표현한다.

화해와 회복

구속은 화해의 전제조건이다. 예수님의 구속으로 하나님과 사람 사이에 막힌 담이 무너졌다. 하나님과 인간 사이에 화해가 이루어졌다. 화해란 적대관계에 있던 사람들이 평화로운 관계를 맺는 것을 뜻한다. 원래는 하나님과 인간 사이에 아름답고 평화로운 관계가 유지됐는데, 죄로 인해 적대적 관계가 형성되었다. 그러다가 구속으로 인해 다시 하나님과 사람과의 관계가 정상화되었다.

구속과 관련해 성경에 많이 사용하는 단어가 '새롭게 한다'는 말이다. 서양 언어에는 접두사 '리'(re-)로 시작하는 단어가 많다. '구속'은 redemption, '화해'는 reconciliation, '거듭남'은 regeneration, '새롭게 한다'는 renewal로 모두 '리'(re-)로 시작한다. '새롭게 한다'는 말은 죄로 인해 낡아진 것을 다시 새것으로 만든다는 의미다.

성경은 그 모든 것을 통틀어 '구원'이란 말로 표현한다. 그리스어로 소테리아(σωτηρία)인데, 건강이란 뜻도 있다. 구원받는다는 것은 건강하게 된다는 뜻이다. 그러니까 병에 걸렸다가 예수님이 구속함으로 고침을 받는다는 말이다. 성경이 말하는 구주, 구세주라는 말과 의원이란 말이 그리스인들에게는 유사한 뜻으로 이해되었다. 예수님은 병든 자에게 의원이 필요하다고 말씀하셨다. 의사가 곧 구원하는 사람이란 것이다. 이제까지 말한 구속, 화해, 갱신, 구원, 거듭남 등이 모두 원상회복 혹은 복귀를 의미한다. 즉 하나님이 아름답고 평화롭고 건강하게 창조하셨는데 죄로 말미암아 그 모든 것이 다 부서지고 깨지고 갈라졌다가 다시 원상태로 돌아간다는 의미가 있다.

원래보다 더 나은 상태로의 회복

여기서 문제가 되는 것은 본래의 상태로 돌아간다는 것이 옛날과 똑같이 되는 것이냐 아니면 그보다는 좀 더 좋은 상태로 되는 것이냐 하는 것이다. 이것은 상당히 사색적이고 이론적인 질문이다. 경우에 따라서는 병이 들었다가 나으면 병나기 전보다 더 건강해지는 일도 있다. 아예 병이 들지 않았던 것보다 더 건강해지는 것이다. 조선소에서 많이 하는 용접의 경우 요즘 재료와 기술이 워낙 좋아져서 용접한 부분이 용접하지 않은 부분보다 더 튼튼해지는 경우가 있다. 부부도 한바탕 싸우다가 화해하면 전보다 금슬이 더 좋아지는 일도 있다.

그러면 구속받은 상태가 오히려 창조의 상태보다 더 좋아지겠는가? 논리적으로는 더 좋아지거나 타락 이전의 상태와 똑같이 되는 것 가운데 하나일 것이다. 그러나 아무래도 한 번 금이 갔기 때문에 원상태만큼 좋지는 않을 것으로 생각할 수도 있다. 어느 쪽이라고 확실하게 말할 수 없다. 성경이 분명하게 언급하지 않기 때문이다. 성경은 하나님이 세상을 창조하시고 난 뒤 아담이 죄를 범하기 이전 상태에 대해서 많이 언급하지 않는다. 창세기 3장에 타락에 대한 기록이 나오고 그 뒤로는 계속해서 타락한 상황이 이어진다. 성경의 역사란 타락 이후의 역사이고, 우리의 사고방식, 지식, 경험이 모두 타락 이후의 상태에서 얻은 것이기 때문에 우리는 사실 타락 이전의 상태가 어떠했는지 상세히 모른다.

독일 철학자 헤겔(Georg W. F. Hegel, 1770~1831)은 스스로를 기독교 철학자라고 생각하면서, 역사는 발전한다는 주장을 폈다. 소위 변증법이란 논리를 이용했다. 뭐가 잘못되었다가 회복되면 전 상태보다 더 좋아진다는 것이 그가 말한 변증법적 역사 발전의 모습이다. 그런 사상을 받아들인 사람이 공산주의 이론을 만들어 낸 마르크스였다. 그는 자본주의에 대해서 매우 비판적이었다. 자본주의 이전에는 분업이 이뤄지지 않아서 상황이 좋았는데, 자본주의가 도입되면서 모든 것이 나빠졌다고 본다. 그런데 그 자본주의를 극복하는 것이 공산주의 혁명이다, 혁명을 통해 자본주의를 극복하면 자본주의 도래 이전 상태보다 훨씬 더 좋아진다는 것이다. 자본주의가 타락이고, 혁명이란 구원을 통해 자본주의를 극복한 것이 공산주의인데, 거기에는 사람들이 능력만큼 일하고 필요한 만큼만 소비하기 때문에, 어떤 계급이나 갈등도 존재하지 않고 모든 것이 완벽하게 된다는 꿈을 꾸었다.

그러나 마르크스의 논리는 잘못된 것으로 증명되었다. 소련과 동구 공산권은 불행했고, 결국 망했고, 그 후 상태도 공산주의 혁명이 일어나지 않았던 서유럽 나라보다 훨씬 나쁘다. 그 이후로 역사가 점점 좋은 방향으로 발전한다든가(진보적 역사관), 과거 그리스나 중국 유교에서와 같이 역사가 점점 나빠진다든가(과거지향적, 퇴보적 역사관), 아니면 어떤 일정한 형식(pattern)으로 발전한다든가 하는 역사철학은 나타나지 않고 있다.

독일 철학자 뢰비트(Karl Löwith, 1897~1973)는 이제 역사철학은 가능하지 않은 것으로 드러났다고 주장했다. 영국 역사철학자 토인비(Arnold J. Toynbee, 1889~1975)는 역사는 역경의 '도전'(challenge)에 대한 슬기로운 대응(response)으로 발전한다는 이론을 내세웠으나 큰 호응은 얻지 못했다. 오늘날 역사 발전의 방향, 형식, 의미를 논하는 역사철학은 자취를 감추었다.

역사철학은 불가능하나 기독교 철학자인 뢰비트 교수는 역사신학은 살아 있다고 주장했다. 성경이 가르치는 구원의 역사는 타락으로부터 구속된 구원의 상태가 타락 이전의 상태보다 훨씬 더 좋고 아름다운 것으로 가르치고 있다. 헤겔이나 마르크스가 내세웠던 이상적인 사회는 실현되지 않았고, 실현될 기미나 가능성도 보이지 않지만, 구원의 역사는 실현될 것이다. 구속의 역사는 온전한 상태에서 타락한 상태로, 타락한 상태에서 완전한 상태로 발전하는 과정이고, 그 완전한 상태는 소망으로 살아 있다.

'이미'와 '아직' 사이

구속사적 관점에서 순수, 타락, 구속, 완성은 긍정, 부정, 극복의 형식을 보여 준다. 부정이 그것으로 끝나지 않고 극복으로 이어진다는 점에서 일종의 변증법적 형식을 갖춘다. 헤겔이 말하는 변증법에는 부정이 이미 긍정을 내포하고 있다. 그러나 성경이 가르치는 타락은 이미 그 속에 구속을 내포하고 있다고 할 수 없으므로 그와는 다르다. 그러나 타락이 없었다면 구속도 필요 없다는 점에서 비슷한 점이 없지 않다. 구원의 역사가 변증법적이라기보다는 헤겔이 구원의 역사로부터 변증법을 생각해냈을 수 있다.

성령의 도우심도 비슷하다. 예수님은 성령을 보혜사(保惠師)라고 하셨다. 보혜사란 우리를 도와주고 변호해 주는 변호사처럼 우리가 어려울 때 도와주는 분이라는 뜻이다. 보혜사가 필요한 것은 우리가 연약한 상태에 있음을 전제한다. 우리가 힘들지 않고 어려운 상황에 빠져 있지 아니하면 보혜사가 필요 없다. 어쩌면 타락이 있었기에 성자와 성령에 대해 더욱 절실히 느끼고 감사할 수 있고, 동시에 그와 관련해 하나님의 은혜를 훨씬 더 깊이 깨달을 수 있다. 물론 이런 비유는 다분히 사색적이다. 인류가 죄를 범하기 이전의 상태가 어땠는지 잘 모르기에 섣부른 비교는 조심해야 한다.

만약에 예수 그리스도의 구속으로 말미암아 죄 자체가 완전히 없어져 버리고 온전한 상태로 들어갔더라면 과거의 상태가 어떠했는지 어느 정도 알 수 있었을 것이다. 하지만 실제로 우리는 아직 그런 상태에 도달하지 못했다. 이것이 우리의 지금 위치를 매우 애매하고 이중적으로 만든다고 할 수 있다. 우리의 구속은 원칙적으로는 이루어졌지만, 모든 것이 실제적으로 완벽하게 이룩된 것은 아니다. 아직 우리는 상당한 정도로 죄의 영향 아래 남아 있다. 원칙적으로는 하나님의 백성이지만, 동시에 죄의 지배도 받는 애매한 상황에 놓여 있다.

이런 것을 일컬어 신학에서는 '이미 그러나 아직'(already but not yet)이란 표현을 쓴다. '이미' 우리는 구속받았지만, '아직' 완전하게 구원에 이르지는 못했다. '이미' 우리는 하늘나라에 들어와 있지만, '아직' 완전한 천국에는 이르지 못했다. 이것이 우리의 상황을 애매하게 만든다. 빛의 세력과 어둠의 세력이 우리의 내부와 외부에서 싸우고 있다. 우리 내부에 그런 다툼이 전혀 없고 우리가 완전히 빛의 지배 아래서만 산다면, 그 빛의 지배를 받은 우리 의식도 사회에 그대로 반영되어 사회도 역시 밝아질 것이다. 아직 세상이 어둠의 세력 아래 있다는 것은, 세상을 구성하고 있는 사람들의 마음도 여전히 어둠의 세력 하에 있고, 구속받은 우리도 어둠에서 완전히 벗어나지 못했다는 것이다.

여기서 우리에게 당위라는 문제가 발생한다. 당위(當爲, oughtness)는 '마땅히 해야 함'을 의미하는데, 그대로 놓아두면 안 한다는 것을 뜻한다. 사람은 마땅히 정직해야 한다고 하는 것은 사람이 항상 정직하지 않기 때문이다. 그러나 역으로 사람이 전혀 정직할 가능성이 없으면 사람은 마땅히 정직해야 한다고 할 수 없다. 정직할 수 있는데도 실제로 항상 정직하지 않기 때문에 '사람은 마땅히 정직해야 한다'고 하는 것이다.

여기에는 두 가지 요소가 같이 작용한다. 하나는 항상 정직하지는 않다는 사실이다. 정직할 때도 있고 정직하지 않을 때도 있지만, 정직하지 않게 될 가능성이 항상 열려 있고 실제로 또 우리는 정직하지 않은 경우가 많다. 또 다른 요소는, 사람이 결심하고 노력하면 정직해질 수도 있다는 것이다. 그런 가능성이 있기 때문에 정직하라고 요구할 수 있지, 가능성이 전혀 없으면 마땅히 정직해야 한다고 할 수가 없다. '사람은 마땅히 날아야 한다'는 말은 하지 않는다. 만약 사람이 날 수 있는 가능성이 있다면, 필요한 경우 '사람은 마땅히 날아야 한다'는 말도 가능할 수 있다.

우리가 한편으로는 구속받았지만, 다른 한편으로는 어둠의 세상에서 살고 있다. 어떤 일은 마땅히 해야 하지만 실제로는 그렇게 하지 못하는 현실과 연결되어 있다. 이런 애매한 상황이 오늘 우리의 삶을 지배한다. 우리의 삶은 이중적이다. 한편으로는 아주 고상한 것도 알고 고상하게 될 가능성도 있고, 또 그런 위치에 도달한 사람도 가끔 있다. 그런데 현실적으로는 그렇지 못한 경우가 더 많다. 이것이 우리의 땅 위 삶의 특징인데, 구속이 이루어졌기 때문에 생긴 것이다. 그리스도인에게 독특한 당위는 구속이 이루어졌기 때문에 가능하게 되었다. 만약에 우리가 구속함을 받지 못했다면, 우리는 죄 중에 그대로 머물러 있으면서 죄를 즐기고 있을 것이다.

그러나 우리의 구속이 완성되어서 전혀 죄를 짓지 않고 어둠의 세력이 우리에게 전혀 미치지 않는다면 당위가 필요 없게 될 것이다. 우리가 그저 행동하고 말하기만 하면 자동으로 정직해질 것이다. 그저 입만 벙긋해도 아름다운 말이 나오고, 크게 노력 안 해도 착하게 될 것이다. 그러니까 당위란 우리처럼 이중적이고 애매한 상황에서만 가능하고 필요한 것이다.

그런 이중성 때문에 윤리니, 예의니, 법이니 하는 것들이 가능하고 동시에 필요하다. 우리 자신을 경건하게 가꾸고 우리 사회를 훌륭하게 만들어야 한다는 의무도 생겨난다.

나그네

'이미' 천국 백성이지만 '아직' 죄가 지배하는 세상에 살고 있다는 사실이 우리의 위치를 이중적으로 만든다. 완전히 하나님 나라에 들어가 있는 것도 아니고 전적으로 이 세상에 속한 사람도 아니다. 이 땅에 살면서도 이 세상에 속하지 않는 사람을 '나그네'라 한다. 베드로전서에는 '나그네'란 표현이 여러 번 나온다. 핍박받는 성도들을 그렇게 불렀다. 아우구스티누스는 그리스도인이 이 땅에서 나그네(peregrinus)란 사실을 매우 강조했다. 하나님의 백성은 세상의 도시 바벨론에서 나그네들이고, 나그네는 세상과 다르고 구별되어야 하며, 육신의 수요에 몰두해서는 안 된다는 것을 강조했다. 영국의 문필가요 설교자였던 존 번연(John Bunyan, 1628~1688)은 그의 고전 《천로역정》(Pilgrim's Progress)에서 이 땅에서의 성도의 일생을 역경에 가득 찬 나그네의 여정으로 표현했다. 아우구스티누스가 잘 지적했듯이 우리가 이 세상 사람과 동일하다면 우리가 나그네가 될 수 없다. "내가 세상에 속하지 않은 것과 같이, 그들도 세상에 속하지 않았습니다"(요 17:16).

나그네의 특징은 자신이 여행하는 곳을 영원한 고향으로 생각하지 않는 것이다. 그래서 그곳에 대해서 자기 고국만큼 적극적인 관심을 쓰지 않는다. 나는 유학한다고 미국과 네덜란드에서 10년간이나 살았다. 네덜란드에서는 결혼도 하고, 첫 아이도 태어나고 박사학위도 받아서, 일생에 가장 중요한 사건들이 거기서 일어났다. 그런데도 그 나라들에 관해 상대적인 관심밖에 기울이지 않았다. 그러나 그곳 신문 한쪽 구석에 한국에 대한 짧은 기사만 실려도 온 관심이 거기에 쏠렸다. 그것이 나그네의 특징이다.

그리스도인들은 이 세상에서 나그네이기에 이 세상일에 모든 관심을 다 기울이는 것은 적절하지 않다. 우리의 본향은 하늘나라이기에 거기에 모든 관심을 다 기울여야 한다. 기독교인이 애국자가 되는 것이 나쁘지 않으나 단순히 자기가 속한 땅의 나라만 사랑하는 애국은 기독교적이라 할 수 없다. 자기 나라의 이익만 바라고 추구하는 배타적 민족주의나 국수주의는 기독교와 병존할 수 없다.

이 세상에서 나그네란 사실은 이 세상과 세상의 모든 것에 대해 어느 정도 거리를 둘 수 있고, 세상 것을 상대화하며 이 세상을 초월할 수 있음을 뜻한다. 그러므로 그리스도인은 돈, 지식, 명예, 권력 등을 추구할 수 있지만, 그것들에 상대적 가치만 인정해야 한다. 전력을 다해 돈, 권력, 명예를 추구한다면 그는 진정한 나그네가 아니다.

어느 장로의 딸 셋이 음악에 훌륭한 재능이 있어 삼중주단(트리오)을 이루어 세계 여러 곳에 초청받아 연주했다. 그 소문을 들은 대통령이 청와대에 와서 연주해 달라고 그 장로에게 부탁했다. 기분이 좋아진 장로가 딸들에게 그 기쁜 소식을 전했다. 그런데 이상하게도 딸들이 기뻐하기는커녕 시큰둥한 반응을 보였다. "요것들이 하나님을 섬기니까 대통령을 아주 시시하게 보더라"라는 것이 그 장로의 견해였다. 그렇다. 그리스도인은 이 세상의 모든 것에 대해 좀 시큰둥할 수 있다. 그것은 그리스도인의 큰 특권이다.

대통령에 대해 그런 태도를 보이는 것은, 권력을 우상으로 섬기지 않음을 보여주는 것이고, 그리스도인의 특권이다. 돈과 관계해서도 마찬가지다. 돈에 눈이 어두워진 사람은 돈의 본질을 제대로 알 수 없고, 돈을 벌어도 올바로 쓸 줄 모른다. 돈을 상대화할 수 있는 사람이 올바른 방법으로 돈을 벌고 쓸 수 있다. 돈을 상대화하는 사람이 더 큰 부자가 될 수 있다. 세계에서 가장 큰 부자인 빌 게이츠나 워런 버핏은 자신이 번 돈의 대부분을 기부했다. 그들은 돈에 눈이 어두워진 사람들이 아니다. 그리스도인들은 그들보다 더 돈에 초연할 수 있어야 한다. 권력이나 명예도 그렇다. 권력이나 명예를 지나치게 중요하게 생각하는 사람은 권력과 명예를 얻기도 힘들겠지만, 얻는다고 해도 오래 유지하지 못한다.

신앙과 학문

무엇을 상대화하면, 그것에 대해 냉정하고 객관적으로 생각하고 이해할 가능성이 생긴다. 절대화된 것은, 거리를 두고 객관적으로 볼 수 없다. 나그네에게는 이 세상의 모든 것이 절대적일 수 없기 때문에 원주민보다 세상을 더 객관적이고 정확하게 볼 수 있다. 물론 누구도 완벽하게 객관적일 수는 없지만, 조금이라도 더 객관적으로 되면 그만큼 사실과 진실에 더 접

근할 수 있다.

주후 200년경에 활동했던 라에테스(Diogenes Laertes)는 고대 그리스 철학자 피타고라스(Phytagoras, 주전 570~495)가 말한 것을 전했다. "삶이란 공적 축제와 같다. 어떤 사람은 상을 받기 위해서 경기하러 오고, 또 어떤 사람은 그들의 상품을 판매하러 온다. 그러나 가장 뛰어난 사람들은 구경꾼으로 온다. 노예 근성을 가진 사람은 명예나 이익을 추구하지만, 철학자들은 진리를 추구한다." 철학자는 인기나 돈에는 관심이 없어 거리를 두고, 삶이란 축제를 구경만 한다는 것이다. 즉 이해에 관심 쓰지 않고 객관적으로 바라보아야 진리를 발견할 수 있다는 생각이다. '구경꾼'이란 단어는 그리스어로 θεατής인데, 그리스어로 '본다'는 뜻의 θεωρέω(theoreo)에서 파생되었다. 그런데 theoreo란 단어에서 영어의 '이론'(theory)이란 말이 나왔다. 이론적 활동을 하는 사람은 돈, 명예, 권력 같은 것에 초연해 거리를 두고 연구 대상을 관찰하는 사람이다.

나그네도 일종의 구경꾼이다. 그 지역에 파묻혀서 이해관계에 몰두하는 사람이 아니라, 거리를 두고 볼 수 있는 사람이다. 그런 점에서 나그네인 그리스도인은 원칙적으로 학문 활동도 비그리스도인 학자보다 더 잘할 수 있다. 물론 비그리스도인들은 이에 대해 정반대로 생각할 것이다. 기독교적 편견에서 사물을 보기 때문에 객관적으로 되기가 불가능하다고 비판할 것이다. 그리스도인 학자 가운데도 신앙과 학문을 엄격하게 구별하는 이들이 많다. 학문은 종교적 신앙과 전혀 무관한 것이므로 학문 활동을 할 때는 다른 학자들과 전혀 다르지 않은 태도를 취한다. 신앙은 어디까지나 개인적인 문제이기 때문에 보편성을 지향하는 학문과 연결할 필요가 없다고 생각한다. 수학, 물리학, 화학에 기독교 신앙이 어떤 영향을 끼칠 수 있는가 하고 반문한다.

물론 그런 주장에 일리가 있다. 기독교인과 비기독교인 수학자가 동일한 문제에 대해 반드시 다른 대답을 제시하거나 꼭 그렇게 해야 한다고 주장하지 않는다. 학문이란 그 시대, 그 사회의 학자들이 합의하는 규칙에 의해 이루어지기 때문에 그럴 수 있다. 일정한 규칙에 합의해 그 규칙대로 경기하는 운동선수가 기독교인이라 해서 다르게 경기할 이유가 없다. 학문이란 현실을 있는 그대로 설명하고 반영하는 것이 아니라, 주어진 규칙에 의해서 설명하는 것이다. 그래서 학문은 장기와 같은 놀이의 성격이 있다고 나는 주장한다. 장기를 두려면 장기놀이의 규칙에 따라야지, 신앙이 있는 사람이라고 해서 신앙이 없는 사람과 다르게 장기를 둘 수도 없고 둘 필요도 없다.

학문이 하나의 놀이란 주장에 반발하는 사람들이 많다. 학문을 너무 가벼이 취급하는 것이 아닌가, 학문이 사실과 그렇게 별개로 유리되어 있는가, 학문적 결과를 실생활에 반영해 오늘날 이렇게 생활과 문화 수준이 높아졌지 않는가 하고 항의할 수 있다. 그러나 이런 항의들은 대부분 놀이(game)에 대한 오해에서 비롯되었다. 놀이는 현실과 무관한 것이 아니다.

어떤 놀이는 거의 현실과 비슷하고, 어떤 것은 상당히 추상화되었다. 권투는 전자의 예이고, 바둑은 후자라 할 수 있다. 그러나 권투도 실제의 싸움과 다르고, 바둑은 실제 전투와 상당히 거리가 멀다. 학문도 마찬가지다. 수학이나 논리학은 현실로부터 많이 추상화되어 있고, 경영학이나 의학은 거의 현실 그 자체라 할 수 있다. 그러나 모두 학문을 학문으로 만드는 규칙이 있고, 그 규칙은 지켜야 학문으로 인정된다. 아무리 병을 잘 고치는 방법을 알아도, 그것을 이론적으로 설명하고 실험을 통해 실증하지 않으면 의학이라 할 수 없다. 그것은 경영학도 마찬가지다. 이렇게 학계가 인정하는 규칙에 따라야 한다는 점에서 그것들은 모두 놀이의 성격이 있다.

그런데 우리의 구체적 현실과 사실은 그런 규칙을 따라야 할 의무가 없고, 항상 논리적이지도 않다. 현실은 이론과 다르다. 훌륭한 경영학자라도 별로 신통치 않은 경영자가 될 수 있고, 장기를 잘 두는 사람이 전쟁에서 승리한다는 보장은 없다. 권투와 같은 놀이는 현실과 관계가 밀접하기 때문에 권투 잘하는 사람이 싸움도 잘 할 수 있지만, 총이나 칼을 들고 덤비는 상대 앞에서는 속수무책이다.

학문과 신앙의 관계도, 학문이 놀이의 성격이 있다는 사실을 전제하면, 훨씬 정리하기가 쉬워진다. 수학이나 논리학, 이론 물리학처럼 구체적 현실과 거리가 먼 학문은, 상당한 수준으로 약속된 규칙에 얽매이기 때문에, 신앙의 요소가 들어갈

자리가 좁다. 장기나 바둑 놀이에 신앙의 요소가 반영되기 어려운 것과 비슷하다. 따라서 거기서는 어떤 이론이 객관적인지 아닌지가 그렇게 중요하지 않다. 다만 옳은가 그른가만 중요하고, 그것을 결정하는 기준도 이미 규칙에 설정되어 있다. 그러나 경영학, 윤리학, 정치학처럼 우리의 구체적 현실과 가깝지만 규칙의 압력이 상대적으로 적은 학문에는, 신앙의 요소가 많이 반영될 수 있다.

이렇게 학자의 세계관과 가치관이 어떤 형태로든 반영될 수 있는 학문의 경우 그리스도인 학자들이 자신들의 신앙을 학문 활동에도 반영하면 객관적일 수 없다고 비판받을 수 있다.

그러나 그런 주장은 기독교인 이외의 학자들은 중립적이고 객관적일 수 있음을 전제하는 것이다. 반드시 그렇다는 보장은 없다. 기계가 아닌 인간은 완전히 자신의 바깥으로 나가 제삼자의 입장에 서기가 쉽지 않다. 스스로 의식하든 의식하지 못하든 모든 사람은 자기 입장에서 사물을 바라볼 수밖에 없고, 그가 보는 모든 것에는 그 사람의 주관적 세계관이 반영될 수밖에 없다. 그럴 수밖에 없음을 인정하면, 좀 더 객관적으로 될 가능성이 있다.

학문 연구의 대상이 인간과 인간으로 구성된 사회문제일 때 학자의 주관적 요소가 들어갈 가능성이 훨씬 더 커진다. 수학, 논리학, 이론물리학같이 형식(form)이 중요한 학문에는 학자의 주관적 요소가 작용하기가 어렵지만, 정치학, 경영학같이 내용이 중요한 학문에는 학자의 가치관이나 주관적 판단이 중요한 영향을 끼친다. 학자가 속한 집단이나 계층의 이해관계가 의식적으로나 무의식적으로 연구 결과에 영향을 끼칠 수 있다. 수학이나 물리학에서 한국학자라 해서 일본학자와 다른 입장을 취할 가능성은 없다. 그러나 역사나 국제 관계에서는 다른 견해를 가질 가능성이 충분히 있다. 그러므로 수학의 예를 들어 종교적 신앙이 학문 연구에 영향을 줄 수 없다고 주장하는 것은 지나친 일반화의 오류를 범하는 것이다.

스스로 나그네란 사실을 충분히 인식하는 그리스도인 학자들은 연구 대상과 좀 더 거리를 둘 수 있다. 특히 인간과 사회문제를 연구하는 인문 및 사회과학 학자들은 더욱 그러하다. 어느 철학회 연례 발표회 때 현상학 철학을 창시한 후설(Edmund Husserl, 1855~1938)의 철학을 비판한 적이 있다. 그때 후설을 추종하는 철학자들의 항의를 받았다. "당신 주제에 그 위대한 후설을 비판할 수 있느냐?"가 그 핵심이었다. 나는 그때, "예. 후설도 하루 한 번씩 화장실에 갔을 것입니다"라고 대답했다.

나는 젊었을 때 기독교인이 어떻게 철학을 할 수 있느냐란 질문을 자주 받았다. 그럴 때마다 나는 기독교인이기 때문에 더 잘할 수 있다고 했다. 후설 같은 위대한 철학자도 겁먹지 않고 비판할 수 있는 태도를 가져야 제대로 된 철학을 할 수 있다. 어떤 사상가나 철학자를 너무 존경하고 흠모하고 그의 이론을 신성시하면, 그의 사상을 비판할 수 없다. 그것은 종교적 신앙이지 학문하는 태도는 아니다.

사회개혁

그러나 나그네에게 약점도 있다. 이 세상에 대해 소극적으로 되는 것이다. 외국에서 생활할 때 나는 그 나라가 훌륭하게 되는 것에 관심이 없었을 뿐 아니라, 그 나라들을 훌륭하게 만들겠다는 생각을 해 본 적이 없다. 물론 그렇게 할 힘도 없었고, 그렇게 할 위치에 있지도 않았다.

이 세상에서 나그네가 된 그리스도인은 사회보다는 하나님 나라에 관심이 더 많기 때문에 사회를 소홀히 취급할 수 있다. 그러나 그것은 반드시 옳은 태도는 아니다. 비록 우리의 영원한 본향은 아니지만, 우리는 이 세상에서 소금과 빛이 되어야 할 임무를 받았다. 우리 사회가 조금이라도 더 평화롭고 공의로운 세상이 되면 우리에게도 이익이 되지만 무엇보다도 우리 이웃에게도 덕이 된다. 사회를 위한다는 것은 그 사회에 사는 모든 사람의 이익을 위한 것이기 때문에 그것은 사랑의 실천이다. 특히 사회가 정의로우면 사회적 약자의 권익이 보호받는다. 만약 우리의 노력으로 사회가 깨끗해지면, 결과적으로 그것은 병든 자와 가난한 자에게 특별한 관심을 기울이신 예수님의 마음을 본받는 것이다. 세상의 소금과 빛이 되는 것도, 궁극적으로는 하나님의 영광을 드러내는 것이지만, 동시에 사랑을 실천하는 것이다. 사랑이 성도들의 마땅한 의무라면, 사회를 정의롭게 개혁하는 것은 그리스도인의 의무다.

사회가 부패하면 그 안에 사는 그리스도인들도 그 부패에 쉽게 감염된다. 얼마 전만 해도 우리나라에서 기업을 경영하려면 탈세하고 뇌물을 주어야 했다. 최근에 어느 후진국 하나를 방문했다. 정부와 사회가 너무 부패해서 모든 것이 뇌물로 이루어지고 있었다. 뇌물을 주는 공직자도 그 뇌물에 든 비용을 회수하기 위해 뇌물을 받아야 하는 악순환이 벌어지고 있었다. 나는 그 나라에서 사역하고 있던 한국 선교사들에게 선교사 윤리에 대해 특강을 하면서 정직하고 공정해야 할 것을 강조했다. 질의응답 시간에 선교사들이 그 나라에서 겪는 어려움을 말해 주었는데, 그분들의 말을 듣고 보니, 철저하게 정직해서 뇌물을 주지 말라는 것은 그 나라에서는 선교하지 말라는 것과 같다는 사실을 알았다. 나의 대답이 매우 옹색해졌다. "가능한 한 정직하려고 노력하십시오"라고 한 발짝 물러설 수밖에 없었다. 사실 우리나라도 그런 때가 있었고, 상당수 그리스도인이 그런 부패에 동참했다.

유럽을 여행한 적이 있다. 유럽 연합으로 통합되어 여러 나라가 거의 한 나라처럼 되어있고, 화폐까지 같이 쓰는데도, 사회의 의식 수준에는 차이가 컸다. 한 나라에서 배터리를 사려고 가게에 들어갔더니 주인이 가격표 보고 얼마라고 하면 될 텐데, 컴퓨터를 한참 두들기더니 24유로(Euro)라고 했다. 우리나라 돈으로 3만 원도 더 되기에 무슨 배터리가 그렇게 비싸냐고 했더니, 다시 컴퓨터를 두들겨 보고는 자기가 실수했다고 다시 14유로라 했다. 그것도 터무니없이 비싼 것이라서 사지 않고 나와 버렸다. 외국인에게 엄청나게 바가지를 씌우는 것이다. 물론 그 옆에 있는 다른 나라는 훨씬 더 정직했다.

왜 어떤 사회는 부패하고 다른 사회는 정직한가? 여러 가지 이유가 작용하겠지만, 한 가지 분명한 것은 그 사회의 구성원인 개인의 도덕성이 다르기 때문이다. 개인과 사회 사이에는 끊임없는 교류가 이뤄진다. 사회가 깨끗하면 그 사회에 사는 개인도 정직해질 수 있고, 정직한 개인이 많아지면 사회도 깨끗해질 수 있다. 그런데 이 둘 사이에 먼저 고쳐야 할 것은 개인이지 사회가 아니다. 사회는 합리성도, 양심도 없다. 그러므로 사회를 훌륭하게 만들려면, 먼저 소수라도 개인이 먼저 훌륭하게 되어야 하고, 사회를 깨끗하게 만들려고 노력해야 한다. 외국인에게 바가지를 씌우는 그 나라에서도 소수의 선각자가 나와서 "이래서는 안 된다", "고쳐야 한다"라는 운동을 상당 기간 계속한다면, 이웃 나라처럼 정직해질 것이다. 개인과 사회는 서로서로 도와주면서 더 악해질 수도 있고 더 착해질 수도 있는 것이다.

그리스도인이 선구자가 되어야

사회와 개인이 상호작용하지만, 변화의 단초는 개인으로부터 나와야 한다고 했는데, 그 개인이 누구이겠는가? 그도 사회와 문화에 의해 상당할 정도로 영향받고 결정되기 때문에, 그 사회를 개혁하려면 그 사회에 대해 비판적 거리를 둘 수 있는 사람이라야 한다. 한 지역에 사는 모든 사람이 애꾸눈이라면 아무도 애꾸눈이 비정상적이라는 것을 인식하지 못한다. 부패한 사회에서만 일생을 보낸 사람은 부패가 잘못된 것임을 깨닫지 못하고, 구태여 고치려 하지 않는다. 부패가 잘못된 것임을 인식하려면, 부패하지 않은 사회에 대해 알아야 하고, 부패하지 않은 사회에 대해 알아도, 그것이 좋고 자기 사회가 나쁘다는 인식이 있어야 한다.

그렇게 하려면, 그 사회의 세계관을 초월하는 다른 세계관을 가져야 한다. 그리스도인들이 그렇게 할 수 있다. 그리스도인은 이 세상에 살지만, 이 세상에 속하지 않은 나그네이므로, 이 세상의 가치관과 세계관을 초월할 수 있고, 이 세상에 대해 비판적일 수 있다. 그러므로 누구보다 그리스도인이 사회개혁의 선구자가 될 조건을 갖추고 있다. 그리고 앞서 지적한 것처럼, 잘못된 사회를 개혁하는 것은 그 사회의 모든 구성원과 특히 약자에게 큰 이익을 줄 것이므로, 그것은 사랑의 실천이며 그리스도인의 당연한 의무다.

의무라도 그 의무를 실행할 능력이 없으면 어쩔 수 없고, 동시에 문책받을 이유도 없다. 초대교회는 너무 약해서 그 시대의 그리스도인들은 거대한 세력을 행사했던 로마를 개혁하는 것에 대해 엄두도 내지 못했다. 신약성경에 사회개혁에 대한 직접적인 언급이 없는 것은 그 때문일 것이다.

그런데도 복음이 가지고 있는 그 엄청난 힘은 씨앗의 형태로 있다가 후에 폭발적인 힘을 발휘했다. 노예 오네시모를 형제로 취급한 것이나, 여성들을 교회의 중요한 사역자로 존중한 것은, 그 시대 사회에선 상상도 못할 일이었지만, 오늘날 너무나 당연한 것으로 수용되는 평등사상의 씨앗이 되었다. 그러나 그때는 그런 평등사상을 사회 제도로서 정착시키는 것은 엄두도 내지 못했다.

한국의 초기 기독교인들은 좀 더 담대했다. 전체 인구에서 기독교인이 차지하는 비율이 2% 정도밖에 되지 않았을 때, 3.1 운동의 주축이 되었다. 독립선언문에 서명한 33인 가운데 기독교인이 16명이나 되었고, 전국에서 일어난 만세운동의 절반을 기독교인이 주동했다. 양반과 상놈의 사회차별을 없애는 데 앞장섰고, 여성의 사회적 지위 향상 운동의 효시가 되었다. 현대 교육과 현대 의술 도입도 기독교에 의해 시작되었다. 그런 봉사 때문에 기독교는 한국인에게 긍정적인 인상을 심어서, 서양에 속하지 않는 나라들 가운데서 한국은 기독교가 서양 종교란 인상이 거의 없는 유일한 나라가 되었다. 만약 기독교에 대한 그런 긍정적인 인상이 없었다면, 오늘과 같은 한국 교회 성장은 불가능했을 것이다. 비록 소수라도 신실하고 올바른 신앙을 가지면, 사회개혁에 큰 힘을 발휘할 수 있다.

그리스도인의 수와 영향력이 상당할 정도로 커져서 사회를 개혁할 능력이 있는데도 잘못된 사회를 그대로 방치하면, 이는 직무 유기이고 하나님의 명령인 사랑을 실천하지 않는 불순종이다. 사회가 거짓과 부정으로 가득하다면 그 책임은 그리스도인이 져야 할 뿐 아니라, 그리스도인도 그런 부정에 가담하지 않을 수 없다.

사회가 부패해서 질서가 없어지면, 그 사회의 강자들은 덕을 보고 더 편리하게 살 수 있지만, 약자들은 큰 해를 입는다. 교통질서가 문란해지면, 덤프트럭이나 탱크에는 유리하지만, 작은 차들, 자전거, 보행자들은 길에 나서기가 위험해진다.

그러므로 사회질서를 회복하는 것은, 우선 그리스도인 자신의 성결한 삶을 위해서 필요하고 사회적 약자를 보호하는 길이다. 어느 정도의 능력을 갖추었다면, 그리스도인은 사회개혁에 앞장서야 한다.

선지자적 비관주의

그런데 과연 그리스도인들이 부패한 사회를 개혁할 수 있을까? 쉽지 않다. 과거에도 사회를 바꾸는 것은 쉽지 않았다. 사람들이 전통적인 것과 기존의 것을 거의 신성시했고, 거기에서 생존과 생활의 안전을 보장받는다고 생각했다. 그러므로 어떤 형태로든 사회를 바꾸는 것은 엄청난 심리적 불안감을 주었다. 그래서 과거로 올라갈수록 사회는 더 보수적이었다.

현대 사회에서는 과거와 기존의 것을 신성시하는 태도는 많이 약해졌다. 특히 사회란 혁명을 통해서만 발전한다고 주장한 마르크스주의의 영향으로 기존 사회에 대한 비판적인 태도가 매우 강해졌다. 그래서 요즘 많은 사회에서는 진보적 세계관을 가진 사람들이 확신을 가지고 사회를 변혁해 보려고 노력한다. 그것에 대한 기득권 세력의 반대도 무시하지 못할 만큼 강하므로 갈등이 많이 생겨난다. 특히 북한과 대치하고 있는 한국 사회에서는 그런 갈등이 매우 심각하다.

사회 변혁에는 진보를 중요시하는 이념이 작용하기 때문에 진보주의자들이 이룩하려는 변혁은 그리스도인들이 바라는 개혁과 반드시 일치하지는 않는다. 진보주의자들은 보수주의자들이 비도덕적인 기득권을 보호하려 한다고 비난한다. 도덕적 규범도 사회가 바뀌면 같이 바뀔 것이기 때문에 기존 사회의 규범이 그렇게 절대적이 아니라고 생각하는 경향이 있다.

이런 도덕관을 철학자 포퍼는 '도덕 미래주의'(Moral Futurism)라고 불렀다. 기존 사회를 바꾸기 위해서는 기존 사회의 도덕적 규범을 어느 정도 무시해도 괜찮다고 생각한다. 그 때문에 혁명가들은 가끔 '수단과 방법을 가리지 않는다'는 비난을 듣게 되었다.

바로 여기서 기독교는 진보주의와 의견을 달리해야 한다. 성경의 가르침에 의하면, 도덕적 규범이 진보주의자들이 생각하는 것처럼 그렇게 사회경제적 구조에 의해 쉽게 결정되는 것이 아니다. 살인, 도둑질, 간음, 거짓말을 금지하는 규범은 하나님이 주신 것이고, 사람들의 양심에 심어놓은 것이다. 기득권을 유지하려는 사람들은 그런 규범을 자신에게 유리하게 이용할 수 있지만, 그런 규범이 기득권 세력에 의해 만들어지는 것은 아니다. 그리고 새로운 사회가 오더라도 그런 규범은 여전히 유효할 것이다. 그러므로 사회를 바꾸기 위해서는 거짓말쯤은 할 수 있다는 생각은 근본적으로 잘못된 것이다.

우리가 바라는 사회개혁은 거짓과 억울함이 없거나 줄어진 사회로 만드는 것이다. 그리고 그런 사회를 만들기 위해서도 거짓을 이용하거나 사람을 억울하게 해서는 안 된다. 그리스도인의 사회개혁은 어디까지나 평화롭고 정의롭게 이루어져야 한다. 기존 사회가 받드는 규범을 완전히 무시해버리고, 폭력을 행사하면서 사회를 바꾸기는 쉽다. 포퍼가 선호하는 점진적 개혁(piecemeal engineering)이 더 어렵다.

특히 오늘날 물질주의가 모든 사회를 휩쓸고 있기 때문에 사회개혁은 더 어렵다. 대부분의 부패는 주로 돈 때문에 생겨나는데 현대인은 과거 어느 때보다 돈에 더 집착한다. 돈으로 살 수 있는 것이 너무 많아졌고, 세속화로 말미암아 내세에 대한 소망이 약해졌기 때문이다. 과거처럼 무지막지하게 돈을 빼앗거나 끌어모으는 것은 불가능하게 되었지만, 능력과 기회를 얻은 사람들은 온갖 교묘한 수단을 다 동원해서 치부에 열을 올린다. 그리고 기존 사회에서 이익과 특권을 누리는 사람들이 그런 것을 쉽게 포기하려 하지 않는다. 그래서 혁명적 방법을 쓰지 않고 사회를 개혁하기는 어렵다. 기득권 세력의 저항은 너무 크고, 기독교인도 상당수 그런 세력에 포함되어 있다. 기독교윤리실천운동이 지난 30여 년간 정직 운동을 꾸준하게 해 왔지만, 성공을 거두지 못한 것이 그것을 증명해 준다. 성경이 요구하는바 사회개혁은 거의 불가능하다.

불가능하다면 왜 시도해야 하는가? 시간과 에너지의 낭비가 아닌가? 그런데도 우리는 노력해야 한다. 할 수 있기 때문이 아니라, 해야 하기 때문이다. 나는 이런 태도를 '선지자적 비관주의'라고 부른다. 왜 그것이 비관주의인가는 분명하다. 노력해 봤자 성공할 가능성이 없기 때문이다. 그러나 이 비관주의는 일반적 비관주의와는 다르다. 구약 시대 이사야, 예레미야, 에스겔과 같은 선지자들이 가졌던 비관주의와 같다. 그들은 그들의 사역을 시작할 때 이미 그들이 실패할 것을 알았다. 이사야는 유다 백성이 듣기는 들어도 깨닫지 못하고 보기는 보아도 알지 못할 것을 알았고(사 6:9), 그들의 마음을 둔하게 하며 그 귀가 막히며 눈이 감기게 하라는 명령을 받았다(사 6:10). 여호와께서 예레미야에게 "그들에게 이 모든 말을 전하더라도, 그들은 여전히 듣지 않을 것이다. 또 네가 그들에게 외치더라도, 그들이 너에게 아무런 반응도 보이지 않을 것이다"라는 절망적인 내용을 말씀하셨다(렘 7:27). 그리고 에스겔에게는 "이스라엘 족속은 너의 말을 들으려고 하지 않을 것이다. 온 이스라엘 족속은 얼굴에 쇠가죽을 쓴 고집 센 자들이어서, 나의 말을 들을 생각이 없기 때문이다"라고 하심으로 그의 권면과 경고가 아무 소용이 없을 것을 예고해 주셨다(겔 3:7). 그래서 그들은 그들의 사역이 실패할 것을 처음부터 다 알았다. 그런데도 그들은 외쳤고, 하나님이 말씀하신 대로 백성들은 그들의 외침을 외면했다.

물론 선지자들은 실패했다. 그러나 하나님은 실패하지 않는다. 그들의 실패를 통해 하나님은 그의 뜻을 이루신다. 그것은 우리에게도 마찬가지다. 우리가 우리 사회를 개혁해 보려고 아무리 노력해도 성공할 가능성은 거의 없다. 그러나 하나님이 원하신다면 성공할 수 있다. 그럴 경우 그것은 우리의 노력에 의한 것이 아니라 하나님의 은혜에 의한 것이다. 그러므로 우리가 노력해서 개혁을 성취한다고 해도 우리가 자랑할 것이 못 된다. 우리는 그저 명령받은 대로 다 하고 나서 "우리는 쓸

모없는 종입니다. 우리는 마땅히 해야 할 일을 하였을 뿐입니다"라고 해야 할 것이다(눅 17:10). 그것이 내가 주장하는 '선지자적 비관주의'다.

나는 그동안 공명선거시민협의회를 조직해 16년간 공명 선거운동을 했고, 기독교윤리실천운동을 통해 30여 년간 정직운동을 했다. 그동안 여러 사람이 "그렇게 애를 쓰는데, 공명선거가 됩디까?" 혹은 "그렇게 노력하니 사회가 좀 정직해집디까?" 하고 비아냥거리면서 물었다. 그때마다 나는 "안 되지요!"라고 대답했다. 그러면 좀 심각한 태도로 "그런데 왜 합니까?"라고 질문한다. "하지 않을 수 없어서 합니다"라고 대답했다. 그렇다. 꼭 성공할 것이라고 생각해서 그런 운동을 하다가는 절망밖에 남지 않는다. 실패할 줄 알면서도 하지 않을 수 없어서 하면 실망하지 않는다. 이사야, 예레미야, 에스겔 등 선지자들도 그렇게 했다. 공명선거 운동은 어느 정도 성과를 거두었다. 나는 그것이 전적으로 우리 운동 때문이라고 자부하지 않는다. 우리의 노력 때문이 아니지만, 우리는 선거가 공명해진 것에 대해 감사한다. 무엇이 성취되면 그것은 하나님의 은혜일뿐이다.

맺
는
말

성경적 세계관에 따라 생각하고, 행동하고 사는 것은 쉽지 않다. 특히 한국의 그리스도인에게는 더더욱 어렵다. 한국의 전통적 세계관이 기독교적인 것과 거리가 멀기 때문이고, 세계화되고 있는 현대 문화가 성경적 세계관에 따라 형성되어 있지 않기 때문이다. 그러므로 보통 신앙으로는 일관성 있게 성경적으로 행동하는 것은 거의 불가능하다.

그런데도 노력하지 않는 것은 무책임이다. 비록 어렵지만, 노력해야 한다. 그것이 그리스도인에게는 당연하고, 의무이다. 비록 어렵지만, 그렇게 사는 그리스도인이 늘어나면 그만큼 쉬워지고, 그렇게 해서 선순환이 시작되면 급속하게 늘어나서 우리 문화를 성경적 세계관에 따라 바꿀 수 있다. 그런 때가 언제 올지 아무도 모르고, 도무지 올 수 있을지도 의문이지만, 전혀 불가능하지는 않다. 하나님 앞에서 옳은 것이므로 하나님이 원하시면 이루어질 수 있다. 이 작은 책이 그런 날의 도래에 조금이라도 도움이 되었으면 한다. 우리는 그저 순종할 뿐이고, 이루어진다면 그것은 전적으로 하나님의 은혜일 것이다.